JN105338

新編社会福祉概論

松井 圭三・今井 慶宗 編著

大学教育出版

はしがき

社会福祉基礎構造改革以来、社会福祉は大きな変貌を遂げている。それは、児童・老人・障がい者などの一分野にとどまらず、総体としての社会福祉の変革である。措置から契約への流れとともに、自立支援・利用者中心が強調され、社会福祉に携わる者もそれに応じた変容が求められている。

一方で、長期にわたる日本経済の低迷と財政難、近年ではコロナ禍と、社会福祉を取り巻く環境は非常に厳しくなりつつある。2020（令和２）年12月には、全世代型社会保障検討会議が「全世代型社会保障改革の方針」を取りまとめ、これを受けて同月閣議決定された。主たる内容は少子化対策を拡充することと後期高齢者医療制度における２割負担の導入である。このように社会福祉・社会保障は少子高齢化と財政困難を背景としつつ、今後も法や制度の改正が続けられ、様々な改革が進んでいくものと考えられる。

本書は社会福祉の基本的な制度と技術について学ぶための概説書である。2001（平成13）年に『よくわかる社会福祉概論』を刊行し改訂を繰り返してきたが、社会福祉をめぐる20年間の動きはめまぐるしく、現在までの変革を反映した全く新しい概説書の必要性を強く感じていた。この度、執筆者も新規に依頼し直し、新しい内容を盛り込みつつ、現代の観点から改めて本書を刊行した。

児童・高齢者・障がい者をはじめとする各領域の福祉とともに、社会福祉の歴史や社会福祉に共通する制度・技術や活動について解説している。社会福祉の全体像を把握しやすいように配慮するとともに、様々な制度の相互的なかかわり、さらには関連する領域との関係を分かりやすく説明している。統計情報も新しいものとした。社会福祉や保育の学科における社会福祉概論の教科書として用いることもできるし、他の学科において社会福祉・社会保障の参考書として活用することもできる。教科書・参考書としての活用以外にも、社会福祉の政策動向に関心を有する方々に、社会福祉について考えていただくための素材となると考える。

各章ともその分野の理論や実践を専門とする執筆者により、それぞれの領域の意義・内容あるいは課題そして今後の動向について明らかにしている。ぜひ多くの方に読んでいただき、これからの社会福祉の在り方を共に考えていただきたい。

大学教育出版の社彩香氏には大変お世話になった。感謝申し上げる次第である。

2022(令和4)年4月

編者　松井 圭三・今井 慶宗

新編社会福祉概論

目　次

はしがき ………………………………………………………………………… *i*

第１章　社会福祉の概念と理念 ……………………………田中幸作　*1*
第１節　社会福祉の概念　*1*
第２節　私たちの暮らしと社会福祉　*4*
第３節　社会福祉の理念　*10*
第４節　本章のまとめ　*12*

第２章　社会福祉の歴史的変遷 ………………………………小出享一　*14*
第１節　古代から近世の慈善救済　*14*
第２節　明治から第２次世界大戦までの慈善救済　*18*
第３節　第２次世界大戦後の社会福祉　*24*
第４節　福祉見直し論から社会福祉基礎構造改革へ　*27*
第５節　措置制度から契約制度へ　社会福祉の転換点　*29*

第３章　子ども家庭支援と社会福祉 …………………………小倉　毅　*32*
第１節　子どもの家庭福祉の法体系　*32*
第２節　子ども家庭福祉六法　*37*
第３節　子ども家庭福祉に関連する法律と社会的養護　*49*

第４章　社会福祉の制度と法体系 ……………………………今井慶宗　*59*
第１節　憲法と福祉六法　*59*
第２節　福祉六法以外の各分野の法律　*65*
第３節　社会福祉の各分野に共通する法律　*71*

第５章　社会福祉行財政と実施機関 …………………………伊藤秀樹　*74*
第１節　行政組織の枠組み　*74*
第２節　福祉行政組織について　*75*
第３節　財政について　*77*
第４節　福祉行財政と福祉サービス　*83*

第６章　社会福祉施設と社会福祉の専門職 …………………名定慎也　*87*
第１節　社会福祉施設　*87*
第２節　社会福祉の専門職　*93*

第7章 社会保障及び関連制度の概要 ……………………………松井圭三 *104*
第1節 イギリスの社会保障の沿革 *104*
第2節 社会保険の萌芽 *106*
第3節 わが国の社会保障の沿革 *107*
第4節 社会保険とは *109*
第5節 社会保険の種類 *110*
第6節 生活困窮者自立支援制度 *112*
第7節 生活保護法とは *113*
第8節 社会手当等 *114*
第9節 社会保障の財源 *116*
第10節 社会保障の課題 *116*

第8章 相談援助（直接援助技術） ……………………………藤田 了 *118*
第1節 相談援助とソーシャルワーク *118*
第2節 個別援助技術（ソーシャル・ケースワーク） *119*
第3節 集団援助技術（ソーシャル・グループワーク） *127*

第9章 相談援助（間接援助技術） ……………………………村田篤美 *131*
第1節 間接援助技術とは *131*
第2節 地域援助技術（コミュニティワーク） *132*
第3節 社会福祉調査法（ソーシャルワークリサーチ） *138*
第4節 社会福祉運営管理（ソーシャルアドミニストレーション） *141*
第5節 社会福祉計画法（ソーシャルプランニング） *142*
第6節 社会活動法（ソーシャルアクション） *143*

第10章 社会福祉における情報提供と福祉サービス第三者評価 ……………重松義成 *146*
第1節 社会福祉における情報提供の必要性 *146*
第2節 各種福祉サービスにおける情報提供 *148*
第3節 福祉サービス第三者評価 *153*

第11章 利用者の権利擁護と苦情解決 ……………………………布元義人 *160*
第1節 権利擁護が必要とされる背景と実践 *160*
第2節 自己決定・意思決定を支える仕組み *162*
第3節 個人の権利を守るための仕組み *167*

第12章　少子高齢化社会における子育て ……………………………神原彰元　173
第1節　現代社会と少子高齢化社会　173
第2節　誰もが住みよい街づくり・人づくり　177
第3節　これからの子ども・子育て支援　180
第4節　本章のまとめ　183

第13章　共生社会の実現と障害者施策 ……………………………竹内公昭　185
第1節　共生社会の現状と課題　185
第2節　障害者施策の現況　192

第14章　在宅福祉・地域福祉の推進 ……………………………………小宅理沙　201
第1節　少子高齢化社会への対応　201
第2節　包容（包摂）社会の実現　204
第3節　在宅福祉・地域福祉の推進　205
第4節　外国人介護人材の受入れについて　208

第15章　社会福祉に関する諸外国の動向 …………………………中　典子　211
第1節　諸外国の合計特殊出生率　211
第2節　諸外国の少子化対策　214
第3節　わが国における取り組みの現状と今後の展望　219

第16章　介護福祉 ……………………………………………………………川上道子　224
第1節　変わりゆく「介護福祉」　224
第2節　介護保険制度下における介護福祉士の現状　236
第3節　介護者の健康管理　249
第4節　揺れ動く国家試験の義務化　250
第5節　今後の課題　252

新編社会福祉概論

第1章

社会福祉の概念と理念

第１節　社会福祉の概念

社会福祉という言葉から、皆さんはどういうことを思い浮かべるだろうか。収入がなく生活に困っている人への支援、高齢者に対する介護サービス、また、地震や台風などの自然災害が発生した時に被災地で様々な活動を行うボランティアを思い浮かべるかもしれない。

私たちは、社会福祉という用語を当たり前のように使っているが、「社会福祉とは何か」という質問に対して、容易に説明することは難しいのではないか。

福祉と訳されるwelfareは、well（快い、健全）と、fare（暮らす、やっていく）から成り立ち、welfare はそれらの合成語で「幸せに暮らす」という意味がある。したがって、社会福祉は「この社会における幸せ」、つまり、「誰もが学校や職場などで、社会の一員として幸せな生活を送ること」を意味している。

わが国において、社会福祉という用語がはじめて法律上で使用されたのは、1946（昭和21）年制定の「日本国憲法」である。

> 「日本国憲法」第13条（個人の尊重）
> 　すべて国民は、個人として尊重される。生命、自由及び幸福追求に対する国民の権利については、公共の福祉に反しない限り、立法その他の国政の上で、最大の尊重を必要とする。

幸福追求に対する権利は、障がい者、高齢者、児童を含むすべての人たちの幸福な暮らしを達成させるための権利として保障されている。

また、憲法第14条第１項では、次のように規定している。

「日本国憲法」第14条第１項（法の下の平等）

すべて国民は、法の下に平等であつて、人種、信条、性別、社会的身分又は門地により、政治的、経済的又は社会的関係において、差別されない。

つまり、出身、身分等により差別されることなく福祉サービスが保障されなければならないことが述べられている。

その上で、「日本国憲法」第25条が社会福祉に関してより具体的なあり方を示しており、社会福祉行政の最も基本となる条文である。

「日本国憲法」第25条（国民の生存権、国の保障義務）

すべて国民は、健康で文化的な最低限度の生活を営む権利を有する。

② 国は、すべての生活部面について、社会福祉、社会保障及び公衆衛生の向上及び増進に努めなければならない。

この条文は、「健康で文化的な最低限度の生活を営む権利」、すなわち、生存権を国が保障することを謳った条文であり、人々の権利としての社会福祉を示している。

また、国の機関による社会福祉の定義の代表的なものとしては、1950（昭和25）年に社会保障制度審議会から発表された「社会保障制度に関する勧告」（通称「50年勧告」）を挙げることができる。この勧告で、社会保障制度の骨格と社会保障を構成する社会保険、国家扶助（公的扶助）、公衆衛生及び医療、社会福祉の枠組みを提示した。そして、社会福祉については、「国家扶助の適用を受けている者、身体障害者、児童その他援護育成を要する者が自立してその能力を発揮できるよう、必要な生活指導、更生補導、その他の援護育成を行うことをいう」と定義している。ここでは、自立の助長を目的にしながら、その対象を社会的に何らかの生活課題を抱えている一部の特定の人々に限定して考えている。社会福祉とは何かを明らかにするためには、50年勧告に先行する福祉三法を基に概念規定せざるをえず、「生活保護法」（国家扶助）、「身体障害者福祉法」、「児童福祉法」をキーワードにおいている。私たちの生活が複雑多様化し、生活上解決すべき課題も多様化していくなかで見直されてきたが、この勧告は、わが国の社会保障制度の形成に大きな影響を与えている。

なお、国際的にみると、1948（昭和23）年12月10日の国連第3回総会で採択された「世界人権宣言」は、すべての人民とすべての国とが達成すべき共通の基準として宣言しており、すべての人民が社会の一員として社会保障を受ける権利を保障している。

「世界人権宣言」第22条

すべて人は、社会の一員として、社会保障を受ける権利を有し、かつ、国家的努力及び国際的協力により、また、各国の組織及び資源に応じて、自己の尊厳と自己の人格の自由な発展とに欠くことのできない経済的、社会的及び文化的権利の実現に対する権利を有する。

「世界人権宣言」第25条

すべて人は、衣食住、医療及び必要な社会的施設等により、自己及び家族の健康及び福祉に十分な生活水準を保持する権利並びに失業、疾病、心身障害、配偶者の死亡、老齢その他不可抗力による生活不能の場合は、保障を受ける権利を有する。

② 母と子とは、特別の保護及び援助を受ける権利を有する。すべての児童は、嫡出であると否とを問わず、同じ社会的保護を受ける。

すべての人が人権を保障され、社会の一員として安心して幸せな生活を送れる社会が望まれるが、現代社会においては、子育て、介護、疾病、貧困など、多くの生活課題が起きている。そこで、人々の暮らしが望まれる状態に向かうよう支援の方策を立て課題の解決にあたる。そのための、国や地方公共団体、社会福祉専門職及び保健、医療等の分野との連携をはじめとして、社会の様々な人々が実践していくことのすべてが社会福祉なのである。

第２節　私たちの暮らしと社会福祉

１．少子高齢化の進行

私たちが暮らす現代社会には、様々な社会問題が存在している。少子高齢化の進行により世帯構造や家族が担うとされてきた機能が変化するなか、私たちの生活にも影響を及ぼしている。

まず、人口減少、少子高齢化とは、どのような状況なのか概観していく。

わが国の総人口は、第２次世界大戦後は増加が続いていたが2005（平成17）年に戦後初めて前年を下回り、2011（平成23）年以後は減少を続けている。2020（令和２）年10月１日現在の総人口は、１億2,571万人であった。なお、2017（平成29）年４月に国立社会保障・人口問題研究所が公表した「日本の将来推計人口」における出生中位・死亡中位推計結果によると、今後も人口減少は進み、2065（令和47）年には8,808万人になると推計されている。

65歳以上の老年人口は、1950（昭和25）年には総人口の５％に満たなかったものが、1970（昭和45）年に７％を超え高齢化社会となり、さらに、1994（平成６）年には14％を超える高齢社会となった。 高齢化率はその後も上昇を続け、2020（令和２）年10月１日現在、28.8％という超高齢社会へ進行している。そして、わが国の高齢化の特徴として、諸外国に例を見ない速さで進んでいることが挙げられる（表１−１）。

このように、人口の減少と高齢化が同時に、しかも、急激に進行しているという状況にある。

高齢化社会……その国の総人口に占める老年人口（65歳以上）の比率が７％を超えた社会のことをいう。
高齢社会………高齢化が進行し、老年人口比率が14％を超えた社会のことをいう。
超高齢社会……高齢化がさらに進行し、老年人口比率が21％を超えた社会をいう。わが国は2007（平成19）年に21.5％と、初めて高齢化率が21％を超えた。

次に、少子化をめぐる現状を見ると、高学歴化や女性の社会進出などを背景

表1-1　各国の高齢化率が7%から14%へ要した期間

	65歳以上人口比率の到達年		所要年数
	7%	14%	
日本	1970年	1994年	24年
ドイツ	1932年	1972年	40年
イギリス	1929年	1975年	46年
アメリカ	1942年	2014年	72年
スウェーデン	1887年	1972年	85年
フランス	1864年	1990年	126年

出所：令和３年版高齢社会白書をもとに筆者作成

として結婚年齢は上昇しており、平均初婚年齢は、男子26.1歳、女子22.9歳(1947(昭和22)年）から男子31.2歳、女子29.6歳（2019（平成31・令和元）年）と上昇し晩婚化が進行している。合計特殊出生率（その年次の女性の各年齢(15歳から49歳）別出生数を合計したもの）は1.36（2019(平成31・令和元)年）と、人口置換水準である2.07～2.08を大きく下回っている。ちなみに、第１次ベビーブーム期には4.3を超えていたが、1950(昭和25)年以降急激に低下し、1989(昭和64・平成元)年にはそれまで最低であった1966(昭和41)年（丙午：ひのえうま）の1.58を下回る1.57を記録、さらに2005（平成17）年には過去最低である1.26まで落ち込んだ。その後、2015(平成27)年には1.45まで上昇したものの、2016(平成28)年以降は再び低下している。

第２次世界大戦後の家族形態を世帯数と世帯人員で比較すると、1953(昭和28)年の世帯数は1,718万世帯、平均世帯人員は5.00人であったが、2019(平成31・令和元)年の世帯総数は5,179万世帯、平均世帯人員は2.39人となり、世帯数は増加しているが、世帯人員は減少している。世帯類型で見ると、単独世帯、夫婦のみの世帯、ひとり親と子どもからなる世帯の構成割合が増加している。なお、65歳以上の者のいる世帯は2,558万世帯（全世帯数の49.4％）で、世帯構造をみると、「夫婦のみの世帯」が827万世帯（65歳以上の者のいる世帯の32.3％）で最も多く、次いで「単独世帯」が737万世帯（同28.8％)、「親と未婚の子のみの世帯」が512万世帯（同20.0％）となっているが、65歳以上の一人暮らしの世帯が増加傾向にある。

このように少子高齢化が進行する中で、解決しなければならない問題は多い。例えば、一人暮らし高齢者や認知症高齢者に対する介護の問題……。

誰でも年はとるし、年をとれば働けなくなる。また、年をとるに従って、介護が必要な状態（要介護）になる可能性も高くなっていく。このような人々に対する介護は、家族だけの責任ではない。これらの人は、世の中のために働いてこられたのだから、本人や家族の気持ちを大切にしながら社会的なサービスを行う必要がある。

2．子育てと高齢者介護の現状と課題

私たちは、日頃の生活の中で、幸福を感じるときもあれば、不安や悩みを抱えるときもある。不安や悩みがあるときに、自ら解決しようと努力したり、家族や友人、地域のつながりによって解決するなど、様々な方法を用いて解決を図るだろう。しかし、世帯の少人数化が進み、家族の中でも一人ひとりが孤立するなど、社会を構成する基本である家族のつながりは弱まっている。このような中で、地域の人と人のつながりも弱まり、地域への帰属意識は低下するなど、地域社会の脆弱化も進んでいる。

その結果、相談できる相手がいない子育て世代や、困り事が生じても頼れる相手がいない高齢者など、地域において孤立するケースも生じている。

（1）子育て

子どもは、いろいろな経験を通して人格的発達を遂げていく。かつては、年長の子どもが年下の弟妹の世話をすることは一般的であったが、兄弟姉妹の少ない現在では例外的なこととなっている。地域においても一緒に遊ぶ子どもが少ないなど、子ども同士が切磋琢磨する機会が減少し、社会性が育ちにくくなるなど子どもの成長への影響も懸念されている。

また、乳幼児を抱えた親たちも、子どもを育てた経験に乏しく、子どもが小さいときは、特に家庭に閉じこもる時間が長く、精神的に不安定になることがある。そのはけ口が、幼い子どもに向けられる暴力や養育の放棄となってしまうと、子どもの心に深い傷を負わせることにもなる。

（2）高齢者の介護

高齢化の進展とともに、高齢者のいる世帯は増加している。そのような中で、介護の状況は、要介護期間の長期化・重度化が進み、高齢者の介護を行う家族の心身の負担は重くなっている。特に、女性の介護者が多いことや介護者自身が高齢化している中で、家族による介護は大変困難な状況にあり、介護を社会全体で支えることが必要となっている。

現在の高齢化率は、前述した通り28.8％であるが、65歳以上人口を「65歳以上74歳以下人口」（前期高齢者）と「75歳以上人口」（後期高齢者）に分けてみると、前期高齢者の総人口に占める割合は13.9％、後期高齢者の総人口に占める割合は14.9％となっており、後期高齢者人口が前期高齢者人口を上回っている（表１−２）。なお、2018（平成30）年度末で、介護保険制度における要介護又は要支援の認定を受けた人は645万人であったが、そのうち65歳〜74歳と75歳以上の被保険者について、それぞれ要支援、要介護の認定を受けた人の割合を見ると、65〜74歳で要支援の認定を受けた人は1.4％、要介護の認定を

表1−2　高齢化の現状

単位：万人（人口）、％（構成比）

		2020（令和２）年10月１日		
		総数	男	女
人口	総人口	12,571	6,116	6,455
	65歳以上人口	3,619	1,574	2,045
	65〜74歳人口	1,747	835	912
	75歳以上人口	1,872	739	1,134
	15から65歳未満人口	7,449	3,772	3,677
	15歳未満人口	1,503	770	733
構成比	総人口	100.0	100.0	100.0
	65歳以上人口（高齢化率）	28.8	25.7	31.7
	65〜74歳人口	13.9	13.7	14.1
	75歳以上人口	14.9	12.1	17.6
	15〜65歳以上人口	59.3	61.7	57.0
	15歳未満人口	12.0	12.6	11.4

出所：『令和３年版高齢社会白書』

受けた人は2.9％であったのに対して、75歳以上では要支援の認定を受けた人は8.8％、要介護の認定を受けた人は23.0％となっており、75歳以上になると要支援・要介護の認定を受ける人の割合が大きく上昇している。老年人口の中でも、特に、後期高齢者人口の増加は著しく、寝たきりや認知症の発現率も高まることから、高齢者介護に対して、これまで以上の対応が必要となっている。

３．生活者のニーズの理解

人間は複雑で様々なニーズを持っているが、そのようなニーズを充足してこそ社会福祉の存在意義はあるといえる。私たちの生活は、いつも、順調だとは限らない。何らかの生活を送るうえでの困難を感じることがあった場合、その困難を解決できれば以前のような生活ができるようにその困難を解決するものがニーズである。すなわち、社会福祉を実践するためには、ニーズを把握することが重要である。しかし、困難を解決するためのニーズが同じように見えても、家族、友人、地域住民などのサポートが受けられるかなど、個々人によって状況は異なる。また、ニーズが存在していても、認識されていない場合もあるので注意が必要である。

A. マズローは、人間のニーズの階層について図１−１のように、①生理的ニーズ、②安全のニーズ、③所属と愛情のニーズ、④自尊のニーズ、⑤自己実

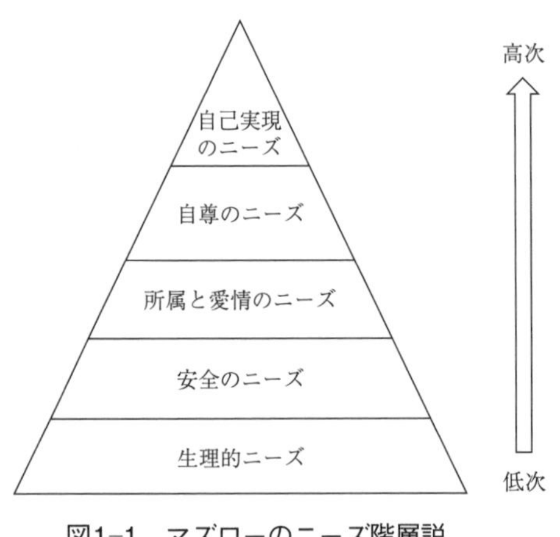

図1-1　マズローのニーズ階層説

現のニーズという５段階に分けて示した。

第１段階の生理的ニーズは、食欲、睡眠欲、のどの渇き、排せつなどのニーズで、私たちが生きていくために欠かせない基本的なニーズを指す。第２段階における安全のニーズは、生命が危険にさらされない環境を求めるニーズである。第３段階の所属と愛情のニーズは、家族、友人、集団との愛情や親密さに満ちた関係性を求めるニーズである。第４段階の自尊のニーズは、人間が一人の人格者として価値ある者として認められ、かつ自信を得たいというニーズである。この４段階までのニーズは、すべての人間にとって不可欠なニーズ、価値であり、低次のニーズあるいは欠乏のニーズといわれている。さらに、第５段階の自己実現のニーズは、個人が持つ自分の能力と価値を最大限に発揮して、自分の夢を実現させようとするニーズを指している。

では、子育て中のお母さんに置き換えてみると、どのようなニーズがあると考えられるだろうか。

第１段階（生理的ニーズ）

「夜中に起きることなく、ゆっくりと寝たい」「たまには、一人で食事をしたい」

第２段階（安全のニーズ）

「安心して子育てができる経済的支援が欲しい」「安全な場所で子育てをしたい」

第３段階（所属と愛情のニーズ）

「悩みを相談・共有できるママ友が欲しい」「夫・パートナー・子どもと仲良く暮らせる家庭を築きたい」

第４段階（自尊のニーズ）

「家事や育児を頑張っている自分を認めてほしい」

第５段階（自己実現のニーズ）

「自分のやりたいことを実現したい」

A. マズローのニーズ階層説によれば、自己実現を最も高次に位置づけているが、第３段階で例示した「悩みを相談・共有できるママ友」が近くにいることで、お母さんの不安や負担が軽減できれば、時間的にも精神的にも余裕ができ自分のやりたいことが実現できる可能性もある。このケースでは、例えば、地域子育て支援拠点事業の利用を勧めるようなことが考えられる。

第３節　社会福祉の理念

社会福祉は､誰もが社会の一員として幸せな生活を送ることができるように、制度やサービスなどを活用して支援を実施する。そこには、地域全体で向き合っていく地域福祉や、法制度が十分に機能していなければ是正していくという取り組みも含まれる。社会福祉を実現するためには、これらの考えが広く共有されておかなければならない。

ノーマライゼーションやソーシャル・インクルージョンは、その基本となる考え方であり、社会福祉を学ぶ人たちにとって大変重要な意味がある。

①　ノーマライゼーション

ノーマライゼーションとは、誰もが差別や排除されることなく、普通に生活できる社会の実現を目指した理念である。1950年代後半、デンマークにおける知的障がいのある人たちの親の会の運動を通して具現化された。当時、各国で知的障がい者の暮らす大型収容施設では、指導する権力をもつ職員と弱い知的障がい者という構造からなり、一般市民の目の届かない所で著しい人権侵害が行われていた。デンマークでは、これに気づいた親たちにより隔離された施設に対する反対運動が起こり、この声を聞き入れたバンク＝ミケルセンは、いわゆる1959年法の制定に携わった。このことにより、バンク＝ミケルセンは「ノーマライゼーションの父」と呼ばれるようになった。バンク＝ミケルセンによれば、ノーマライゼーションとは､「障がいがある人をノーマルにするのではなく、彼らの生活の条件をノーマルにすることである」と説明している。このような活動を経て、スウェーデンのニイリエは、ノーマライゼーションの理論化・制度化において重要な役割を果たした。彼はノーマライゼーションを、「すべての知的障がい者の日常生活の様式や条件を、社会の普通の環境や生活方法にできる限り近づけることを意味する」と定義し、ノーマライゼーションの８つの原則としてまとめた。また、ノーマライゼーションは、ドイツ出身のヴォルフェンスベルガーによって北米に普及した。ヴォルフェンスベルガーは、ミケルセンとニイリエの「ノーマライゼーション」の考え方をよりその国の文化・地域に根差したものにするべきであると考えた。ミケルセンとニイリエの「ノーマライゼーション」が、主として障がい児・者の環境の整備・改善を目指したのに対して、ヴォルフェンスベルガーの「ノーマライゼーション」は、それに加えて、目標達成のために専門家育成や援助プログラムの開発にも力を入れた。

ノーマライゼーションの理念は、知的障がいのある人たちの親の会の運動から始まったが、現在は、障がいの有無に関係なく、社会福祉の全領域に共通する基本理念として受け入れられている。

②　ソーシャル・インクルージョン

ソーシャル・インクルージョンは、1980年代のフランスを中心としたヨーロッパで社会問題となった外国籍労働者へのソーシャル・エクスクルージョン（社会的排除）の対置概念として登場した。インクルージョンは日本語では「包摂」「包含」「包括」と訳され「包み込む」という意味もあり、障がいの有無など分け隔てなく同じ社会の中で生活しているという考え方である。

現代社会は、家族や地域とのつながりが希薄化し、誰の助けも受けることができず、社会から「排除」や「孤立」してしまうソーシャル・エクスクルージョンが深刻化している。ノーマライゼーションの実現には、この「排除」された「孤立」してしまっている状態の人たちに関心をもち、ソーシャル・エクスクルージョンを克服しなければならない。ソーシャル・インクルージョンは「誰もが社会的に排除されることなく、社会とつながり、社会の構成員として包まれるという考え」を意味している。

なお、2000（平成12）年12月に厚生省（当時）でまとめられた「社会的な援護を要する人々に対する社会福祉のあり方に関する検討会報告書」においても、すべての人々を孤独や孤立、排除や摩擦から援護し、健康で文化的な生活の実現につなげるよう、社会の構成員として包み支え合う、ソーシャル・インクルージョンの理念を進めることを提言している。

第４節　本章のまとめ

社会福祉は、高齢者、障がい者、子ども、貧困など、対象ごとに制度が縦割りに整備され、充実が図られてきた。しかし、現代社会においては、人口減少や少子高齢化などの社会状況の変化により生活に大きな影響を与えている。

例えば、高齢者が高齢者を介護するという老老介護、老老介護の中でも認知症の要介護者を認知症の介護者が介護する認認介護、地方に住む老親の介護を行う遠距離介護、家族の介護と仕事の両立が難しくなって仕事を辞めてしまう介護離職、学業や進学等を犠牲にして、本来、大人が担うと想定されている家事や家族の世話などを行うヤングケアラーなどの問題が挙げられる。また、第2節の生活者のニーズの理解で紹介した「子育て中のお母さん」のケースにもう一度戻ってみると、子育てと同時に、親の介護問題に対する不安も抱えている可能性も考えられる。子育てと介護を同時に担うダブルケアという社会問題である。

2020（令和２）年頃から続く新型コロナウイルス感染症の拡大により、日常生活の様々な場面で生活様式の見直しが求められている。企業勤めをしている人は在宅ワークへの転換を求められ、児童・生徒・学生たちは非対面型のオンライン授業が導入されるなど、これまでの生活様式を見直すことが必要となる中で、生活のしづらさを感じる人も多いだろう。生活上の困難を抱えている人たちとは、決して一部の人たちだけの問題ではなく、誰もが、その可能性を抱えている。

以上のように、社会の変化に伴い、社会福祉が対象とする問題も変化する中で、社会福祉は、誰もが社会の一員として様々な社会とのつながりのなかで安心して生活を送ることができるように支援を行うということである。この考え方の基盤には、本章で学習した「日本国憲法」の規定や、ノーマライゼーション、ソーシャル・インクルージョンの理念などがある。特に、様々な新たな社会問題が発生している現代社会においては、社会福祉の基盤にある様々な考え方や理念について理解しておくことが重要である。

【参考文献】

丹波史紀・石田賀奈子他編著『たのしく学ぶ社会福祉　誰もが人間らしく生きる社会をつくる』ミネルヴァ書房、2021年
立花直樹・波田埜英治・家高将明編著『社会福祉　原理と政策』ミネルヴァ書房、2021年
一般社団法人日本ソーシャルワーク教育学校連盟編集『最新社会福祉士養成講座、精神保健福祉士養成講座　社会福祉の原理と政策』中央法規、2021年
空閑浩人編著『ソーシャルワーク』ミネルヴァ書房、2015年
内閣府編『令和3年版　高齢社会白書』日経印刷、2021年
内閣府編『令和3年版　少子化社会対策白書』日経印刷、2021年

第2章
社会福祉の歴史的変遷

第1節　古代から近世の慈善救済

1．古代社会の慈善救済

古代社会での慈善救済は、天皇や豪族・貴族の政策的慈恵と僧侶などによる仏教的慈善がある。天災や飢饉、疫病、それらと並行して律令制度による時の支配者から厳しい年貢の取り立て、労役などによって、生じた貧困の救済が主であった。現存する最古の歌集といわれる『万葉集』には、九州・大宰府の役人であった山上憶良の「貧窮問答歌」があり、年貢の取り立てや労役が厳しく、飢饉の凶作に苦しんでいる農民の姿が詠まれている。

律令における救済制度は、718（養老２）年に制定された「戸令（こりょう）」のなかの「賑給制度（しんごうせいど）」である。天皇の即位や立太子、出産などの慶事に農民・庶民に対して税の軽減・免除が行われた。また天皇や皇族の病気罹患の場合、その平癒のためにも行われた。これは救済制度というよりは、天皇や皇族の慈恵といった性質のものである。もう１つは、実際に飢饉や災害などにより、被害が出た時に困窮者に対する税の軽減・免除、医療品の支給などの救済が行われた。

また「戸令」の「鰥寡条（かんかじょう）」では、減税や労役免除などの救済の対象者を鰥寡・孤独（こどく）、貧窮（びんぐ）、老疾（ろうしち）の範囲に属する者で、かつ自分では暮らせない人を対象としている[1)]。まず親近者や地域社会での相互扶助が基本にあり、それが期待できない場合に公的な救済がとられるというものであった。

仏教慈善としては、法隆寺や四天王寺を創建し「日本仏教の祖」といわれる聖徳太子（厩戸皇子（うまやどのおうじ））が593（推古天皇元）年に四天王寺に敬田院、悲田院、施薬院、療病院の四箇院を建立し、貧困者や傷病者、身寄りのない高齢者、孤児などを集めて収容と施療をしたと伝わっている。いわば現在の社会福祉、医療施設の原型となるものである。また723（養老７）年に光明皇后が奈良の興福寺境内に悲田院、施薬院を建立し、皇后自らハンセン病患者の治療にあたったという。

奈良時代の僧行基は、諸国を布教していく傍ら、農地の開墾、架橋や農業の灌漑施設を作るなど治水や土木事業による救済活動を行い、行き倒れの人を一時的に収容する無料宿泊施設（布施屋）や人々が集まり語り合う場としての「堂」を各地に設置していった。

平安時代の僧で天台宗の開祖である最澄は、815（弘仁６）年東国を遊歴した際、信州の信濃坂に布施屋を設けている。また同時代の僧で真言宗の開祖である空海は、828（天長５）年綜芸種智院を設立し、庶民に対して教育を行った。

２．中世社会の慈善救済

中世社会になると、武家による支配体制が確立し強化され、身分制度の細分化や封建領主の生活を支えるため、農民や庶民への年貢や労役の負担がより大きくなった。また鎌倉、南北朝、室町の各時代を通して、中世のこの時代は地震、海嘯（かいしょう）、大雨、台風、洪水、旱魃（かんばつ）、飢饉などの災害に度々見舞われた。飢饉等と共に疫病の流行も甚だしかった。行き倒れや餓死で京の都では、「死者街に満つ」という状況が常であった。自然災害・疫病流行の恐ろしさもさることながら、民衆の生活を破壊し、市街を荒廃させたものは、鎌倉・南北朝の動乱、応仁の乱、各地の守護・戦国大名の領地を巡る争いなどの度重なる戦乱とそれに伴う兵火の惨禍であった。年貢や労役の負担、戦乱に巻き込まれて生活に困窮する者が増加し、労働力として兄弟、妻や娘を売る人身売買が横行した。このような状況のなかで、封建領主の慈恵的救済がみられている。鎌倉幕府の執権であった北条氏は、泰時をはじめ、代々にわたり、領地の伊豆で飢饉に苦しんでいる人々に米を支給、人身売買の停止、物価統制、貧民のための療病舎を建立するなど窮民救済を積極的に行っている。

仏教慈善では、奈良の東大寺の重源、西大寺の叡尊、忍性らの僧が道路の建設、架橋や泊の修築など、多くの公共的土木事業に取り組み、また非人救済、貧困者救済、癩患者等の傷病者の療養、湯屋の設置、棄児の養育といった実践的な救済、福祉活動を展開した。

先に述べたように、戦乱と政情不安のなかで、人々にとって生と死は紙一重であった。民衆の中には、宗教によって現実社会の困難から救われたいとの思いが強まり、こうした人々の不安に応えるかたちで鎌倉時代には法然、親鸞、道元、一遍、日蓮などによって新しい仏教思想が浸透していった[2)]。

また民衆は支配者である領主や野盗から自分たちの暮らしや命を守るために、村落共同体の相互扶助組織である「惣」を形成し、年貢や労役の負担減免要求や農業、祭礼などの共同作業を行いながら集落の結束を強めた。さらに中世から近世にかけては、自主的な血縁や地域の助け合いとして「結」「講」と呼ばれる相互扶助組織が発展した。

戦国大名も窮民の救済や治水や土木事業を行った。戦国大名は富国強兵策遂行の必要上、民政に力を尽くした者が多い。越後の上杉謙信は、凶作や困窮者の救済を行い、甲斐の武田信玄は信玄堤を築き、笛吹川の治水を行った。織田信長は京上洛時に庶民に対し、米を貸し与えたり、諸課を免じたりしている。豊臣秀吉も施薬院で病苦の民衆に治療を行ったり、鴨川（賀茂川）や淀川の堤を築いたりした。

1549（天文18）年にイエズス会宣教師フランシスコ＝ザビエルによって、日本にキリスト教が伝来されたが、窮民の救済にも力を尽くし、その後のわが国のキリスト教慈善事業に大きな影響を与えた。1552（天文21）年に来日したポルトガル人医師ルイス・デ・アルメイダは、キリスト教の布教活動とともに救貧、施療、孤児や寡婦の保護をはじめとして、育児院や療育院を創設し慈善活動を行った。1557（弘治３）年には豊後府内（大分市）に近代西洋医学によるわが国初めての総合病院を建設した[3)]。また、大分において「ミゼリコルディア（憐れみの聖なる家）」といわれるキリスト教徒の互助組織を発足させている。

３．近世社会の慈善救済

近世江戸時代になると、中央集権的な幕藩体制が確立され、民衆への政治支配も組織的に行われた。特に五人組は連帯責任・相互監察・相互扶助の単位として、幕府や藩の領主が治安維持や年貢の確保、法令の伝達通知徹底を図る役割を果たした。徳川幕府は儒教思想に基づく徳治主義を取り入れていたため、民衆に対する慈善救済に力を尽くした。災害、江戸の町では特に、大火がしばしばあったので、窮民収容施設として、賑救廠（しんきゅうしょう）が設けられた。すなわち「御救小屋（おすくいごや）」が本所、板橋、千住などの各所に災害が発生すると置かれた。享保・天明をはじめとする飢饉、明暦の大火などの災害にも、幕府は御救小屋を設けて食を施すなど賑救している。

また諸藩でも儒教思想による慈恵的な政策を実施したところもあり、会津藩主の保科正之は領内の90歳以上の高齢者に養老米を与え、疾病者に施薬した。水戸藩主の徳川光圀は、飢饉の際に窮民を救済、領内の鰥寡孤独貧窮老疾者を調査し救済した。金沢藩主の前田綱紀は生活困窮者を助けるための施設（非人小屋）を設置し、のちに授産施設も併置した。米沢藩主の上杉鷹山は農地開発、備前岡山藩主の池田光政は新田開発、治水を行い、米の石高増産に成功した。

江戸では、第８代将軍徳川吉宗の命により、貧民疾病救護のために1722（享保７）年に小石川薬園内に無料の医療施設「小石川養生所」が設立され、1790（寛政２）年には、老中松平定信が火付盗賊改役の長谷川平蔵に命じて江戸の石川島に無宿者や刑余者を収容するための「人足寄場」がつくられた。人足寄場では、大工、建具、塗り物、紙すきといった技術指導を行って職業を身につけさせ、更生させることを目的とした。こうした作業には労賃が支払われ、その３分の１は強制的に貯金させられ、更生資金に充てられた。

1791（寛政３）年に老中松平定信は、「七分積金制度」「江戸町会所」をつくり、囲籾（かこもみ）などの費用とした。それは飢饉や窮民・孤児の救済に充てられた。その資金の一部は明治になってから東京府養育院の設立に使用された。

また民衆の立場からは農民出身の二宮尊徳が各地の荒村の復興支援を行い、武士出身の大原幽学は農村に「組合」を作り、農具から日用品まで共同購入を行い、利分を積み上げて、天災の備えとし、農村の生活を安定させた。

しかし、士農工商という身分制度のもとでの厳しい年貢の取り立て、相次いで起こる天災や飢饉によって民衆の困窮は深刻さを増し、百姓一揆や「ええじゃないか」にみられるような世直し要求に発展した。

第2節　明治から第2次世界大戦までの慈善救済

1．明治政府の成立と公的救済

幕藩体制が行き詰まり、江戸幕府からの大政奉還を受け、1868(明治元)年に明治政府が樹立された。明治政府は富国強兵や殖産興業に重点を置いた近代国家を目指したが、1871(明治4)年、廃藩置県[4)]を行ったことにより、諸藩が担っていた窮民救済を国が行うことになった。廃藩置県の実施により多くの士族が経済的基盤をなくし、生活に困窮して没落する者が増えた。1873(明治6)年の地租改正では3%という高額な税率によって、大多数の農民は負担が増すことになり、各地で農民一揆が頻発した。政府は、アメリカや西欧諸国と結ばされた不平等条約である修好通商条約改正を目指して、国際社会の構成員として認められるために、文明国標準にかなう文明開化や法律の整備を進めた。

また、増産興業政策による近代的産業や機械制工場が増加し、急速な産業革命・近代化を背景とした生活問題が増大し、都市における貧困地区の形成、過酷な労働条件、健康破壊、非行犯罪などの問題が多発し、新しい貧困階層が出現した。

このように明治維新の政治的変革から多数の生活困窮者が生じたため、明治政府は1874(明治7)年、公的救済制度として、日本で初めて統一基準を持つ救貧法である「恤救規則」を定めた[5)]。

恤救規則の対象は、寡婦・孤児・病人・廃疾者とされたが、原則は「人民相互の情宜」つまり地縁・血縁による相互扶助であった。そのうち独身で労働能力がなく「目下差置難無告ノ窮民」つまり、どうしても相互扶助に頼れない緊急を要する病人については、男性が3合、女性が2合の50日分以内の下米相当分の金銭を支給するというもので、50日経てばどんな事情があっても打ち切られた（これは明治９年に改正された）。労働能力のない70歳以上の老衰者及び廃疾者は年米１石８斗、13歳以下の者には年米７斗と定められていた。僅かでも労働能力があれば、対象にはならなかったのである。その実施主体は、内務省であり、その経費は国庫負担を原則とした。「恤救規則」は、地域自治に基づく「義務救助」ではなく、中央集権体制に基づく「制限救助」としていたところに特色がある。

この時代の貧困に対する捉え方は、貧困の原因が疾病であれ、障がいであれ、経済変動であれ、すべて「個人」あるいは「自己」の責任であるという思想に貫かれ、救済は国や地方公共団体が積極的にするものではなく、家族・親族や民間の慈善に任せるべきだという考え方が強く流れていた。国家が安易に窮民救済を行うと、「惰民の養成」につながるため、政府がむやみに行うものでないという考えがあり、国としての公的扶助の責任や義務を認めないものであった。救貧の対象が狭く、恩恵的、限定的だったこともあり、その後改正法案が度々審議されたが、法律改正には及ばず、1932（昭和７）年の「救護法」の施行まで継続することになる。

２．民間慈善事業

「恤救規則」などの公的救済制度はあったが、多くの貧困児・貧困者が救済されずに取り残されていた。明治政府の公的なしくみが不十分な中で、新たな貧困層や生活の困窮に対応したのは、民間の篤志家や仏教・キリスト教の関係者であった。彼らによって、養育院や孤児院などが設立され私的な救済活動が行われた。1874（明治７）年にカトリック信者の岩永マキによって設立された浦上養育院や1879（明治12）年に仏教諸宗派の幹部僧侶らによって東京に設立された福田会育児院による孤児の救済活動があった。1887（明治20）年にはキリスト教を信仰する石井十次により岡山孤児院が創立され、濃尾大地震や東北地方での凶作による孤児たちを救済した。また十次は英国の児童施設の影響を受け、無制限収容、家族的小舎制、里親委託を行い多くの子どもの養育を行った。同じく濃尾大地震の救済活動を行った石井亮一や山室軍平もその後慈善活動を行い、石井亮一は1891（明治24）年、東京に知的障害者施設「滝乃川学園」を開設し、山室軍平は1895（明治28）年に救世軍を創設して低所得者の経済活動の援助を行った。

そのほかに、留岡幸助は1914（大正３）年に「北海道家庭学校」を創設して不良化した少年たちの矯正にあたり、野口幽香と森島峰は東京のスラム街の子どもへの幼児教育の必要性を考え1900（明治33）年、「双葉幼稚園」を創設し、貧困家庭の子どもに対する保育を行った。

さらに欧米の影響を受けて、1890年代からスラム街や工場労働者の居住地区、被部落差別などにおいてセツルメント運動が展開された。1897（明治30）年に東京神田三崎町に「キングスレー館」を開設した片山潜が、キリスト教思想を背景に、幼稚園、日曜講演、料理教室、夜間学校、英語教育などをその事業内容として実践した[6]。のちに社会主義運動へと発展した。

1908（明治41）年には現在の全国社会福祉協議会の前身である中央慈善協会が初代会長である渋沢栄一らによって設立された。

３．感化救済事業

明治期の民間慈善事業は、民間の篤志家や仏教・キリスト教の関係者によって、主に身寄りのない子どもなどを対象とする育児事業として始まったが、日清戦争・日露戦争後の産業革命が繊維産業を中心に進行し、また都市に人口が集中するなどにより、その必要性に応じて慈善事業は多様化していった。1900（明治33）年には不良・非行少年の教育保護を目的とした「感化法」が成立した。「感化」は非行少年の「更生のために教育や指導を通してよい影響を与える」という意味である。「感化法」は満８歳から16歳未満の不良・非行少年を「感化院」に入院させ、独立自営ができるように職業教育などを行うものである[7]。1908（明治41）年に同法は改正され、国の補助規定が設けられた。その結果、明治末年までに全府県に「感化院」が設置され、明治末期から大正初期に内務省は、慈善事業を感化慈善事業と呼ぶようになった。最終的には国民が独立自営の良民になることを目指す事業として感化慈善事業は実施された。良民形成は、すべての国民にかかわる事業として意識されるようになっていった。つまり感化慈善事業は治安対策の１つとして採用されたのである。

「感化法」は1933（昭和８）年に「少年教護法」に改正され、1947（昭和22）年に「児童福祉法」に吸収された。

４．社会事業の成立

1914（大正３）年から1918（大正７）年にかけて、日本は第１次世界大戦に参戦、戦勝国となり、さらなる近代化路線を歩むこととなった。重工業を中心に大戦景気で沸き、財閥資本企業は国家との関係を強めていった。消費生活は拡大し、好景気をもたらし、物価上昇は成金を輩出した。しかし戦争が終わってヨーロッパの国々が復興すると、日本の商品は売れなくなり一気に景気が悪化し戦後恐慌に突入した。その結果、物価の高騰を招き、一般国民の生活は不安定になり生活困窮者が増加、多くの都市労働者は劣悪な労働環境の下、厳しい生活を強いられるようになった。1917（大正６）年から1919（大正８）年にかけては、労働争議の数が飛躍的に増え、工場労働者たちは賃上げを要求していた。

1918（大正７）年７月に米の値段の暴騰に抗議する富山県の漁村の主婦たちが、県外への米の積み出しを阻止しようと起こした米騒動は、軍隊による鎮圧がなされるほどの大きな暴動であった。９月に終息するまで１道３府38県に広がり、これを契機に社会運動はより組織的な展開をみせた。同年９月にわが国最初の政党内閣である原敬内閣が成立し、社会問題・生活問題に対する政策対応が社会体制を維持するうえでも必要となり、社会政策、社会事業が登場した。1920（大正９）年には内務省に社会局が新設され「慈恵」にかわって「社会事業」が明記された。

しかし、社会事業が成立したといっても、救貧制度に関しては、「恤救規則」の改正案の検討が始まったばかりであり、実質的に国民生活は改善されなかった。こうした制度の不備を補ったのが「方面委員制度」である。先駆けとなったのは、岡山県で1917（大正６）年に笠井信一知事のもとで実施された「済世顧問制度」や大阪府で1918（大正７）年に林市蔵知事のもとで小河滋次郎が立案し、つくられた「方面委員制度」である。委員に任命された市区町村の役人や民間の篤志家などが地区ごとに居住者の生活実態調査を行い、住民の相談に応じた。大阪府の方面委員制度をモデルとしたものが全国で普及していった。今日の「民生委員・児童委員」の前身である。

また防貧機能の役割を果たす社会保険もこの時期に成立した。1922(大正11)年に、わが国最初の医療保険である「健康保険」が制定され、1927(昭和２)年から実施された[8)]。

５．第２次世界大戦までの社会事業

（1）救護法の制定

第１次世界大戦後の経済が混乱する中で、戦後恐慌からの復活を果たせないまま、1923(大正12)年９月に関東大震災が発生した。日本の経済の中心となっていた京浜地帯は多くの企業や工場が被災し、壊滅的な打撃を受け、東京を中心に関東地方１府６県に甚大な被害をもたらした。さらに1927(昭和２)年の昭和金融恐慌、1929(昭和４)年の米国に端を発した世界恐慌は日本経済にも波及して昭和恐慌に突入した。労働者の状態悪化、失業者の増大、中小企業の経営の逼迫、農村の貧困と不況などの社会問題は激化し、社会不安は増大した。

こうした状況のもと、働くことができない人への救済のあり方もようやく見直され、1929(昭和４)年に「救護法」が成立、1932(昭和７)年に施行された。「救護法」の対象者は、65歳以上の老衰者、13歳以下の幼者、妊産婦、不具廃疾、疾病、傷病その他精神または身体の障がいで働けない者で、貧困のために生活できない者であった。

「救護法」は国の公的救護義務を明確にし、実施主体を市町村長とした。市町村は救護事務に方面委員をあて、民間の方面委員の役割は大きくなっていった。また保護の内容は、生活扶助、医療、助産、生業扶助とし、「恤救規則」に比べて扶助内容が拡大し、養老院・孤児院、病院を救護施設と定めた。要援護者に保護請求権は認められず、受給によって選挙権がはく奪されるなど差別的・選別的色彩も残した。「救護法」の実施により、57年間続いた「恤救規則」は廃止され、方面委員が救護事務にあたることになった。

（2）戦時下での社会事業・厚生事業

1931（昭和６）年の満州事変から日本は戦時体制へと移行していき、1937（昭和12）年７月に日中戦争が勃発した。1938（昭和13）年１月には厚生省が設置され、国民保健、社会事業、労働に関する事務を管理し戦争推進の役割を果たした。同年４月には「国家総動員法」を公布し、戦争遂行のため国家のすべての人的・物的資源を政府が統制運用できることを示した。同じく1938（昭和13）年には、民間社会事業を推進するために「社会事業法」が公布されたが、戦時下における国策に沿った統制的な側面を有し、社会事業は戦力増強を目的とした人的資源の確保と健民健兵政策の強化を図る「厚生事業」へと変質していった。またこの時代は、国民に戦争協力させるため、「軍事保護院」を設置し、傷痍軍人を中心とした「軍事援護」に力を入れた。

軍事援護は大きく分類して、①入営もしくは応召した軍人及びその留守家族に対する援護、②傷痍軍人及びその家族に対する援護、③戦没者遺族に対する援護、④帰還軍人及びその家族に対する援護があった。傷痍軍人の援護については、恩典及び優遇、軍事扶助、医療保護、職業保護、傷兵院における収容保護、金融及び負債整理、慰藉などの精神的援護、労力・奉仕的援護、身上相談などが行われた[9)]。傷痍軍人の職業対策としては、軍事保護院は職業補導所を設置し、各地方にも傷痍軍人職業補導所を置いた。その職業指導方針は、①傷痍軍人に勤労報国の意義を理解させると共に、職業に関する知識を与えること、②なるべく入営または応召前の原職に復帰させること、③原職復帰困難者は、なるべく原職に類似する職業中より適職を選定して、従事せしめるよう指導すること、④新規に仕事を求める者や新規の仕事に転ずる必要のある者に対しては志望・適性・家族関係・居住地等を考慮して、適職を選定すること、⑤職業再教育を必要とする者には、退院後ただちに職業再教育を受けるように指導することの５つであった。

このような社会背景をもとに1937（昭和12）年に「母子保護法」「軍事扶助法」、1938（昭和13）年に「国民健康保険法」、1941（昭和16）年に「医療保護法」が公布されたほか、1941（昭和16）年に制定され太平洋戦争突入後の1942（昭和17）年に施行された「労働者年金保険法」は1944（昭和19）年に「厚生年金保険法」

に改題された。日本の社会保険・社会福祉などの社会保障制度は、1930年代から1940年代に現在の原型が形成されているといえよう。

第３節　第２次世界大戦後の社会福祉

１．戦後の混乱と社会福祉の始まり

1945（昭和20）年８月、日本政府はポツダム宣言を受け入れ、第２次世界大戦が終わった。日本の国富の４分の１が失われ、軍人及び軍属・民間人合わせて310万人余りが犠牲になったといわれている。第２次世界大戦の敗戦によって、日本は1952（昭和27）年まで連合国軍総司令部（GHQ）の占領下におかれ、民主化・非軍事化の改革方針に基づいた福祉改革が行われた。戦争・戦災で親を失った孤児、戦争未亡人、傷痍軍人、戦地からの引揚者や失業者が街にあふれた。食料問題と貧困者に対する政策は緊急課題であった。政府は、1945（昭和20）年12月に「生活困窮者緊急生活援護要綱」を作成し、宿泊施設の提供、衣類や医薬品などの生活必需品の支給、食料品補給などの緊急措置を行った。これはGHQの指示により行われた。

GHQから1946（昭和21）年２月に出された「社会救済に関する覚書」（SCAPIN775）では、生活困窮者の援助は「国の責任で無差別平等に保護しなければならない」という無差別平等、国家責任、最低生活保障の３原則が日本政府に示された。これに基づき、1946（昭和21）年10月に旧「生活保護法」が施行され、これにより「救護法」は廃止された。しかし、この旧「生活保護法」では怠惰な者や素行不良な者の保護は認められなかった。

1947（昭和22）年５月３日に「日本国憲法」が施行され、国民主権、生存権の保障、基本的人権の尊重がうたわれた。特に「日本国憲法」の第25条の生存権の規定は、戦後の社会福祉の基礎となった。1950（昭和25）年には、社会保障制度審議会の「社会保障制度に関する勧告」（50年勧告）が出され、社会保障を「社会保険、生活保護、公衆衛生および医療、社会福祉からなるもの」としてその実施が促された。それにより、旧「生活保護法」を改正した新「生

活保護法」が1950（昭和25）年に制定された。新「生活保護法」は、国家責任、無差別平等、最低限度の生活保障を認め、国民の不服申し立ての権利や保護の請求権を明確にした。

２．福祉三法体制の整備と確立

戦争で最大の被害を受けたのは児童であった。戦災孤児や浮浪児などの保護については、当初は児童保護施設への強制収容を行っていた。貧困の児童、非行や罪を犯す児童など、様々な社会問題が起こるなかで、保護を必要とする児童だけでなく、すべての児童を健全育成していく政策の必要性が示され、1947（昭和22）年「児童福祉法」が制定、公布された。

また戦争は、身体障がい者を多く生み出した。いわゆる傷痍軍人・戦災障がい者であるが、傷痍軍人の保護・救済を行うことは、旧軍人・軍属に対する優先的保護になるため、GHQの非軍事化や無差別平等の方針にも反すると禁止され、傷痍軍人たちは生活に困窮した。そこで、傷痍軍人だけでなく、戦争・災害・事故などの障がい者に対する制度として1949（昭和24）年に「身体障害者福祉法」が制定・公布された。「身体障害者福祉法」「児童福祉法」、先に公布された旧「生活保護法」と合わせて「福祉三法」と呼ばれている。

さらに1951（昭和26）年に制定された「社会福祉事業法」（「社会事業法」の後身）は、社会福祉分野に関する様々な共通的事項を定めた法律であり、社会福祉法人、共同募金、社会福祉協議会の規定などがある。また、公の支配に属さない民間の社会福祉事業に公金を支出できないことが、「日本国憲法」第89条で定められ、社会福祉施設などの事業を安定的に運営するために、助成金を受けられるしくみをつくるために、「社会福祉事業法」が必要となったのである。

３．国民皆保険・国民皆年金の確立

1955（昭和30）年頃から、1973（昭和48）年までわが国の経済は、高度成長期に入り、日本経済は飛躍的に成長を遂げた。しかし一方で、1956（昭和31）年の『厚生白書』には「1,000万人近くの低所得者層が復興の背後に取り残されている」と記されている。この頃までは、国民のおよそ３分の１にあたる約3,000万人が公的医療保険に未加入であり、結核などで医療を受けられずに亡くなる人も大勢いた。そこで医療保険制度の確立が緊急の政策課題となり、1938（昭和13）年公布の「国民健康保険法」の全部を改正した「国民健康保険法」が1958（昭和33）年に公布された。そして1961（昭和36）年に現在の「国民皆保険制度」が完成することになった。これまで医療保険制度の対象外であった自営業者などが国民健康保険制度に加入できるようになった。また1959（昭和34）年には、老後の不安に対応するために「国民年金法」が法制化され、20歳以上の国民はだれでも何らかの公的年金に加入できるようになり、1961（昭和36）年に完全施行された。これによって、国民皆保険・皆年金制度が確立した。

４．福祉六法体制の整備と確立

福祉三法に次いで他の福祉の法律についても整備が行われた。知的障がい者については、18歳未満の児童については「児童福祉法」で対応していたが、18歳以上の者には対応策が講じられていなかった。知的障がい児の保護者たちによる運動の成果もあって、1960（昭和35）年に「精神薄弱者福祉法」が制定・公布された[10)]。18歳以上の知的障がい者を対象とする施設を整備し、児童から成人に至るまで一貫した援護事業を行うことを目的としたものであった。1963（昭和38）年には「老人福祉法」が制定・公布された。高齢者を「生活保護法」による救貧の対象から福祉サービスの対象へと変化させた。高齢者の増加、核家族化の進行による扶養機能の低下、高齢者を取りまく地域共同体の変容など多様化やニーズに対応するためであった。さらに、女性の社会進出などで母子家庭への支援の必要性の声が高まるなか、1964（昭和39）年には母子家庭の福祉を総合的に推進する「母子福祉法」が制定・公布された[11)]。これら３つの法律の制定によって、先の福祉三法を合わせて福祉六法体制となり、ここで社会福祉に関する基本的体制が整った。

第４節　福祉見直し論から社会福祉基礎構造改革へ

１．福祉元年と福祉見直し論

1970年代に入ると、総人口に占める65歳以上の割合である高齢化率が7%を超え、日本は高齢化社会となった。高齢化社会の到来により、社会福祉への国民的な関心は高まりをみせた。社会福祉の法律上の対象者は拡大し、福祉サービスも広がる一方で、社会福祉施設の数は少なかった。そのため、1971（昭和46）年、「社会福祉施設緊急整備５か年計画」が策定され、社会福祉施設が量的に整備されていった。1971（昭和46）年５月には「児童手当法」が制定され、社会手当のしくみによる児童の養育への現金給付が行われた。さらに1973（昭和48）年には国民健康保険被保険者と被用者保険被扶養者の70歳以上の高齢者（所得制限あり）に対して「老人医療費支給制度」が実施され、医療費が無料となった。そのほか、「健康保険法」の改正により扶養家族の自己負担率が５割から３割に引き下げられ、「高額療養費制度」も始まった。年金の物価スライド制導入など、経済優先から福祉優先へと生活重視に転換、社会保障関係費が増加したことから1973（昭和48）年のこの年を「福祉元年」と呼んだ。

しかし、同年10月に第４次中東戦争が勃発し、オイルショックが世界を襲ったことで、日本経済は不況に陥り、これまでのような経済成長を望めなくなった。1974（昭和49）年には実質経済成長率がマイナスとなったことで、「福祉元年」から一転してこれまでの高福祉を抑制する「福祉見直し」が主張されるようになった。

２．日本型福祉社会と社会福祉基礎構造改革

社会福祉の拡大した対象とサービスに対して、社会福祉の見直しの必要に迫られ、政府は、1979（昭和54）年には、大平正芳内閣の閣議決定で「日本型福祉社会」を目標とする「新経済社会7か年計画」を策定した。「日本型福祉社会」とは、「個人の自助努力と家庭や近隣・地域社会等の連帯を基礎としつつ、効

率のよい政府が適正な公的福祉を重点的に保障する」社会のことである。個人や家族、地域共同体が福祉の役割を果たすとされ、国の役割は縮小へと方向転換することになった。福祉の支出を抑える福祉見直し論や日本型福祉社会論が唱えられ始め、高度経済成長期に大枠が形成された社会福祉制度に対して1980年代から1990年代にかけて見直しが進められていった。

1989（平成元）年には、福祉関係三審議会合同企画分科会が「今後の社会福祉のあり方について」という意見具申を行い、市町村の役割重視、在宅福祉の充実、民間福祉サービスの積極的な育成、福祉と保健・医療の連携強化、福祉の担い手の養成と人材確保、サービスの総合化・効率化が提言された。これを受けた形で、高齢者のゴールドプラン、児童のエンゼルプラン、障がい者の障害者プランのように福祉関係八法改正前後には様々な計画が制定された。

３．福祉関係八法改正

1990（平成２）年には、「老人福祉法等を一部改正する法律」によって福祉関係八法全体の改正が行われ、都道府県から市町村への権限移譲が大きく進み、市町村が福祉の第一線を担うことになったという意味で、福祉関係八法改正は日本の福祉の大きな転換点となった。

改正された八法は、「老人福祉法」「身体障害者福祉法」「社会福祉事業法」「精神薄弱者福祉法」「児童福祉法」「母子及び寡婦福祉法」「老人保健法」「社会福祉・医療事業団法」である。例を挙げると、「老人福祉法」改正では、老人福祉計画の策定が義務化され、特別養護老人ホームなどの入所措置権限を都道府県から町村へ移譲し、在宅福祉サービスの第二種社会福祉事業への位置付けなどの変更がなされ、施設ケアから在宅ケア中心の福祉へと転換が図られた。

第５節　措置制度から契約制度へ　社会福祉の転換点

１．措置制度から契約制度へ

1997（平成９）年から始まった社会福祉基礎構造改革は、①個人の自立を基本とし、その選択を尊重した制度の確立、②質の高い福祉サービスの拡充、③地域での生活を総合的に支援するための福祉サービスの充実を理念としていた。①に関連して措置制度から契約制度への変更が行われ、1997（平成９）年の「児童福祉法」の改正による保育所入所が行政との契約方式に転換したことに始まり、2000（平成12）年の「介護保険制度」開始に続いていった。契約とは、利用者がサービスを選択して契約を結び、サービスを購入するというしくみである。また、サービスの供給は、地方自治体や社会福祉法人などに加え、民間非営利団体（NPO）、営利企業などが多様で多彩なサービスを提供するものとなった。問題に対応するために必要なサービスが存在しない場合は自らがサービス提供の担い手になることも可能となった。

２．障がい者福祉制度改革

障がい者福祉制度は、2003（平成15）年４月の「支援費制度」の導入により、従来の「措置制度」から大きく転換された。措置制度では行政がサービスの利用先や内容などを決めていたが、支援費制度では障がい者本人の自己決定に基づきサービスの利用ができるようになった。しかし、導入後には、サービス利用者数の増大や財源問題、障がい種別（身体障がい、知的障がい、精神障がい）間の格差、サービス水準の地域間格差など、新たな課題が生じた。

これらの課題を解消するため、2005（平成17）年11月に「障害者自立支援法」が公布された。新しい法律では、これまで障がい種別ごとに異なっていたサービス体系を一元化するとともに、障がいの状態を示す全国共通の尺度として「障害程度区分」（現在は「障害支援区分」という）が導入され、支給決定のプロセスの明確化・透明化が図られた。また、安定的な財源確保のために、国が費用の２分の１を義務的に負担する仕組みや、サービス量に応じた定率の利用者負担（応益負担）が導入された。

同制度については施行後も検討が行われ、特に利用者負担については、軽減策が講じられてきた。2010（平成22）年の法律改正では、利用者負担が抜本的に見直され、これまでの利用量に応じた１割を上限とした定率負担から、負担能力に応じたもの（応能負担）になり、2012（平成24）年４月から実施されている。

2012（平成24）年6月には「地域社会における共生の実現に向けて新たな障害保健福祉施策を講ずるための関係法律の整備に関する法律」が公布され、この法律により2013（平成25）年４月に「障害者自立支援法」は「障害者の日常生活及び社会生活を総合的に支援するための法律」（障害者総合支援法）となり、新たに障がい者の範囲に難病等が追加され、障がい者に対する支援の拡充などの改正も行われた。

本章では、古代社会の慈善救済から社会福祉の重要な転換点である「措置から契約」をはじめとした社会福祉基礎構造改革までの日本の社会福祉の歴史を振り返った。

なお、本章では障害という表記に関して、法律に基づくものは障害（漢字表記）を使用し、一般名称は障がい（平仮名表記）を使用している。

【注】

１）鰥とは61歳以上で妻のいない者、寡とは50歳以上で夫のいない者、孤は16歳以下で父のない者、独は61歳以上で子のない者、貧窮は財貨に困窮している者、老は61歳以上の者、疾は傷病・障がいのある者を指し、律令制度下では、要援護ないし要救済対象の客観的属性は、この範囲とされた。

２）法然は浄土宗、法然の弟子の親鸞は浄土真宗、道元は曹洞宗、一遍は時宗、日蓮は日蓮宗を興した。それらを鎌倉新仏教と呼んでいる。

３）豊後府内の領主であったキリシタン大名大友宗麟の保護を受け、府内に土地を貰い受け、外科・内科・ハンセン氏病科を備えた総合病院を建設した。わが国で西洋医学が初めて導入された。元僧侶の日本人キリシタンも内科医療や薬のことに携わっていた。

４）廃藩置県とは、明治維新期の1871（明治４）年に明治政府がそれまでの藩を廃止して地方統治を中央管下の府と県に一元化した行政改革である。300弱の藩を廃止してそのまま国直轄の県とし、その後に県は統廃合された。２年前の版籍奉還によって知藩事とされていた大名には藩収入の一割が約束されて東京居住が強制された。知藩事及び藩士への俸給は国が直接支払い義務を負い、後に秩禄処分により削減・廃止された。また、藩の債務は国が引き継いだ。

5）野本三吉『社会事業の歴史』（明石書店、1998年）、p.55。恤救規則（明治７年12月８日太政官達第162号）。

6）セツルメント運動とは、大学生などの知識階級の人たちがスラムや工場街に住み込み、住民の生活を援助する活動。英国のバーネット夫妻のトインビー・ホールの設立が発祥。

7）遊蕩・乞食・悪事を働いた知的障がい者も入所の対象となった。

8）健康保険は10人以上が従事する企業の労働者に適用された。

9）小出享一『障害者の自立生活の展開と労働 ―傷痍軍人から社会起業まで―』（大学教育出版、2021年）p.17参照のこと。

10）1999（平成11）年、「知的障害者福祉法」に名称が変更された。

11）1981（昭和56）年、「母子及び寡婦福祉法」に、2014（平成26）年には「母子及び父子並びに寡婦福祉法」に改題された。

【参考文献】

吉田久一『日本社会事業の歴史　全訂版』（1994年、勁草書房）

野本三吉『社会事業の歴史』（1998年、明石書店）

第3章
子ども家庭支援と社会福祉

第1節　子どもの家庭福祉の法体系

1．戦後の子ども福祉

第２次世界大戦の敗戦直後の課題は、深刻化した食料・物資不足と、親や家族を失った戦災孤児・引揚孤児の養育であった。孤児たちは街頭で浮浪する者が多く、非行・不良少年も増加していった。

国の施策として「戦災孤児等保護対策要綱」〔1945（昭和20）年９月〕、「戦災・引揚孤児援護要綱」〔同年12月〕を出し、具体的な保護活動を展開することになる。浮浪児の一斉発見である「狩り込み」も、その一環として行われた[1)]。

『日本社會事業年鑑 昭和22年版』によると、1946（昭和21）年７月末に浮浪児の数は3,080名が確認されており、彼らは戦争で家を失った者や孤児、または両親がいても家出中の児童たちである。その多くの児童は大都市部に集中していた。その当時は全国に93施設1,514名が収容されていたが、収容児童たちは、すぐに逃走して駅や酒場に集まり靴磨きや新聞売りをしたり、食べ物をもらって生活をしていた。また同年８月の戦災孤児の調査によると、乳幼児433名、児童2,404名の2,837名が親類縁故・収容施設等で生活していたが、その他に浮浪児として生活しているものも少なくなく生活状況は悪化の一途をたどっていた。

このような状況の中、日本は深刻な食糧難に陥ったが、GHQの救済施策における原則は「自己責任」であり、ガリオア（GARIOA：Government and Relief in Occupied Area＝占領地における施策と救済）の範囲でしか支援がなされなかった[2)]。そのため、アジア救援公認団体（Licensed Agencies for Relief in Asia＝通称ララ物資）から物資が届き、塩や砂糖といった調味料に加え、米粉や小麦粉、脱脂粉乳、医療品、古着などが孤児・浮浪児収容施設や養老院、保育所、病院などに配布され危機的状況をしのぐことができた。国も問題解決のために1946（昭和21）年に施行された「生活保護法」に続き、1947（昭和22）年に「児童福祉法」を制定、翌年４月に全面施行となった。

２．少子化と子どもの権利条約

（１）少子化の進行

わが国の合計特殊出生率は、1955（昭和30）年から20年間は、人口の置換水準の約2.1をほぼ安定的に推移してきたが、その後30年間にわたり一貫して低下してきた。2020（令和２）年も1.34と依然として長期的な少子化の傾向が継続している。

国立社会保障・人口問題研究所が2017（平成29）年に発表した「日本の将来推計人口（平成29年推計）」によると現在の状況が続くと2065（令和47）年には総人口8,808万人、子どもの出生数が現在の半分程度の56万人程度になると推計される。そのため、国民が希望する結婚や子育てに合わせた生活が実現できる環境を整備する必要がある。

（２）児童の権利に関する条約（子どもの権利条約）

「子どもの権利条約」は、1989（平成元）年に国際連合で全会一致で採択され、1994（平成６）年に批准された。この条約は18歳未満の子どもであっても権利をもつ者であると位置づけ、ひとりの人間としてもっている権利を認めている。

そのため締約国は、「その管轄の下のある児童に対し、児童又はその父母若しくは法定保護者の人種、皮膚の色、性、言語、宗教、政治的意見その他の意見、国民的、種族的若しくは社会的出身、財産、心身障害、出生又は他の地位にかかわらず、いかなる差別もなしにこの条約に定める権利を尊重し、及び確保」（第２条１）し、「児童がその父母、法定保護者又は家族の構成員の地位、活動、表明した意見又は信念によるあらゆる形態の差別又は処罰から保護されることを確保するためのすべての適当な措置」（第２条２）を図るとある。つまり条約で定められた権利を考える時に、次の4原則を考えることで「児童の最善の権利」につながる。

１．生きる権利

住む場所や食べものがあり、妨げる病気などで命を奪われないこと、病気やけがをした場合は治療を受けることができる権利。

２．育つ権利

勉強したり遊んだりして、生まれた能力を最大限伸ばすことができる。また教育を受け、休んだり遊んだりできることや、考えや信じることの自由が守られ、自分らしく育つことができる権利。

３．守られる権利

あらゆる種類の虐待や搾取などから守られること、障がいのある子ども等は特別に守られること。

４．参加する権利

自由に意見を表したり、団体（グループ）をつくったり、自由な活動を行ったりできること。

３．子ども・子育て支援法の経緯と概要

わが国の少子化、核家族による子育て家庭の孤立や、待機児童などに対応するため、新たな子ども・子育て支援制度の骨格の制度として、「子ども・子育て支援法」とともに、「就学前の子どもに関する教育、保育等の総合的な提供の推進に関する法律の一部を改正する法律」「子ども・子育て支援法及び就学前の子どもに関する教育、保育等の総合的な提供の推進に関する法律の一部を改正する法律の施行に伴う関係法律の整備等に関する法律」の子ども子育て関連3法が2012（平成24）年に成立し、「子ども・子育て支援新制度」として2015（平成27）年から本格施行された。

これは、少子高齢化等による社会経済状況の変化を踏まえ、社会保障の充

実・安定のための税制抜本改革を一体的に行う「社会保障・税一体改革」の１つとして、消費税率の引き上げによる財源の一部を得て実施されるものである。

子ども・子育て支援法の概要は次のようなものである[3)]。

第１条に、「我が国における急速な少子化の進行並びに家庭及び地域を取り巻く環境の変化に鑑み、児童福祉法（中略）その他の子どもに関する法律による施策と相まって、子ども・子育て支援給付その他の子ども及び子どもを養育している者に必要な支援を行い、もって一人一人の子どもが健やかに成長することができる社会の実現に寄与すること」を目的とする。

新制度では、「保護者が子育てについての第一義的責任を有する」（「児童福祉法」）という基本的な認識の下に、実施主体である市町村が、地域の実情等に応じた幼児期の学校教育・保育、地域の子ども・子育て支援に必要な給付・事業を計画的（図３−１）に実施していくこととしている。

ア．子ども・子育て支援給付

・子どもための現金給付（「児童手当法」の定めるところより支給）

・子どもための教育・保育給付（支給認定)、施設型給付・地域型保育給付、所得に応じた利用者負担

イ．給付対象施設・事業者

施設・事業者の確認手続、基準、責務、確認の取消し、業務管理体制の整備、利用を希望する子どもの利用についての市町村のあっせん及び要請、教育・保育の内容や施設等の運営状況等の報告義務がある。

ウ．地域子ども・子育て支援事業

「児童福祉法」に規定する放課後児童健全育成事業、子育て短期支援事業、乳児家庭全戸訪問事業、地域子育て支援拠点事業、一時預かり事業、病児保育事業、子育て援助活動支援事業、「母子保健法」における妊婦に対する健康診査などがある。

エ．子ども・子育て支援事業計画

実施主体の市町村は、地域ニーズに基づく「市町村子ども・子育て支援事業計画」を５年毎に計画する。

オ．子ども・子育て会議等

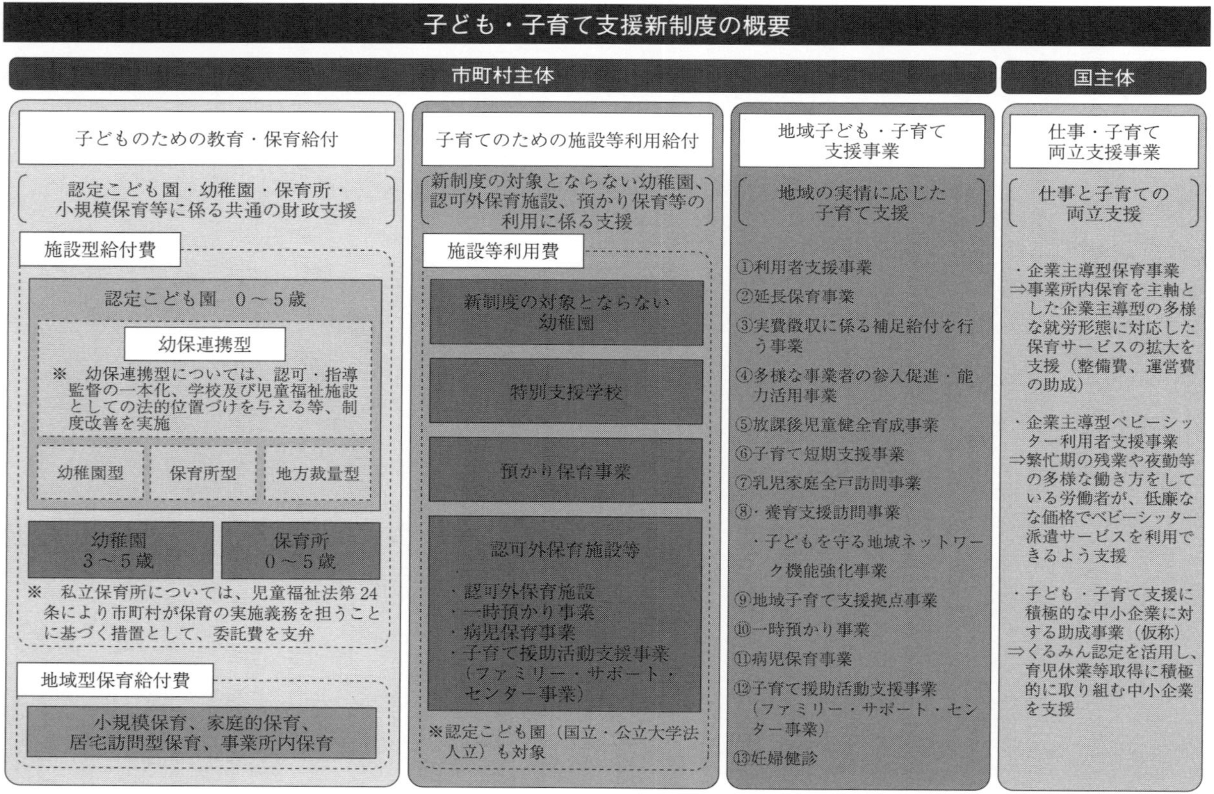

子ども・子育て支援新制度の概要

市町村主体

子どものための教育・保育給付

（認定こども園・幼稚園・保育所・小規模保育等に係る共通の財政支援）

施設型給付費

- 認定こども園　0～5歳
  - 幼保連携型
  - ※　幼保連携型については、認可・指導監督の一本化、学校及び児童福祉施設としての法的位置づけを与える等、制度改善を実施
  - 幼稚園型
  - 保育所型
  - 地方裁量型
- 幼稚園　3～5歳
- 保育所　0～5歳

※　私立保育所については、児童福祉法第24条により市町村が保育の実施義務を担うことに基づく措置として、委託費を支弁

地域型保育給付費

- 小規模保育、家庭的保育、居宅訪問型保育、事業所内保育

子育てのための施設等利用給付

（新制度の対象とならない幼稚園、認可外保育施設、預かり保育等の利用に係る支援）

施設等利用費

- 新制度の対象とならない幼稚園
- 特別支援学校
- 預かり保育事業
- 認可外保育施設等
  - ・認可外保育施設
  - ・一時預かり事業
  - ・病児保育事業
  - ・子育て援助活動支援事業（ファミリー・サポート・センター事業）

※認定こども園（国立・公立大学法人立）も対象

地域子ども・子育て支援事業

（地域の実情に応じた子育て支援）

①利用者支援事業
②延長保育事業
③実費徴収に係る補足給付を行う事業
④多様な事業者の参入促進・能力活用事業
⑤放課後児童健全育成事業
⑥子育て短期支援事業
⑦乳児家庭全戸訪問事業
⑧・養育支援訪問事業
　・子どもを守る地域ネットワーク機能強化事業
⑨地域子育て支援拠点事業
⑩一時預かり事業
⑪病児保育事業
⑫子育て援助活動支援事業（ファミリー・サポート・センター事業）
⑬妊婦健診

国主体

仕事・子育て両立支援事業

（仕事と子育ての両立支援）

・企業主導型保育事業
⇒事業所内保育を主軸とした企業主導型の多様な就労形態に対応した保育サービスの拡大を支援（整備費、運営費の助成）

・企業主導型ベビーシッター利用者支援事業
⇒繁忙期の残業や夜勤等の多様な働き方をしている労働者が、低廉な価格でベビーシッター派遣サービスを利用できるよう支援

・子ども・子育て支援に積極的な中小企業に対する助成事業（仮称）
⇒くるみん認定を活用し、育児休業等取得に積極的に取り組む中小企業を支援

図3-1　子ども・子育て支援制度の概要

出典：内閣府ウェブサイト子ども・子育て支援新制度について　内閣府子ども・子育て本部　令和３年６月

内閣府に子ども・子育て会議を設置する。会議の委員は、子どもの保護者、都道府県知事、市町村長、事業主を代表する者、労働者を代表する者、子ども・子育て支援に関する事業に従事する者及び子ども・子育て支援に関し学識経験のある者のうちから、内閣総理大臣が任命する。なお都道府県、市町村においても子ども・子育て会議の設置努力義務がある。

第２節　子ども家庭福祉六法

子ども福祉サービスは「児童福祉法」を中心に規定しているため、「児童福祉法」を含む６法など、子ども家庭福祉に関連する法律がある。各法律の表現を尊重すると、「児童」と「子ども」が混在するが法文通りに記載する。

１．児童福祉法の経緯

国は戦災孤児や引揚孤児の保護や、食料・物資不足の深刻化によって栄養不良児などに対する保健衛生対策を講じてきた。こうした問題解決を図り、社会的対応による児童福祉施策として1947（昭和22）年に「児童福祉法」が制定された。

「児童福祉法」は、「日本国憲法」による基本的人権や生命、自由の尊重及び幸福追求権、法の下の平等、生存権などを根幹として、これまで度重なる改正が行われてきたが、21世紀のわが国の総人口減少に加えて少子高齢化社会に伴い、貧困的・慈恵的な最低限度の生活を保障するイメージを伴う「ウェルフェア」といった福祉から、「よりよく生きること」や「自己実現の保障」の意味をもつ「ウェルビーイング」への転換を進めていくことになった。

「たくましい子供・明るい家庭・活力とやさしさに満ちた地域社会をめざす21プラン研究会（子供の未来別プラン研究会）」（1993（平成５）年７月29日）の報告書[4)]によると、児童家庭施策の対象が、すべての子どもや家庭、地域社会に拡大していく中で、可能な限り子どもが生まれ育ち生活する基本的な場である家庭・地域社会において育成されるよう、必要な施策を予防促進的に展開するために基本的人権の尊重、自己実現や権利擁護の視点から制度の見直しが行われた。

（1）児童福祉法の理念の改正

「児童福祉法」は、「総則」「福祉の保障」「事業、養育里親及び養子縁組里親並びに施設」「費用」「国民健康保険団体連合会の児童福祉法関係業務」「審査請求」「雑則」「罰則」の８章で構成されている。

これまで「児童福祉法」第１条の理念は、戦後46年間維持されてきた。しかし、「児童の権利に関する条約」の批准後20年以上が経過していることやウェルビーイングへの転換に向けて大幅に条文が改正された。改正後の総則は以下の通りである。

第１条　全て児童は、児童の権利に関する条約の精神にのつとり、適切に養育されること、その生活を保障されること、愛され、保護されること、その心身の健やかな成長及び発達並びにその自立が図られることその他の福祉を等しく保障される権利を有する。

第２条　全て国民は、児童が良好な環境において生まれ、かつ、社会のあらゆる分野において、児童の年齢及び発達の程度に応じて、その意見が尊重され、その最善の利益が優先して考慮され、心身ともに健やかに育成されるよう努めなければならない。

②　児童の保護者は、児童を心身ともに健やかに育成することについて第一義的責任を負う。

③　国及び地方公共団体は、児童の保護者とともに、児童を心身ともに健やかに育成する責任を負う。

第３条　前２条に規定するところは、児童の福祉を保障するための原理であり、この原理は、すべて児童に関する法令の施行にあたつて、常に尊重されなければならない。

第１条では、「児童の権利に関する条約」の内容が盛り込まれた。これまでの要保護児童、母子家庭等の養育機能を代替する内容から、親権者である親、国、地方自治体などの社会における子どもの生活の基盤、家庭やそれを取り巻く地域社会をも視野にいれ、子どもの発達過程に沿った自立を保障している。

第２条は大幅に変更された。まず旧２条を受け継ぎつつも（第２条第３項)、「児童の最善の利益」(第２条第１項）のため、新たに保護者が「第一義的責任」（第２条第２項）を負うこととする条文が追加され、保護者や国民、国、地方公共団体（都道府県・市町村）が支える福祉の保障（責務）を明文化した。

第３条では、第１条及び第２条に規定するところは、児童の福祉を保障するための原理であり、児童に関する法令（児童福祉サービスなど）の施行を行うにあたって、常に尊重されなければならないと定めている。

（2）児童(子ども)の定義

同法第４条で児童とは、満18歳に満たない者と定義している。また年齢に応じて児童を分類している。

ア．乳児　　満１歳に満たない者

イ．幼児　　満１歳から、小学校就学の始期に達するまでの者

ウ．少年　　小学校就学の始期から、満18歳に達するまでの者

さらに障害児についても定めていて、身体、知的の障害のある児童、精神に障害のある児童、「発達障害者支援法」に規定する発達障害児、治療方法が確立していない疾病その他の特殊の疾病であって「障害者の日常生活及び社会生活を総合的に支援するための法律」第４条第１項の政令で定めるものによる障害の程度同項の厚生労働大臣が定める程度である児童である。

児童に加えて、妊娠中又は出産後１年以内の女子を妊産婦（第５条)、親権を行う者、未成年後見人その他の者で、児童を現に監護する者を保護者（第６条）と定義している。

２．児童福祉法の改正

「児童福祉法」は、その時代の課題に対応すべく制定後から一部改正を続けられてきた。ここで「児童福祉法」の理念（第１条）が改正された2016(平成28)年以降のうち主たる改正内容を説明する。

(1) 2016(平成28)年の改正の概要

すべての児童が健全に育成されるよう、児童虐待について発生予防から自立支援まで一連の対策の更なる強化等を図るため、「児童福祉法」の理念を明確化するとともに、母子健康包括支援センターの全国展開、市町村及び児童相談所の体制の強化、里親委託の推進等を行う。

ア. 児童は、適切な養育を受け、健やかな成長・発達や自立等を保障されること等の権利を有する。

イ. 国・地方公共団体の責務の明確化

国・地方公共団体は、保護者を支援するとともに、家庭と同様の環境における児童の養育を推進し、国・都道府県・市町村それぞれの役割・責務を明確化する。

ウ. 児童の最善の利益

親権者は、児童のしつけに際して、監護・教育に必要な範囲を超えて児童を懲戒してはならない。

(2) 2017(平成29)年の改正の概要

「児童福祉法」及び「児童虐待の防止等に関する法律」の改正が行われた。

虐待をうけている児童等の保護を図るため、里親委託・施設入所の措置の承認の申立てがあった場合に、家庭裁判所が都道府県に対して保護者指導を勧告することができることとする等、児童等の保護についての司法関与を強化する等の措置を講ずるとしている。

ア. 虐待を受けている児童等の保護者に対する指導への司法関与

- 里親委託・施設入所の措置の承認(「児童福祉法」28条)の申立てがあった場合は、家庭裁判所が都道府県等に対して保護者指導を勧告する。都道府県は、当該保護者指導の結果を家庭裁判所に報告する。
- 「勧告を行い却下の審判」をする場合(在宅での養育)、家庭裁判所が都道府県に対して保護者指導を勧告することができる。
- 家庭裁判所は、勧告した旨を保護者に通知する。

イ．家庭裁判所による一時保護の審査の導入

暫定措置である一時保護は、原則２ヶ月超えてはならない。親権者等の意に反して２ヶ月を超えて行うごとに、児童相談所長及び都道府県知事は、家庭裁判所の承認を得なければならない。

ウ．接近禁止命令を行うことができる場合の拡大

接近禁止命令とは、都道府県知事が、児童の保護者に対し、児童へのつきまとい、居所・学校等の周辺のはいかいを禁止する命令である。現行では、親権者等の意に反して施設入所等の措置が採られている場合（28条措置）にのみ行うことができるが、一時保護、同意入所措置に対しても接近禁止命令を行うことができる。

（3）2019（令和元）年改正の概要

児童相談所長の体制強化及び関係機関の連携強化は、一時保護が行われた児童で親権を行う者又は未成年後見人のあるものについても、監護、教育及び懲戒に関して体罰の禁止を加えることはできない（第33条の２）。また、その住居において養育を行う者、里親、児童福祉施設（保育所、児童養護施設など）の長やファミリーホームにおいても体罰を加えることはできない（第47条第３項）としている。

３．児童福祉法に関連する法律

（1）児童扶養手当

児童扶養手当は、1961（昭和36）年に母子世帯への経済的支援制度として制定された。離婚によるひとり親世帯等、父又は母と生計を同じくしていない児童が育成される家庭の生活の安定と自立の促進に寄与するため、当該児童について手当を支給し、児童の福祉の増進を図る。なお、父子家庭も対象になったのは2010（平成22）年からである。

ア．支給対象

18歳に達する日以後の最初の３月31日までの間にある児童を監護する母、監護し、かつ生計を同じくする父又養育する者（祖父母等）である。なお、

障害児の場合は20歳未満である。

イ．支給要件

父母が婚姻を解消した児童、父又は母が死亡した児童、父又は母が一定程度の障害の状態にある児童、父又は母の生死が明らかでない児童などを監護等していること。

ウ．手当額（2021（令和３）年４月から）

月　額	全額支給：43,160円	一部支給：43,150円から10,180円
加算額（２人目）	全額支給：10,190円	一部支給：10,180円から 5,100円
（３人目以降１人につき）		
	全額支給：6,110円	一部支給：6,100円から 3,060円

エ．所得制限限度額（収入ベース）

①全額支給（２人世帯）160万円

②一部支給（２人世帯）365万円

（２）母子及び父子並びに寡婦福祉法

1964（昭和39）年に「母子福祉法」が制定されたが、母子家庭等をめぐる状況の変化に対応するため、1981（昭和56）年に「母子及び寡婦福祉法」と改題された。これにより、母子家庭の母であった寡婦も対象になった。その後、ひとり家庭の増加に伴い、母子家庭の母及び父子家庭の父の健康で文化的な生活を保障する支援施策として、2014（平成26）年に「母子及び父子並びに寡婦福祉法」に改題され、改正内容が施行された。

第１条では、「母子家庭等及び寡婦の福祉に関する原理を明らかにするとともに、母子家庭等及び寡婦に対し、その生活の安定と向上のために必要な措置を講じ、もつて母子家庭等及び寡婦の福祉を図る」ことが目的であるとする[4)]。

なお、本法の「児童」とは、20歳に満たない者であり、寡婦とは、配偶者のない女子であって、かつて配偶者のない女子として児童を扶養（民法第877条）していたことのある者である。

ア．ひとり親家庭の現状

2019年母子世帯の総所得は、年間306万円で、「児童のいる世帯（児童が

表3-1　子ども・子育て支援新制度の概要

	母子世帯	父子世帯
1　世帯数［推計値］	123.2万世帯 （123.8万世帯）	18.7万世帯 （22.3万世帯）
2　ひとり親世帯になった理由	離婚　79.5%（80.8%） 死別　8.0%（7.5%） 未婚　8.7%（7.8%）	離婚　75.6%（74.3%） 死別　19.0%（16.8%） 未婚　0.5%（1.2%）
3　就業状況	81.8%（80.6%）	85.4%（91.3%）
就業者のうち　正規の職員・従業員	44.2%（39.4%）	68.2%（67.2%）
うち　自営業	3.4%（2.6%）	18.2%（15.6%）
うち　パート・アルバイト等	43.8%（47.4%）	6.4%（8.0%）
4　平均年間収入 ［母又は父自身の収入］	243万円（223万円）	420万円（380万円）
5　平均年間就労収入 ［母又は父自身の就労収入］	200万円（181万円）	398万円（360万円）
6　平均年間収入 ［同居親族を含む世帯全員の収入］	348万円（291万円）	573万円（455万円）

※（　）内の値は、前回（平成23年度）調査結果を表している。
※「平均年間収入」及び「平均年間就労収入」は、平成27年の1年間の収入。
※集計結果の構成割合については、原則として、「不詳」となる回答（無記入や誤記入等）がある場合は、分母となる総数に不詳数を含めて算出した値（比率）を表している。

出典：厚生労働省ウェブサイト「ひとり親家庭の現状と支援施策について～その1～」（令和2年11月）

1人いる世帯全体のこと)」の41%である。その大きな原因は、稼働所得が少ないことであり、稼働所得は「児童のいる世帯」の34%に留まっている。

表3-1「ひとり親家庭の現状と支援施策について～その1～」(厚生労働省子ども家庭局家庭福祉課（令和2年11月)[5])を見ると母子世帯が父子世帯に比べて104.5世帯多い。

ひとり親になった理由も母子・父子世帯に差はあるものの「離婚」がもっとも多く、死別、未婚の順となっている。母子世帯の平均年間就労年収が200万円と非常に収入が少ないことを示しているように、「子どもがいる現役世帯」のうち、大人が一人世帯員の貧困率は48.1%と、依然として高い水準となっている。

そこで、ひとり親家庭等の自立促進、生活の安定を図るために、同法と

「児童福祉法」「児童扶養手当法」に基づいて、子育て・生活支援、就業支援、養育費確保支援、経済的支援の４本柱で総合的な自立支援策が実施される。

① 子育て・生活支援

・「母子・父子自立支援員」による相談支援

・ヘルパー派遣、保育所等の優先入所

・子どもの生活・学習支援事業等による子ども支援

・母子生活支援施設の機能拡充など

② 就業支援

・母子・父子自立支援プログラムの策定やハローワーク等との連携による就業支援の推進

・母子家庭等就業・自立支援センター事業の推進

・能力開発等のための給付金の支給

③ 養育費確保支援

・養育費等相談支援センター等における養育費相談の推進

・母子家庭等就業・自立支援センター等における養育費相談の推進

・「養育費の手引きや」リーフレットの配布

④ 経済的支援

・児童扶養手当の支給

・母子父子寡婦福祉資金の貸付

なお、就職のための技能習得や児童の修学など12種類（事業開始資金、事業継続資金、修学資金、技能習得資金、修業資金、就職支度資金、医療介護資金、生活資金、住宅資金、転宅資金、就学支度資金、結婚資金）の福祉資金の貸付がある。

①の子育て・生活支援にある「母子・父子自立支援員」による相談支援として2015（平成27）年から「すくすくサポート・プロジェクト」（ひとり親家庭・多子世帯等自立支援プロジェクト）を実施している。これによって、ひとり親家庭の多様なニーズをワンストップでキャッチし、必要な支援に「つなぐ」機能を整備した。

イ．利用対象者

利用対象者は「配偶者のない女子」と「配偶者のない男子」に区別されている

① 離婚した女子（男子）であって現に婚姻をしていないもの
② 配偶者の生死が明らかでない女子（男子）
③ 配偶者から遺棄されている女子（男子）
④ 配偶者が海外にあるためその扶養を受けることができない女子(男子)
⑤ 配偶者が精神又は身体の障害により長期にわたって労働能力を失っている女子（男子）
⑥ ①〜⑤に掲げる者に準ずる女子（男子）であって政令で定めるもの

（3）特別児童扶養手当

「特別児童扶養手当等の支給に関する法律」は1964（昭和39）年に「重度精神薄弱児扶養手当法」として制定され、1966（昭和41）年に「特別児童扶養手当法」に改題され、さらに1974（昭和49）年に現在の法律名に改題された。この法律は、精神又は身体に障害を有する児童について特別児童扶養手当を支給し、精神又は身体に重度の障害を有する児童に障害児福祉手当を支給するとともに、精神又は身体に著しく重度の障害を有する者に特別障害者手当を支給することにより、これらの者の福祉の増進を図ることを目的とする。

ア．支給要件

① 障害児を監護する父もしくは母親
② 父母以外の者がその障害児を養育するときは、障害児の養育者
③ 支給に該当しない者
・日本国内に住所を有しないとき
・障害を支給事由とする年金を受給している時
・受給資格者、配偶者又は扶養義務者の所得が一定額以上のとき

イ．支給月額（2021（令和３）年４月）

１級　52,500円
２級　34,970円

なお、物価スライド制を適用し、支給額を毎年決定する。

（4）母子保健法

母性、乳幼児に対する保健指導、健康診査、医療その他の措置を講じ、国民保健の向上に寄与することを目的として1965（昭和40）年に制定された。

1）用語の定義

妊産婦：妊娠中又は出産後１年以内の女子

乳　児：１歳に満たない者

幼　児：満１歳から小学校就学の始期に達するまでの者

保護者：親権を行う者、未成年後見人その他の者で、乳児又は幼児を現に監護する者

新生児：出生後28日を経過しない乳児

未熟児：身体の発育が未熟なまま出生した乳児であり、正常児が出生時に有する諸機能を得るに至るまでの者

母子健康手帳：市町村は妊娠の届出をした者に対して母子健康手帳を交付しなければならない。

2）母子保健事業

①　健康診査

ア．妊産婦健康診査は、14回程度の健診が、全額公費負担である。

イ．乳幼児健康診査について

乳幼児検診は、多くの自治体では３～４か月児健診、９～10か月児健診を行っている。

ウ．１歳６か月児健診・３歳児健診について

満１歳６か月を超え２歳に達しない幼児に対して健康診査を行う。また、３歳児健診は、満３歳を超え満４歳に達しない幼児に対して行う。その他の乳幼児に対しても、必要に応じて健康診査を実施及び推奨する。

エ．保健指導

妊産婦とその配偶者、乳幼児の保護者に対し、市町村は、「妊娠、出産、育児」について、医師（歯科医師）、助産師、保健師から必要な保健指導を行う。

オ．訪問指導

・新生児訪問指導は、新生児に対して、育児上必要があると認められる。
・妊産婦訪問指導は、健康診査の結果に基づいて、保健指導を要する者に対して行う。
・未熟児訪問指導は、未熟児に対し、養育上必要とあると認めた場合に行う。
・訪問指導と乳児家庭全戸訪問事業（こんにちは赤ちゃん事業）は、市町村の判断で両事業を合わせて実施できる。

カ．産後ケア事業

市町村は、出産後１年を経過しない女子及び乳児に対して、産後ケア事業を行う努力義務がある。

キ．養育医療

養育のため病院又は診療所に入院することを必要とする未熟児に対して、その養育に必要な医療を行う制度である。

②　子育て世代包括支援センター

妊娠期から子育て期にわたる切れ目のない支援を提供できることを目的として、保健師等を配置し、妊産婦等からの相談に応じて、健診等の「母子保健サービス」と地域子育て支援拠点等の「子育て支援サービスを」を一体的に提供できるよう、必要な情報提供や関係機関との調整、支援プランの策定などを行う。

（5）児童手当

「児童手当法」は、すべての児童を視野にいれた制度として1971（昭和46）年に制度化され、翌年に施行された。なお、2012（平成24）年に改正され、現行の制度となっている。

①　支給要件

ア．一般受給資格者（第１号～３号）

・中学校修了前の児童を監護し、かつ一定の生計関係にある者
・日本国内に住所を有する者
・前年度の所得が、一定未満である者。ただし、所得が一定以上である者も5,000円が支給される。

イ．施設等受給資格者（第４号）

・中学校修了前の施設入所者等の小規模住居型児童養育事業者及び里親

・中学校修了前の施設入所者等児童が入所・入院している施設（障害児入所施設、指定発達支援医療機関、乳児院、児童養護施設、児童心理治療施設、児童自立支援施設、障害者支援施設、救護施設、更生施設、日常生活支援住居施設、婦人保護施設の設置者など）

② 支給月額

・一般受給資格者

児童手当	３歳未満		15,000円
	３歳以上小学校修了前	第１子・２子	10,000円
		第３子以降	15,000円
	中学生		10,000円
	特例給付		5,000円

（2022（令和４）年10月から世帯主の年収が1,200万円程度を上回る世帯への特例給付が廃止）

・施設等受給資格者

児童手当	３歳未満	15,000円
	３歳以上中学校修了前	10,000円

③ 支給認定

公務員以外は、住所地及び所在地の市町村長に申請し、公務員は所属庁の長の認定を受けなければならない。

第３節　子ども家庭福祉に関連する法律と社会的養護

１．子ども家庭福祉の関連法

（1）少子化社会対策基本法

少子化に対処するための施策を総合的に推進し、もって国民が豊かで安心して暮らすことのできる社会の実現に寄与することを目的（第１条）として、2003（平成15）年に制定された。

本法は、少子化に対応する施策として、父母その他の保護者が子育てについての第一義的責任を有するとの認識の下に、国民の意識の変化、生活様式の多様化等に十分留意しつつ、次代の社会を担う子どもを安心して生み育てることができる環境を整備することなどを規定している。

（2）次世代育成支援対策推進法

本法は、「次世代育成支援対策に関し、基本理念を定め、並びに国、地方公共団体、事業主及び国民の責務を明らかにするとともに、行動計画策定指針並びに地方公共団体及び事業主の行動計画の策定その他の次世代育成支援対策を推進するために必要な事項を定めることにより、次世代育成支援対策を迅速かつ重点的に推進し、もって次代の社会を担う子どもが健やかに生まれ、かつ、育成される社会の形成に資すること」（第１条）として、労働者の仕事と子育ての両立のために地方公共団体及び事業主が行動計画を策定し、保護者が子育てに伴う喜びが実感される社会を目指す。本法律は2015（平成27）年までの時限立法であったが、有効期限が2025（令和７）年まで延長している。

（3）児童虐待の防止等に関する法律（児童虐待防止法）

旧「児童虐待防止法」は、1933（昭和８）年に制定され、「児童福祉法」の制定により廃止されたが、子どもの虐待に対応するための法律が必要であることから2000（平成12）年に「児童虐待防止法」が制定された。児童相談所の虐待に関する相談件数（1990年度以降）は年々増加し、全国220カ所の児童相談所

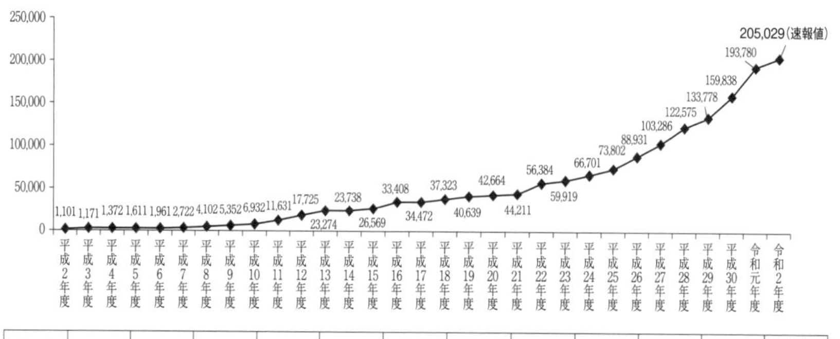

年　度	平成 21 年度	平成 22 年度	平成 23 年度	平成 24 年度	平成 25 年度	平成 26 年度	平成 27 年度	平成 28 年度	平成 29 年度	平成 30 年度	令和元年度	令和 2 年度（速報値）
件　数	44,211	注 56,384	59,919	66,701	73,802	88,931	103,286	122,575	133,778	159,838	193,780	205,029
対前年度比	＋3.6%	－	－	＋11.3%	＋10.6%	＋20.5%	＋16.1%	＋18.7%	＋9.1%	＋19.5%	＋21.2%	＋5.8%

（注）平成 22 年度の件数は、東日本大震災の影響により、福島県を除いて集計した数値。

図3-2　児童虐待相談対応件数の推移

出典：厚生労働省ウェブサイト「令和２年度 児童相談所での児童虐待相談対応件数（速報値）」（令和２年11月）

の児童虐待相談「令和２年度 児童相談所での児童虐待相談対応件数（速報値）」（図３-２）によると、相談件数は毎年増加し、2020（令和２）年度は20万5,029件で過去最多となっている[6)]。主な増加要因は、児童が同居する家庭における配偶者に対する暴力事案（面前DV）について、警察からの通告が原因であると考えられる。

本法、第１条には「児童虐待が児童の人権を著しく侵害し、その心身の成長及び人格の形成に重大な影響を与えるとともに、我が国における将来の世代の育成にも懸念を及ぼすことにかんがみ、児童に対する虐待の禁止、児童虐待の予防及び早期発見その他の児童虐待の防止に関する国及び地方公共団体の責務、児童虐待を受けた児童の保護及び自立の支援のための措置等を定めることにより、児童虐待の防止等に関する施策を促進し、もって児童の権利利益の擁護に資すること」を目的としている。

ア．児童虐待の定義

第２条によると、本法で児童とは18歳に満たない者である。児童虐待とは次に掲げる行為である。

・身体的虐待：児童の身体に外傷が生じる。又は生じるおそれのある暴行を加えること。
・性的虐待：児童にわいせつな行為をすること又は児童をしてわいせつな行為をさせること。
・保護者の怠慢・拒否（ネグレクト）：児童の心身の正常な発達を妨げるような著しい減食又は長時間の放置、保護者以外の同居人による同様の行為の放置、その他の保護者としての監護を著しく怠ること。
・心理的虐待：児童に対する著しい暴言、著しく拒絶的な対応、児童が同居する家庭における配偶者（婚姻関係と同様の者も含む）に対する暴力、その他の児童に著しい心理的外傷を与える言動を行うこと。

イ．親権の行使に関する配慮（体罰禁止）

児童の親権を行う者は、児童のしつけに際して体罰を加えること、その他「民法」(820条）の規定による監護及び教育に必要な範囲を超える行為により懲戒してはならない。当該児童の親権の適切な行使に配慮しなければならない。また、児童の親権を行う者は、児童虐待に係る暴行罪、傷害罪その他の犯罪について、児童の親権を行う者であることを理由として、その責めを免れることはない。

（4）子どもの貧困対策の推進に関する法律

本法は、2013（平成25）年に制定された。この当時の「子どもの貧困率」は15.7％で、ひとり親世帯の貧困率50.8%、生活保護世帯の子どもの高等学校等進学率89.9％であり、世代を超えた「貧困の連鎖」が続いている。そのため、「子どもの現在及び将来がその生まれ育った環境によって左右されることのないよう、全ての子どもが心身ともに健やかに育成され、及びその教育の機会均等が保障され、子ども一人一人が夢や希望を持つことができるようにするため、子どもの貧困の解消に向けて、児童の権利に関する条約の精神にのっとり、子どもの貧困対策に関し、基本理念を定め、国等の責務を明らかにし、及び子どもの貧困対策の基本となる事項を定めることにより、子どもの貧困対策を総合的に推進する」ことを目的としている。（１条）

（5）いじめ防止対策推進法

本法は、「いじめが、いじめを受けた児童等の教育を受ける権利を著しく侵害し、その心身の健全な成長及び人格の形成に重大な影響を与えるのみならず、その生命又は身体に重大な危険を生じさせるおそれがあることに鑑み、児童等の尊厳を保持するため、いじめの防止等（中略）のための対策に関し、基本理念を定め、国及び地方公共団体等の責務を明らかにし、並びにいじめの防止等のための対策に関する基本的な方針の策定について定めるとともに、いじめの防止等のための対策の基本となる事項を定めることにより、いじめの防止のための対策を総合的かつ効果的に推進すること」を目的として、2013（平成25）年に制定された。

（6）配偶者からの暴力の防止及び被害者の保護等に関する法律

わが国は、「日本国憲法」に個人の尊重と法の下の平等がうたわれ、人権の擁護と男女平等の実現に向けた取組が行われているが、配偶者からの暴力に対する被害者の救済が十分に行われてこなかった。そのため、配偶者からの暴力に係る通報、相談、保護、自立支援等の体制を整備することにより、配偶者からの暴力の防止及び被害者の保護を図るため、2001（平成13）年に制定した。

ア.「配偶者からの暴力」とは、配偶者からの身体に対する暴力又はこれに準ずる心身に有害な影響を及ぼす言動をいい、配偶者からの身体に対する暴力等を受けた後に、その者が離婚をし、又はその婚姻が取り消された場合にあっては、当該配偶者であった者から引き続き受ける身体に対する暴力等を含むものとする。

イ.「被害者」とは、配偶者からの暴力を受けた者をいう。

ウ.「配偶者」には、婚姻の届出をしていないが事実上婚姻関係も含む。

エ.「離婚」には、婚姻の届出をしていないが事実上婚姻関係の者が、事実上離婚したと同様の事情に入ることを含む。

（7）少年法

「少年の健全な育成を期し、非行のある少年に対して性格の矯正及び環境の

調整に関する保護処分を行うとともに、少年の刑事事件について特別の措置を講ずること」を目的としている。（第１条）

〔用語の定義〕

ア．少年：20歳に満たない者

イ．犯罪少年：14歳以上20歳未満で罪を犯した少年

ウ．触法少年：14歳に満たないで刑罰法令に触れる行為をした少年

エ．虞犯（ぐはん）少年：次に掲げる事由である。

- ・保護者の正当な監督に服しない性癖のあること
- ・正当の理由がなく家庭に寄り附かないこと
- ・犯罪性のある人もしくは不道徳な人と交際し、又はいかがわしい場所に出入りすること
- ・自己又は他人の道徳性を害する行為をする性癖のあること

（8）売春防止法

「売春を助長する行為等を処罰するとともに、性行又は環境に照して売春を行うおそれのある女子に対する補導処分及び保護更生の措置を講ずることによつて、売春の防止を図ること」を目的とする。（第１条）

なお、この法律で「売春」とは、「対償を受け、又は受ける約束で、不特定の相手方と性交すること」をいう（第２条）。

２．児童相談所

児童相談所（「児童福祉法」12条以下）は、子ども家庭福祉の第一線機関として、都道府県（指定都市）に設置が義務づけられている。相談所には、医師（精神科医、小児科医）、ソーシャルワーカー（児童福祉司・相談員）、児童心理司、保育士、保健師、その他専門職員により、相談、調査、診断、判定、一時保護、地域に対する援助（図３−３）を行い、それに基づいた措置を行っている。

①　相談・措置

子どもに関する家庭からの相談（養護相談、障害相談、非行相談、育成相

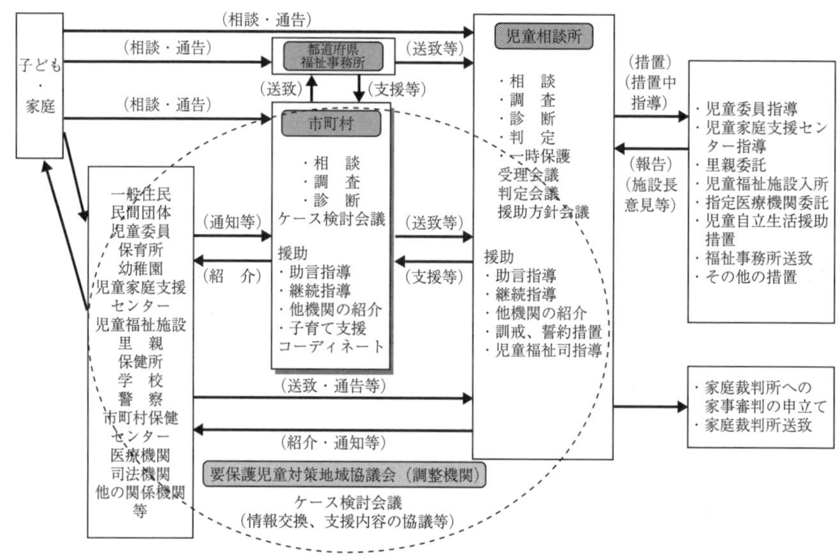

図3-3　市町村・児童相談所における相談援助活動

出典：厚生労働省ウェブサイト「市町村・児童相談所における相談援助活動系統図」を一部改変

談、その他いじめ、里親等）のうち専門的な知識及び技術を要するものに応じる。また市町村から助言を求められた場合は、必要な措置を講じる。

② 調査・診断（アセスメント）、判定

児童福祉司、相談員等により行われる社会診断、児童心理司等による心理診断、医師による医学診断、一時保護部門の児童指導員、保育士による行動診断、その他の診断をもとに、総合的診断を行い、個々の子どもに対する援助指針を作成する。

③ 一時保護

子どもの生命の安全を確保する。または子どもの権利の尊重・自己実現にとって明らかに看過できないと判断された場合、都道府県が設置している大きな児童相談所に設置されている一時保護所に、子どもを短期間保護することができる。

④ 家庭、地域に対する援助展開

地域の必要に応じて、子どもの健やかな育成及び家庭における児童養育を支援するため、市町村と役割分担・連携を図りつつ家庭、地域に対する援助活動を展開する。

３．社会的養護施設

（１）助産施設（第36条）

保健上必要があるにもかかわらず、経済的理由により、入院助産を受けることができない妊産婦を入所させ助産を受けさせることを目的とする。

（２）乳児院（第37条）

乳児（原則）を入院させて、これを養育し、あわせて退院した者について相談その他の援助を行うことを目的とする。

（３）母子生活支援施設（第38条）

配偶者のない女子又はこれに準ずる事情にある女子及びその者の監護すべき児童を入所させて、これらの者を保護するとともに、これらの者の自立の促進のためにその生活を支援し、あわせて退所した者について相談その他の援助を行うことを目的とする。

（４）保育所（第39条）

保育を必要とする乳児・幼児を日々保護者の下から通わせて保育を行うことを目的とする。

（５）幼保連携型認定こども園（第39条の２）

義務教育及びその後の教育の基礎を培うものとしての満３歳以上の幼児に対する教育及び保育を必要とする乳児・幼児に対する保育を一体的に行い、これらの乳児又は幼児の健やかな成長が図られるよう適当な環境を与えて、その心身の発達を助長することを目的とする。

（6）児童厚生施設（第40条）

児童遊園、児童館等児童に健全な遊びを与えて、その健康を増進し、又は情操をゆたかにすることを目的とする。

（7）児童養護施設（第41条）

保護者のない児童、虐待されている児童その他環境上養護を要する児童を入所させて、これを養護し、あわせて退所した者に対する相談その他の自立のための援助を行うことを目的とする。

（8）障害児入所施設（第42条）

下記の区分に応じて、障害児を入所させて支援を行うことを目的とする。

① 福祉型障害児入所施設：保護、日常生活の指導及び独立自活に必要な知識技能の付与

② 医療型障害児入所施設：保護、日常生活の指導、独立自活に必要な知識技能の付与及び治療

（9）児童発達支援センター（第43条）

下記の区分に応じて、障害児を日々保護者の下から通わせて支援を提供することを目的とする施設とする。

① 福祉型児童発達支援センター：日常生活における基本的動作の指導、独立自活に必要な知識技能の付与又は集団生活への適応のための訓練

② 医療型児童発達支援センター：日常生活における基本的動作の指導、独立自活に必要な知識技能の付与又は集団生活への適応のための訓練及び治療

（10）児童心理治療施設（第43条の２）

家庭環境、学校における交友関係その他の環境上の理由により社会生活への適応が困難となった児童を、短期間、入所させ、又は保護者の下から通わせて、社会生活に適応するために必要な心理に関する治療及び生活指導を主として行

い、あわせて退所した者について相談その他の援助を行うことを目的とする。

(11) 児童自立支援施設（第44条）

不良行為をなし、又はなすおそれのある児童及び家庭環境その他の環境上の理由により生活指導等を要する児童を入所させ、又は保護者の下から通わせて、個々の児童の状況に応じて必要な指導を行い、その自立を支援し、あわせて退所した者について相談その他の援助を行うことを目的とする。

(12) 児童家庭支援センター（第44条の２）

地域の児童の福祉に関する各般の問題につき、児童に関する家庭その他からの相談のうち、専門的な知識及び技術を必要とするものに応じ、必要な助言を行うとともに、市町村の求めに応じ、技術的助言その他必要な援助を行うほか、児童相談所、児童福祉施設等との連絡調整その他厚生労働省令の定める援助を総合的に行うことを目的とする。

【注】

1）社会福祉法人全国社会福祉協議会「慈善から福祉へ全国社会福祉協議会九十年通史」全国社会福祉協議会（2003）
2）同上
3）子ども・子育て支援新制度について　内閣府子ども・子育て本部　令和３年６月 https://www8.cao.go.jp/shoushi/shinseido/outline/pdf/setsumei_p1.pdf
4）厚生労働省ウェブサイト「ひとり親家庭の現状と支援施策について～その１～」（令和２年11月）
5）ひとり親家庭の現状と支援施策について～その１～　厚生労働省子ども家庭局家庭福祉課　令和２年11月　https://www.mhlw.go.jp/content/11920000/000705274.pdf
6）令和２年度 児童相談所での児童虐待相談対応件数（速報値）　厚生労総省　https://www.mhlw.go.jp/content/000824359.pdf

【参考文献】

1）『日本社會事業年鑑』日本社会事業協会社会事業研究所　昭和22年版
2）逸見勝亮「第二次世界大戦後の日本における浮浪児・戦争孤児の歴史」日本の教育史学教育史学会紀要 第37号抜刷（1994）

3）「たくましい子供・明るい家庭・活力とやさしさに満ちた地域社会をめざす21プラン研究会（子供の未来別プラン研究会）」報告書　たくましい子供・明るい家庭・活力とやさしさに満ちた地域社会をめざす21プラン研究会（子供の未来21プラン研究会）（1993）

4）児童福祉法等の一部を改正する法律（平成28年法律第63号）の概要　厚生労働省
https://www.mhlw.go.jp/file/06-Seisakujouhou-11900000-Koyoukintoujidoukateikyoku /03_3.pdf

5）国民の福祉と介護の動向　2020/2021　一般社団法人厚生労働統計協会　2020年９月５日

6）松井圭三・小倉毅編著『子ども家庭福祉』大学教育出版　2010

第4章

社会福祉の制度と法体系

第1節　憲法と福祉六法

1．日本国憲法

「日本国憲法」第25条は、第１項で「すべて国民は、健康で文化的な最低限度の生活を営む権利を有する」、第２項で「国は、すべての生活部面について、社会福祉、社会保障及び公衆衛生の向上及び増進に努めなければならない」と定める。

この条項は、わが国の社会福祉・社会保障の根源となる規定である。

2．福祉六法

わが国において福祉六法とは「生活保護法」「児童福祉法」「母子及び父子並びに寡婦福祉法」「身体障害者福祉法」「知的障害者福祉法」「老人福祉法」の６つを総称したものである。かつて福祉事務所においては市部・郡部ともこれら福祉六法をすべて取り扱っていた。現在、市部は６法すべてを取り扱っているが、郡部福祉事務所は「生活保護法」「児童福祉法」「母子及び父子並びに寡婦福祉法」の３法を取り扱っている。「身体障害者福祉法」「知的障害者福祉法」「老人福祉法」に関する業務は町村役場にて行われるためである。

３．生活保護法

総則（第１章）、保護の原則（第２章）、保護の種類及び範囲（第３章）、保護の機関及び実施（第４章）、保護の方法（第５章）、保護施設（第６章）、「医療機関、介護機関及び助産機関」（第７章）、就労自立給付金及び進学準備給付金（第８章）、被保護者就労支援事業（第９章）、被保護者の権利及び義務（第10章）、不服申立て（第11章）、費用（第12章）、雑則（第13章）の各章からなる。

第１条で「この法律は、日本国憲法第25条に規定する理念に基き、国が生活に困窮するすべての国民に対し、その困窮の程度に応じ、必要な保護を行い、その最低限度の生活を保障するとともに、その自立を助長することを目的とする」と定めている。

生活保護制度では国家責任・無差別平等・最低生活維持・保護の補足性の４つの原理がある。

また保護の原則は４つある。第７条では「保護は、要保護者、その扶養義務者又はその他の同居の親族の申請に基いて開始するものとする。但し、要保護者が急迫した状況にあるときは、保護の申請がなくても、必要な保護を行うことができる」と申請保護の原則を定める。第８条では第１項で「保護は、厚生労働大臣の定める基準により測定した要保護者の需要を基とし、そのうち、その者の金銭又は物品で満たすことのできない不足分を補う程度において行うものとする」、第２項で「前項の基準は、要保護者の年齢別、性別、世帯構成別、所在地域別その他保護の種類に応じて必要な事情を考慮した最低限度の生活の需要を満たすに十分なものであつて、且つ、これをこえないものでなければならない」と基準及び程度の原則を定める。第９条は「保護は、要保護者の年齢別、性別、健康状態等その個人又は世帯の実際の必要の相違を考慮して、有効且つ適切に行うものとする」と必要即応の原則を定める。第10条は「保護は、世帯を単位としてその要否及び程度を定めるものとする。但し、これによりがたいときは、個人を単位として定めることができる」と世帯単位の原則を定める。

扶助の種類は８つで、生活扶助、教育扶助、住宅扶助、医療扶助、介護扶助、出産扶助、生業扶助、葬祭扶助からなる。

第10章では被保護者の権利及び義務を定めている。被保護者の権利としては、不利益変更の禁止（第56条）、公課禁止（第57条）、差押禁止（第58条）、譲渡禁止（第59条）がある。被保護者の義務としては生活上の義務（第60条）、届出の義務（第61条）、指示等に従う義務（第62条）、（資力があるにもかかわらず保護を受けたときの）費用返還義務（第63条）がある。

４．児童福祉法

「児童福祉法」は1947（昭和22）年に制定された。2016（平成28）年には大改正されている。

総則（第１章）、福祉の保障（第２章）、「事業、養育里親及び養子縁組里親並びに施設」（第３章）、費用（第４章）、国民健康保険団体連合会の児童福祉法関係業務（第５章）、審査請求（第６章）、雑則（第７章）、罰則（第８章）の各章からなる。

現行の第１条は第１項で「全て児童は、児童の権利に関する条約の精神にのつとり、適切に養育されること、その生活を保障されること、愛され、保護されること、その心身の健やかな成長及び発達並びにその自立が図られることその他の福祉を等しく保障される権利を有する」と定める。第２条は、第１項で「全て国民は、児童が良好な環境において生まれ、かつ、社会のあらゆる分野において、児童の年齢及び発達の程度に応じて、その意見が尊重され、その最善の利益が優先して考慮され、心身ともに健やかに育成されるよう努めなければならない」、第２項で「児童の保護者は、児童を心身ともに健やかに育成することについて第一義的責任を負う」、第３項で「国及び地方公共団体は、児童の保護者とともに、児童を心身ともに健やかに育成する責任を負う」と定める。第３条は「前２条に規定するところは、児童の福祉を保障するための原理であり、この原理は、すべて児童に関する法令の施行にあたつて、常に尊重されなければならない」とする。

第４条は児童・障害児について定義している。まず第４条第１項は「この法律で、児童とは、満18歳に満たない者」をいうとし、児童を下記のように分ける」即ち乳児を「満１歳に満たない者」、幼児を「満１歳から、小学校就学の始期に達するまでの者」、少年を「小学校就学の始期から、満18歳に達するまでの者」に区分する。また、第２項では「この法律で、障害児とは、身体に障害のある児童、知的障害のある児童、精神に障害のある児童（発達障害者支援法（略）第２条第２項に規定する発達障害児を含む。）又は治療方法が確立していない疾病その他の特殊の疾病であつて障害者の日常生活及び社会生活を総合的に支援するための法律（略）第４条第１項の政令で定めるものによる障害の程度が同項の厚生労働大臣が定める程度である児童をいう」とする。

５．母子及び父子並びに寡婦福祉法

総則（第１章)、基本方針等（第２章)、母子家庭に対する福祉の措置（第３章)、父子家庭に対する福祉の措置（第４章)、寡婦に対する福祉の措置（第５章)、福祉資金貸付金に関する特別会計等（第６章)、母子・父子福祉施設（第７章)、費用（第８章)、雑則（第９章)、罰則（第10章）の各章からなる。

第１条で「この法律は、母子家庭等及び寡婦の福祉に関する原理を明らかにするとともに、母子家庭等及び寡婦に対し、その生活の安定と向上のために必要な措置を講じ、もつて母子家庭等及び寡婦の福祉を図ることを目的とする」と定めている。

第２条は基本理念を定めていて、第１項では「全て母子家庭等には、児童が、その置かれている環境にかかわらず、心身ともに健やかに育成されるために必要な諸条件と、その母子家庭の母及び父子家庭の父の健康で文化的な生活とが保障されるものとする」、第２項では「寡婦には、母子家庭の母及び父子家庭の父に準じて健康で文化的な生活が保障されるものとする」と規定する。

なお、第６条第５項で「この法律において「母子家庭等」とは、母子家庭及び父子家庭をいう」と規定しているので、この法律で「母子家庭等」という用語を解釈するときには注意しなければならない。

第４条では「母子家庭の母及び父子家庭の父並びに寡婦は、自ら進んでその自立を図り、家庭生活及び職業生活の安定と向上に努めなければならない」とされている。

第８条では母子・父子自立支援員について定めている。

第13条では母子福祉資金の貸付け、第17条では母子家庭日常生活支援事業を規定するなど各種の福祉の措置を定めている。

第７章は母子・父子福祉施設を定めているが、その種類として母子・父子福祉センターと母子・父子休養ホームの２種類がある。母子・父子福祉センターは「無料又は低額な料金で、母子家庭等に対して、各種の相談に応ずるとともに、生活指導及び生業の指導を行う等母子家庭等の福祉のための便宜を総合的に供与することを目的とする施設」（第39条第２項）、母子・父子休養ホームは「無料又は低額な料金で、母子家庭等に対して、レクリエーションその他休養のための便宜を供与することを目的とする施設」（第39条第３項）である。

６．身体障害者福祉法

総則（第１章）、更生援護（第２章）、事業及び施設（第３章）、費用（第４章）、雑則（第５章）の各章からなる。

第１条は目的規定であり、「この法律は、障害者の日常生活及び社会生活を総合的に支援するための法律（略）と相まつて、身体障害者の自立と社会経済活動への参加を促進するため、身体障害者を援助し、及び必要に応じて保護し、もつて身体障害者の福祉の増進を図ることを目的とする」と定めている。

また第２条は、第１項で「すべて身体障害者は、自ら進んでその障害を克服し、その有する能力を活用することにより、社会経済活動に参加することができるように努めなければならない」、第２項で「すべて身体障害者は、社会を構成する一員として社会、経済、文化その他あらゆる分野の活動に参加する機会を与えられるものとする」と定めている。

第４条は身体障害者の定義規定であり「この法律において、「身体障害者」とは、別表に掲げる身体上の障害がある18歳以上の者であつて、都道府県知事から身体障害者手帳の交付を受けたものをいう」とする。

かつて、身体障害者関係の施設・事業についてはこの法律に定めが多くあったが、それら規定は2005（平成17）年に成立し翌年施行された「障害者自立支援法」（現「障害者の日常生活及び社会生活を総合的に支援するための法律」）に大部分が移行した。

７．知的障害者福祉法

総則（第１章）、実施機関及び更生援護（第２章）、費用（第３章）、雑則（第４章）、罰則（第５章）の各章からなる。

第１条は目的規定であり「この法律は、障害者の日常生活及び社会生活を総合的に支援するための法律（略）と相まつて、知的障害者の自立と社会経済活動への参加を促進するため、知的障害者を援助するとともに必要な保護を行い、もつて知的障害者の福祉を図ることを目的とする」とする。

第１条の２は自立への努力及び機会の確保を定めていて、第１項では「すべての知的障害者は、その有する能力を活用することにより、進んで社会経済活動に参加するよう努めなければならない」、第２項では「すべての知的障害者は、社会を構成する一員として、社会、経済、文化その他あらゆる分野の活動に参加する機会を与えられるものとする」と規定している。

「身体障害者福祉法」と同様に、かつて、知的障害者関係の施設・事業についてはこの法律に定めが多くあったが、それら規定は「障害者自立支援法」（現「障害者の日常生活及び社会生活を総合的に支援するための法律」）に大部分が移行した。

なお、「知的障害者福祉法」には、知的障害者の定義規定はない。

８．老人福祉法

総則（第１章）、福祉の措置（第２章）、事業及び施設（第３章）、老人福祉計画（第３章の２）、費用（第４章）、有料老人ホーム（第４章の２）、雑則（第５章）、罰則（第６章）の各章からなる。

第１条は目的規定で「この法律は、老人の福祉に関する原理を明らかにするとともに、老人に対し、その心身の健康の保持及び生活の安定のために必要な措置を講じ、もつて老人の福祉を図ることを目的とする」とする。

第２条・第３条は基本的理念を定める。第２条は「老人は、多年にわたり社会の進展に寄与してきた者として、かつ、豊富な知識と経験を有する者として敬愛されるとともに、生きがいを持てる健全で安らかな生活を保障されるものとする」とし、第３条は第１項で「老人は、老齢に伴つて生ずる心身の変化を自覚して、常に心身の健康を保持し、又は、その知識と経験を活用して、社会的活動に参加するように努めるものとする」、第２項で「老人は、その希望と能力とに応じ、適当な仕事に従事する機会その他社会的活動に参加する機会を与えられるものとする」と定める。

第２節　福祉六法以外の各分野の法律

１．母子保健法

第１条は目的規定であり「この法律は、母性並びに乳児及び幼児の健康の保持及び増進を図るため、母子保健に関する原理を明らかにするとともに、母性並びに乳児及び幼児に対する保健指導、健康診査、医療その他の措置を講じ、もつて国民保健の向上に寄与することを目的とする」とする。

第２条は「母性は、すべての児童がすこやかに生まれ、かつ、育てられる基盤であることにかんがみ、尊重され、かつ、保護されなければならない」、第３条は「乳児及び幼児は、心身ともに健全な人として成長してゆくために、その健康が保持され、かつ、増進されなければならない」とする。第４条は第１項で「母性は、みずからすすんで、妊娠、出産又は育児についての正しい理解を深め、その健康の保持及び増進に努めなければならない」、第２項で「乳児又は幼児の保護者は、みずからすすんで、育児についての正しい理解を深め、乳児又は幼児の健康の保持及び増進に努めなければならない」とする。

２．児童虐待の防止等に関する法律

第１条は目的規定で「この法律は、児童虐待が児童の人権を著しく侵害し、その心身の成長及び人格の形成に重大な影響を与えるとともに、我が国における将来の世代の育成にも懸念を及ぼすことにかんがみ、児童に対する虐待の禁

止、児童虐待の予防及び早期発見その他の児童虐待の防止に関する国及び地方公共団体の責務、児童虐待を受けた児童の保護及び自立の支援のための措置等を定めることにより、児童虐待の防止等に関する施策を促進し、もって児童の権利利益の擁護に資することを目的とする」と定める。

第２条は児童虐待の定義規定であり、「この法律において、「児童虐待」とは、保護者（親権を行う者、未成年後見人その他の者で、児童を現に監護するものをいう。以下同じ。）がその監護する児童（18歳に満たない者をいう。以下同じ。）について行う次に掲げる行為をいう」とし、第１号から第４号までの類型を掲げる。第１号は「児童の身体に外傷が生じ、又は生じるおそれのある暴行を加えること」、第２号は「児童にわいせつな行為をすること又は児童をしてわいせつな行為をさせること」、第３号は「児童の心身の正常な発達を妨げるような著しい減食又は長時間の放置、保護者以外の同居人による前２号又は次号に掲げる行為と同様の行為の放置その他の保護者としての監護を著しく怠ること」、第４号は、「児童に対する著しい暴言又は著しく拒絶的な対応、児童が同居する家庭における配偶者に対する暴力（配偶者（婚姻の届出をしていないが、事実上婚姻関係と同様の事情にある者を含む。）の身体に対する不法な攻撃であって生命又は身体に危害を及ぼすもの及びこれに準ずる心身に有害な影響を及ぼす言動をいう。第16条において同じ。）その他の児童に著しい心理的外傷を与える言動を行うこと」である。

第３条は「何人も、児童に対し、虐待をしてはならない」とする。

３．子ども・子育て支援法

2016（平成24）年に成立した子ども・子育て関連三法のうちの１つである。子ども・子育て関連三法とは「子ども・子育て支援法」「就学前の子どもに関する教育、保育等の総合的な提供の推進に関する法律の一部を改正する法律」「子ども・子育て支援法及び就学前の子どもに関する教育、保育等の総合的な提供の推進に関する法律の一部を改正する法律の施行に伴う関係法律の整備等に関する法律」の３つの法律である。

「子ども・子育て支援法」第１条は「この法律は、我が国における急速な少子化の進行並びに家庭及び地域を取り巻く環境の変化に鑑み、児童福祉法（略）その他の子どもに関する法律による施策と相まって、子ども・子育て支援給付その他の子ども及び子どもを養育している者に必要な支援を行い、もって一人一人の子どもが健やかに成長することができる社会の実現に寄与することを目的とする」と規定する。第２条は基本理念を定める。第１項は「子ども・子育て支援は、父母その他の保護者が子育てについての第一義的責任を有するという基本的認識の下に、家庭、学校、地域、職域その他の社会のあらゆる分野における全ての構成員が、各々の役割を果たすとともに、相互に協力して行われなければならない」、第２項は「子ども・子育て支援給付その他の子ども・子育て支援の内容及び水準は、全ての子どもが健やかに成長するように支援するものであって、良質かつ適切なものであり、かつ、子どもの保護者の経済的負担の軽減について適切に配慮されたものでなければならない」、第３項は「子ども・子育て支援給付その他の子ども・子育て支援は、地域の実情に応じて、総合的かつ効率的に提供されるよう配慮して行われなければならない」とそれぞれ規定している。

４．高齢社会対策基本法

本法は「我が国における急速な高齢化の進展が経済社会の変化と相まって、国民生活に広範な影響を及ぼしている状況にかんがみ、高齢化の進展に適切に対処するための施策（略）に関し、基本理念を定め、並びに国及び地方公共団体の責務等を明らかにするとともに、高齢社会対策の基本となる事項を定めること等により、高齢社会対策を総合的に推進し、もって経済社会の健全な発展及び国民生活の安定向上を図ること」を目的としている（第１条）。

５．高齢者の医療の確保に関する法律

1982（昭和57）年成立の「老人保健法」が、2006（平成18）年の「健康保険法等の一部を改正する法律」により「高齢者の医療の確保に関する法律」に改題されたものである（2008（平成20）年）。

総則（第１章）、医療費適正化の推進（第２章）、前期高齢者に係る保険者間

の費用負担の調整（第３章)、後期高齢者医療制度（第４章)、社会保険診療報酬支払基金の高齢者医療制度関係業務（第５章)、国民健康保険団体連合会の高齢者医療関係業務（第６章)、雑則（第７章)、罰則（第８章）の各章からなる。

第１条は目的規定で「この法律は、国民の高齢期における適切な医療の確保を図るため、医療費の適正化を推進するための計画の作成及び保険者による健康診査等の実施に関する措置を講ずるとともに、高齢者の医療について、国民の共同連帯の理念等に基づき、前期高齢者に係る保険者間の費用負担の調整、後期高齢者に対する適切な医療の給付等を行うために必要な制度を設け、もつて国民保健の向上及び高齢者の福祉の増進を図ることを目的とする」とする。この法律により後期高齢者医療制度が定められていることが重要である。

６．介護保険法

第１条は目的規定であり「この法律は、加齢に伴って生ずる心身の変化に起因する疾病等により要介護状態となり、入浴、排せつ、食事等の介護、機能訓練並びに看護及び療養上の管理その他の医療を要する者等について、これらの者が尊厳を保持し、その有する能力に応じ自立した日常生活を営むことができるよう、必要な保健医療サービス及び福祉サービスに係る給付を行うため、国民の共同連帯の理念に基づき介護保険制度を設け、その行う保険給付等に関して必要な事項を定め、もって国民の保健医療の向上及び福祉の増進を図ることを目的とする」と定める。

第２条は介護保険や保険給付についての定義規定である。第１項は「介護保険は、被保険者の要介護状態又は要支援状態（以下「要介護状態等」という。）に関し、必要な保険給付を行うものとする」、第２項は「前項の保険給付は、要介護状態等の軽減又は悪化の防止に資するよう行われるとともに、医療との連携に十分配慮して行われなければならない」、第３項は「第１項の保険給付は、被保険者の心身の状況、その置かれている環境等に応じて、被保険者の選択に基づき、適切な保健医療サービス及び福祉サービスが、多様な事業者又は施設から、総合的かつ効率的に提供されるよう配慮して行われなければならない」、第４項は「第１項の保険給付の内容及び水準は、被保険者が要介護状態となった場合においても、可能な限り、その居宅において、その有する能力に応じ自立した日常生活を営むことができるように配慮されなければならない」とそれぞれ定める。

７．障害者基本法

総則（第１章）、障害者の自立及び社会参加の支援等のための基本的施策（第２章）、障害の原因となる傷病の予防に関する基本的施策（第３章）、障害者政策委員会等（第４章）の各章からなる。

第１条は目的規定であり「全ての国民が、障害の有無にかかわらず、等しく基本的人権を享有するかけがえのない個人として尊重されるものであるとの理念にのつとり、全ての国民が、障害の有無によつて分け隔てられることなく、相互に人格と個性を尊重し合いながら共生する社会を実現するため、障害者の自立及び社会参加の支援等のための施策に関し、基本原則を定め、及び国、地方公共団体等の責務を明らかにするとともに、障害者の自立及び社会参加の支援等のための施策の基本となる事項を定めること等により、障害者の自立及び社会参加の支援等のための施策を総合的かつ計画的に推進すること」としている。

第２条では障害者と社会的障壁についての定義がある。第１号では障害者を「身体障害、知的障害、精神障害（発達障害を含む。）その他の心身の機能の障害（以下「障害」と総称する。）がある者であつて、障害及び社会的障壁により継続的に日常生活又は社会生活に相当な制限を受ける状態にあるものをいう」とする。第２号では社会的障壁を「障害がある者にとつて日常生活又は社会生活を営む上で障壁となるような社会における事物、制度、慣行、観念その他一切のものをいう」とする。

第４条では差別の禁止を定める。すなわち第１項で「何人も、障害者に対して、障害を理由として、差別することその他の権利利益を侵害する行為をしてはならない」、第２項で「社会的障壁の除去は、それを必要としている障害者が現に存し、かつ、その実施に伴う負担が過重でないときは、それを怠ることによつて前項の規定に違反することとならないよう、その実施について必要かつ合理的な配慮がされなければならない」、第３項で「国は、第１項の規定に違反する行為の防止に関する啓発及び知識の普及を図るため、当該行為の防止を図るために必要となる情報の収集、整理及び提供を行うものとする」とそれぞれ定める。

８．障害者の日常生活及び社会生活を総合的に支援するための法律（障害者総合支援法）

2005（平成17）年成立・2006（平成18）年施行の「障害者自立支援法」が2012（平成24）年に改正・改題されたものである。

総則（第１章）、自立支援給付（第２章）、地域生活支援事業（第３章）、事業及び施設（第４章）、障害福祉計画（第５章）、費用（第６章）、国民健康保険団体連合会の障害者総合支援法関係業務（第７章）、審査請求（第８章）、雑則（第９章）、罰則（第10章）の10章からなる。

第１条では「この法律は、障害者基本法（略）の基本的な理念にのっとり、身体障害者福祉法（略）、知的障害者福祉法（略）、精神保健及び精神障害者福祉に関する法律（略）、児童福祉法（略）その他障害者及び障害児の福祉に関する法律と相まって、障害者及び障害児が基本的人権を享有する個人としての尊厳にふさわしい日常生活又は社会生活を営むことができるよう、必要な障害福祉サービスに係る給付、地域生活支援事業その他の支援を総合的に行い、もって障害者及び障害児の福祉の増進を図るとともに、障害の有無にかかわらず国民が相互に人格と個性を尊重し安心して暮らすことのできる地域社会の実現に寄与することを目的とする」と規定している。

また第１条の２は基本理念が掲げられていて「障害者及び障害児が日常生活又は社会生活を営むための支援は、全ての国民が、障害の有無にかかわらず、等しく基本的人権を享有するかけがえのない個人として尊重されるものであるとの理念にのっとり、全ての国民が、障害の有無によって分け隔てられることなく、相互に人格と個性を尊重し合いながら共生する社会を実現するため、全ての障害者及び障害児が可能な限りその身近な場所において必要な日常生活又は社会生活を営むための支援を受けられることにより社会参加の機会が確保されること及びどこで誰と生活するかについての選択の機会が確保され、地域社会において他の人々と共生することを妨げられないこと並びに障害者及び障害児にとって日常生活又は社会生活を営む上で障壁となるような社会における事物、制度、慣行、観念その他一切のものの除去に資することを旨として、総合的かつ計画的に行わなければならない」とする。

第３節　社会福祉の各分野に共通する法律

１．社会福祉法

総則（第１章）、地方社会福祉審議会（第２章）、福祉に関する事務所（第３章）、社会福祉主事（第４章）、指導監督及び訓練（第５章）、社会福祉法人（第６章）、社会福祉事業（第７章）、福祉サービスの適切な利用（第８章）、社会福祉事業等に従事する者の確保の促進（第９章）、地域福祉の推進（第10章）、雑則（第11章）、罰則（第12章）の各章からなる。

第１条は「この法律は、社会福祉を目的とする事業の全分野における共通的基本事項を定め、社会福祉を目的とする他の法律と相まつて、福祉サービスの利用者の利益の保護及び地域における社会福祉（以下「地域福祉」という。）の推進を図るとともに、社会福祉事業の公明かつ適正な実施の確保及び社会福祉を目的とする事業の健全な発達を図り、もつて社会福祉の増進に資することを目的とする」と定める。

第３条は、福祉サービスの基本的理念を定め「福祉サービスは、個人の尊厳の保持を旨とし、その内容は、福祉サービスの利用者が心身ともに健やかに育成され、又はその有する能力に応じ自立した日常生活を営むことができるように支援するものとして、良質かつ適切なものでなければならない」とする。

第４条は地域福祉の推進を定め「地域福祉の推進は、地域住民が相互に人格と個性を尊重し合いながら、参加し、共生する地域社会の実現を目指して行われなければならない」とする。

第10章第２節は地域福祉計画について定めている。第107条第１項は「市町村は、地域福祉の推進に関する事項として次に掲げる事項を一体的に定める計画（以下「市町村地域福祉計画」という。）を策定するよう努めるものとする」とし、第108条第１項は「都道府県は、市町村地域福祉計画の達成に資するために、各市町村を通ずる広域的な見地から、市町村の地域福祉の支援に関する事項として次に掲げる事項を一体的に定める計画（以下「都道府県地域福祉支援計画」という。）を策定するよう努めるものとする」とする。同第3節は社会福祉協議会について定めていて、例えば第109条は「市町村社会福祉協議会は、一又は同一都道府県内の二以上の市町村の区域内において次に掲げる事業を行うことにより地域福祉の推進を図ることを目的とする団体であつて、その区域内における社会福祉を目的とする事業を経営する者及び社会福祉に関する活動を行う者が参加し、かつ、指定都市にあつてはその区域内における地区社会福祉協議会の過半数及び社会福祉事業又は更生保護事業を経営する者の過半数が、指定都市以外の市及び町村にあつてはその区域内における社会福祉事業又は更生保護事業を経営する者の過半数が参加するものとする」と規定する。同第４節は共同募金の定めで、例えば第112条は「この法律において「共同募金」とは、都道府県の区域を単位として、毎年一回、厚生労働大臣の定める期間内に限つてあまねく行う寄附金の募集であつて、その区域内における地域福祉の推進を図るため、その寄附金をその区域内において社会福祉事業、更生保護事業その他の社会福祉を目的とする事業を経営する者（国及び地方公共団体を除く。以下この節において同じ。）に配分することを目的とするものをいう」とする。

２．民生委員法

第１条は「民生委員は、社会奉仕の精神をもつて、常に住民の立場に立つて相談に応じ、及び必要な援助を行い、もつて社会福祉の増進に努めるものとする」と規定している。そして、第２条では「民生委員は、常に、人格識見の向上と、その職務を行う上に必要な知識及び技術の修得に努めなければならない」とする。

民生委員の配置については第３条に規定があり「民生委員は、市（特別区を含む。以下同じ。）町村の区域にこれを置く」とされている。

民生委員の選定については第５条１項で「民生委員は、都道府県知事の推薦によつて、厚生労働大臣がこれを委嘱する」とされている。

３．地域保健法

1947（昭和22）年制定の「保健所法」が、1994（平成６）年に「地域保健法」に改題され、内容も大きく改正されたものである。

総則（第１章)、地域保健対策の推進に関する基本指針（第２章)、保健所（第３章)、市町村保健センター（第４章)、地域保健対策に係る人材確保の支援に関する計画（第５章）の各章からなる。

「地域保健対策の推進に関する基本指針、保健所の設置その他地域保健対策の推進に関し基本となる事項を定めることにより、母子保健法（略）その他の地域保健対策に関する法律による対策が地域において総合的に推進されることを確保し、もつて地域住民の健康の保持及び増進に寄与すること」を目的としている（第１条)。

そして「地域住民の健康の保持及び増進を目的として国及び地方公共団体が講ずる施策は、我が国における急速な高齢化の進展、保健医療を取り巻く環境の変化等に即応し、地域における公衆衛生の向上及び増進を図るとともに、地域住民の多様化し、かつ、高度化する保健、衛生、生活環境等に関する需要に適確に対応することができるように、地域の特性及び社会福祉等の関連施策との有機的な連携に配慮しつつ、総合的に推進されること」を基本理念としている（第２条)。

【参考文献】

笠木映里・嵩さやか・中野妙子・渡邊絹子『社会保障法』有斐閣、2018年
黒田有志弥・柴田洋二郎・島村暁代・永野仁美・橋爪幸代『社会保障法』有斐閣、2019年
河野正輝・阿部和光・増田雅暢・倉田聡編『社会福祉法入門』（第３版）有斐閣、2015年

第5章
社会福祉行財政と実施機関

第1節　行政組織の枠組み

行政という言葉は一義的に定義されていないが、立法、司法、行政の三権分立に基づいて、立法府、司法府の活動を除いた行政府の活動を行政とする定義が一般的である。

歴史的には市民革命を経た18世紀末から19世紀の欧米近代資本主義国家において、立法・行政・司法の三権分立が統治機構編成の基本原則とされるようになった。20世紀に入ると、国家の行政機能のなかで経済的・社会的機能が著しく拡大し、それに伴って統治機構内での執行権ないし行政権が拡大し、内閣・大統領などの政治的執行部とその統轄下である行政組織が台頭してきた。その形態とは、M.ウェーバーも指摘するように、認められた手続きによる命令の正しさに基づいて雇用された官僚が行う、官僚制が特徴であった。

わが国の行政組織は、内閣主導による国の中央政府と地方公共団体という関係で成り立っている。行政改革は、1962(昭和37)年、池田勇人内閣の下に臨時行政調査会（第一次）が設置されて以来、絶え間なく実施されているが、その内容や方法については現在においても論議の的である。

もともと国と地方自治体との関係は、上下関係に近かったが、1999(平成11)年の「地方分権の推進を図るための関係法律の整備等に関する法律」（地方分権一括法）により対等な関係とされ、地方自治体による独自性が期待されるようになるとともに、機関委任事務が廃止され、地方自治体の仕事は自治事務と法定受託事務に区分されるようになった。この結果、例えば福祉分野では、地方自治体では、自治事務として「老人福祉法」や「児童福祉法」その他福祉関係法による措置、福祉サービス利用者からの費用徴収などが行われるほか、自治体単独の事務なども行われている。法定受託事務として社会福祉法人の設立認可や社会福祉施設の設置認可、各種福祉手当の支給、「生活保護法」による保護などがある。

その後、「地方分権一括法」により対等な関係とされたことを財政面でも確立するため、地方の財政主権を目指した「三位一体の改革」が行われ、国庫補助金を整理統合して税源を地方に委譲し、また地方交付税の見直しも一体的に進め、地方の自立と経費削減による効率化が行われた。

行政機構
内閣府
デジタル庁
復興庁
総務省
法務省
外務省
財務省
文部科学省
厚生労働省
農林水産省
経済産業省
国土交通省
環境省
防衛省

図5-1　わが国の中央政府の行政機構
2021年11月現在・筆者作成

2011（平成23）年には、「地域の自主性及び自立性を高めるための改革の推進を図るための関係法律の整備に関する法律」（地域主権改革一括法）の制定が行われ、福祉行政のあり方がさらに見直されるようになった。このような背景のもと現在のわが国の中央政府の行政組織は図５−１の通りである。

第２節　福祉行政組織について

福祉行財政組織については、国と地方公共団体の組織に大別できる。まずは国の組織、次に地方公共団体の組織についてみてみる。

１．国の組織

国の福祉行政の中核となっているのは厚生労働省である。しかし、内閣府や文部科学省、財務省、法務省、国土交通省、経済産業省なども社会福祉に関連する業務に関わっている。

厚生労働省に設置されている大臣官房と11局のなかで主に社会福祉関連となっているのは、社会・援護局、雇用環境・均等局、子ども家庭局、老健局である（表5－1）。

表5-1　社会福祉関連組織の所掌事務

組織の名称	所掌事務
社会・援護局	社会福祉法人制度、福祉に関する事務所、共同募金会、社会福祉事業に従事する人材の確保やボランティア活動の基盤整備など社会福祉の各分野に共通する基盤制度の企画や運営を行うとともに、生活保護制度の企画や運営、ホームレス対策、消費生活協同組合に対する指導など幅広く社会福祉の推進のための施策を行っている。また、先の大戦の戦没者の慰霊、その遺族や戦傷病者に対する医療や年金の支給などを行うとともに、中国残留邦人の帰国や定着自立の援護なども行っている。
雇用環境・均等局	非正規雇用労働者の待遇の改善、ワーク・ライフ・バランスの推進等労働者が働きやすい職場環境の整備や、性別や働き方にかかわらず、誰もがその能力を十分に発揮し、仕事と家庭を両立させながら働くことができるようにするための男女雇用機会均等の確保、多様な働き方のニーズに対応した就業環境づくりを行っている。
子ども家庭局	児童の心身の育成や発達に関すること、児童の保育や養護、虐待の防止に関すること、児童の福祉のための文化の向上に関することのほか、児童や児童のいる家庭、妊産婦その他母性の福祉の増進に関すること、福祉に欠ける母子、父子や寡婦の福祉の増進に関すること、児童の保健の向上に関すること、妊産婦その他母性の保健の向上に関すること、児童と妊産婦の栄養の改善に関すること、妊産婦の治療方法が確定していない疾病や特殊の疾病の予防と治療に関することを行っている。
老健局	老健局は、これまでに例のない高齢社会を迎える我が国において、高齢者が住み慣れた地域で安心して暮らし続けることができるよう、介護保険制度（介護を必要とする状態になっても、できる限り自宅や地域で自立した日常生活を営むことができるよう、必要な介護サービスを提供する仕組み）をはじめとする高齢者介護・福祉施策を推進している。

出典：厚生労働省ホームページ　主な仕事（所掌事務）から抜粋・加工
（https://www.mhlw.go.jp/mobile/m/）

２．地方公共団体の組織

地方公共団体も都道府県と市町村では役割が異なる。例えば福祉行政を例にとってみると、都道府県は、条例で、知事部局として民生部、厚生部、福祉部などの部局が設置され、そのもとで社会課、児童福祉課などがおかれていて、社会福祉法人、社会福祉施設の許認可や指導監督、各種相談所の設置、地域福祉計画や市町村の介護保険事業計画作成の支援、そして補助金の配分などを行っている。

市町村では、条例で、首長部局として社会福祉課等を設置している。市および特別区には福祉事務所が必置となっている。地域福祉計画、介護保険事業計画や介護保険制度の管理・運営など住民を直接支援する活動が主な業務となっている。一方、政令指定都市では、社会福祉に関しては都道府県とほぼ同様に扱われている。

第３節　財政について

財政とは、政府の経済活動の収支のことであり、国や地方公共団体が住民にサービスを提供していくうえでの費用を確保・管理し、必要に応じてそれを支出し管理していくプロセスをいう。財政運営については、国の場合は「日本国憲法」第７章や「財政法」等に示されているほか、地方公共団体についても「日本国憲法」の第８章や「地方財政法」などに規定がある。財政は各種の政策を行うほか国や地方公共団体の機関を維持していくための土台をなしており、機能としては、資源配分の調整（資源の最適配分）、所得の再分配、経済の安定化という３つの機能がある。財政のツールとなるのが財源であるが、その主な確保の手段として租税の賦課徴収や公債発行などがある。

国民は納税者であり財政活動に対しては、その意思を表出する権利がある。また財政活動には予算制度があり、社会保障など必要な施策を実施するための国や地方公共団体の歳入と歳出を見積もり、特に歳出面は法規範性をもたせたものである。

また国の予算は、国の骨格となる施策の経費等からなる一般会計と特別な事業を中心に構成される特別会計がある。2021（令和３）年度は、一般会計の予算総額が106兆6,097億円であった。なお、特別会計は歳出総額が予算で493兆7,000億円であった。

１．国の財政と財源

わが国は、国が租税の大部分を集め、それを地方交付税交付金や国庫支出金等により地方公共団体に移転させることから集権的分散システムといわれている。

2021（令和３）年度予算の国の一般会計歳出は、106.6兆円である（図５−２）。これらは主に、①社会保障35.8兆円、②国債費23.8兆円、③地方交付税交付金15.9兆円に使われており、この３つで全体の約7割を占めている。社会保障は、年金、医療、介護、子ども・子育て等のための支出で、国債費は、国債の償還という国の借金の元本の返済と利払いを行うための経費であり、国債残高の増大に伴い増加する経費である。そして地方交付税交付金は、すべての地方に一定のサービス水準が維持されるよう、国が調整して地方公共団体に配分する経

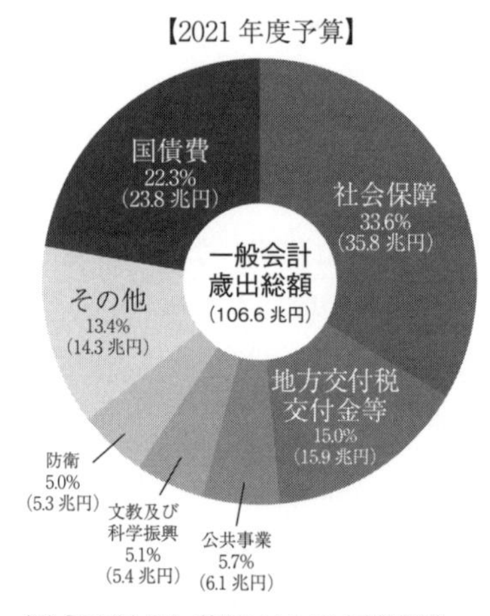

図5−2　2021（令和3）年度歳出総額（予算）

出典：日本の財政の状況 財務省　https://www.mof.go.jp/zaisei/current-situation/index.html

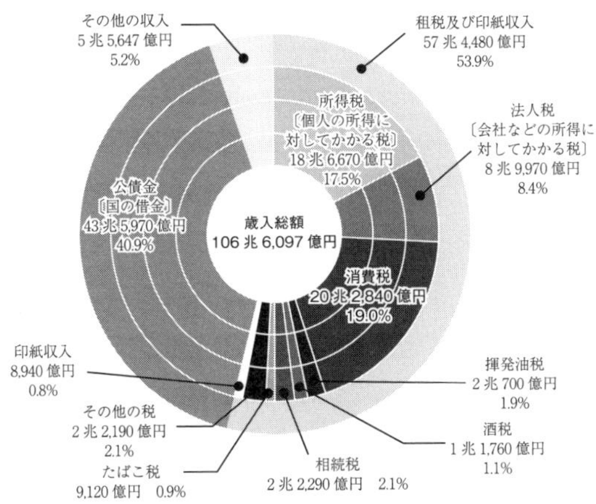

図5-3　2021（令和3）年度歳入総額

出典：国の一般会計歳入額　内訳（令和３年度当初予算）　国税庁　https://search.yahoo.co.jp/image/search?rkf=2&ei=UTF-8&gdr=1&fr=wsr_gs&p=一般会計歳入%20内訳#afe162a393642bd8e883a5ce946cd959

費である。

これに対して国の財政の財源は、上記の一般会計歳入（図５−３）の示す通りであるが、所得税、法人税、消費税の３税を中心に、公債金（特例公債、建設公債）並びにその他の収入等から成り立っている。

２．財政と社会保障費の状況

これまで国の支出、すなわち歳出は一貫して伸び続ける一方、税収はバブル経済が崩壊した1990（平成２）年度以降、経済状況の悪化と共に伸び悩んだ。これは経済状況が悪くなると企業等の売り上げが落ち込み法人税も落ち込むことによる。また従業員の給与も落ち込み、これにより人々の消費も落ち込み、所得税や消費税も落ち込んで、税収は負のスパイラルへと陥る。この歳出と歳入との差がワニの口のように開いてしまった（図５−４）。

主な歳出は社会保障、地方交付税交付金等、公共事業であるが、歳入との差を埋めるため公債の発行がなされてきた。現在も新型コロナウイルス感染症への対応のため歳出が拡大するとともに企業や病院の経営赤字が拡大した。この

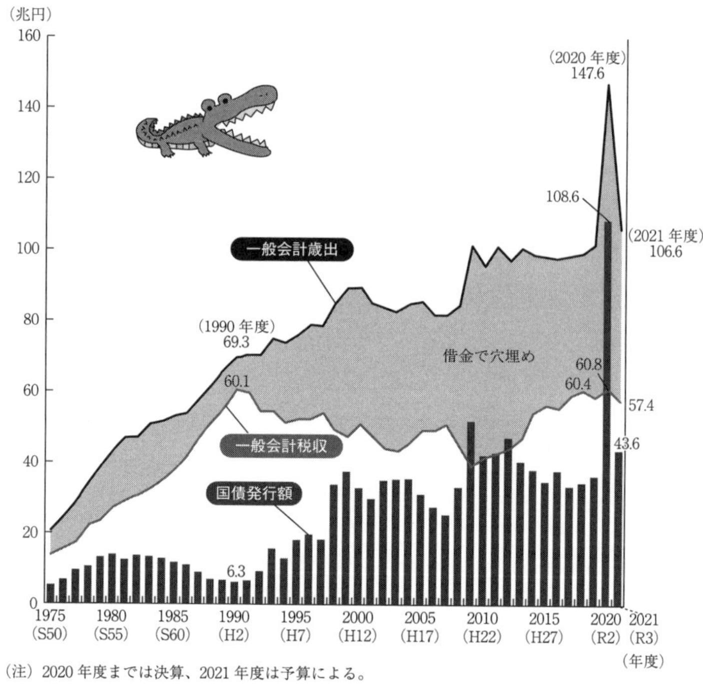

図5-4　日本の財政

出典：どのくらい借金に依存してきたのか　財務省
https://www.mof.go.jp/zaisei/current-situation/situation-dependent.html

問題に危機感を募らせた財務事務次官の矢野康治氏が、2021（令和３）年の岸田新内閣発足時に「このままでは国家財政は破綻する」と題した論文を発表して物議を醸した。

次の資料は、社会保障給付費の推移に関する資料である（図５-５）。社会保障給付費とは、「年金」「医療」「福祉その他」の社会保障３分野において、１年間に国民に支払われる給付の総額を指し、ILO（国際労働機関）の基準によって集計したものを指す。

高齢化により、いずれにおいても著しく増加していることがわかる。また少子化も進むなかで今後、これらの社会保障給付費の財源確保が大きな課題となってくる。

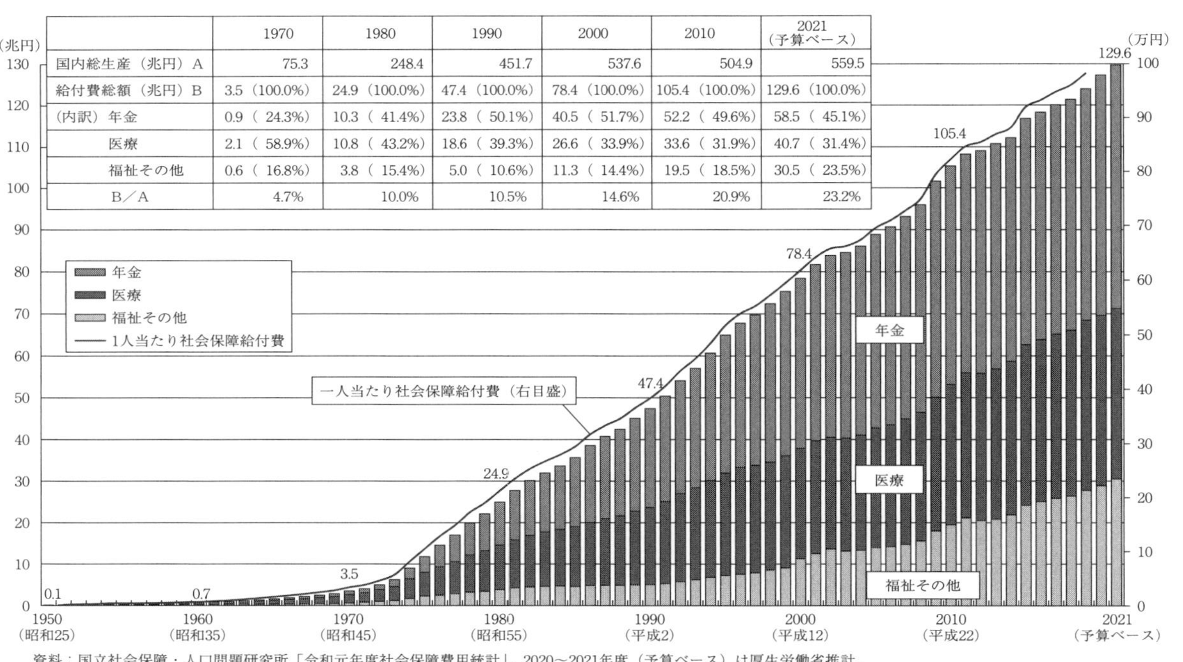

社会保障給付費の推移

	1970	1980	1990	2000	2010	2021（予算ベース）
国内総生産（兆円）A	75.3	248.4	451.7	537.6	504.9	559.5
給付費総額（兆円）B	3.5（100.0%）	24.9（100.0%）	47.4（100.0%）	78.4（100.0%）	105.4（100.0%）	129.6（100.0%）
（内訳）年金	0.9（ 24.3%）	10.3（ 41.4%）	23.8（ 50.1%）	40.5（ 51.7%）	52.2（ 49.6%）	58.5（ 45.1%）
医療	2.1（ 58.9%）	10.8（ 43.2%）	18.6（ 39.3%）	26.6（ 33.9%）	33.6（ 31.9%）	40.7（ 31.4%）
福祉その他	0.6（ 16.8%）	3.8（ 15.4%）	5.0（ 10.6%）	11.3（ 14.4%）	19.5（ 18.5%）	30.5（ 23.5%）
B／A	4.7%	10.0%	10.5%	14.6%	20.9%	23.2%

資料：国立社会保障・人口問題研究所「令和元年度社会保障費用統計」、2020～2021年度（予算ベース）は厚生労働省推計、2021年度の国内総生産は「令和3年度の経済見通しと経済財政運営の基本的態度（令和3年1月18日閣議決定）」

（注）図中の数値は、1950, 1960, 1970, 1980, 1990, 2000及び2010並びに2021年度（予算ベース）の社会保障給付費（兆円）である。

図5–5　社会保障給付費の推移

出典：社会保障等参考資料　財務省2021年４月　https://www.mof.go.jp/about_mof.go.jp/about_mof/councils/fiscal_system_council/subof_fiscal_system/proceedings/material/zaiseia20210415/02 .pdf

3．地方の財政と財源

内閣は全国の地方自治体の歳入・歳出を明らかにするため、地方財政計画を策定して地方の財政状況を把握し、必要に応じて財源の手当てを講じる。地方財政計画は、「地方交付税法」第７条の規定に基づき作成される地方団体の歳入歳出総額の見込額に関する書類であり、国会に提出するとともに一般にも公表している。

地方公共団体の予算については「地方財政法」で定められているが、地方公共団体は、都道府県・市町村など多岐にわたっている。また、地方公共団体で、児童手当の支給や生活保護等に要する経費など福祉六法を中心として計上する費用を民生費という。

『令和２年度　地方財政白書』（図５−６）により民生費の目的別内訳をみると、総計で25兆6,659億円であるが、内訳で占める割合は児童福祉費が最も多く34.0％、次に社会福祉費が25.6％、老人福祉費が24.3％、生活保護費が15.4％となっている。

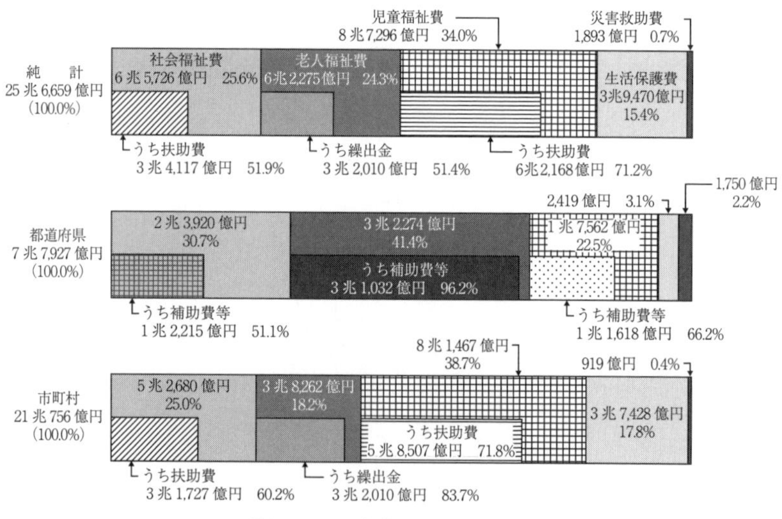

図5-6　民生費の目的別内訳

出典：総務省『令和２年度　地方財政白書』

第4節　福祉行財政と福祉サービス

1．行財政の福祉専門機関

（1）福祉事務所

福祉事務所は、「社会福祉法」第14条以下に規定されている福祉に関する事務所である。福祉事務所は都道府県と市（特別区を含む）には必置であるが、町村は任意設置である。市（町村が設置している場合は町村も）の福祉事務所は「生活保護法」「児童福祉法」「身体障害者福祉法」「知的障害者福祉法」「老人福祉法」「母子及び父子並びに寡婦福祉法」などの福祉六法をはじめとする法令等に定める援護、育成の業務などを行う。また、都道府県が設置する福祉事務所は、「生活保護法」「児童福祉法」「母子及び父子並びに寡婦福祉法」等の業務を行い、「身体障害者福祉法」「知的障害者福祉法」「老人福祉法」の業務は町村役場が行う。

（2）児童相談所

児童相談所は、「児童福祉法」第12条以下に規定され、都道府県・政令指定都市には必ず設置される機関である（中核市や特別区にも置くことができる）。当初は児童相談の第一線の機関であったが、2004（平成16）年の「児童福祉法」改正により、翌年から市町村が法的には第一線機関となった。しかし児童相談所が児童福祉の中核的存在であることには変わりなく、都道府県や市区町村その他の関係機関等との連携をとりながら活動を行っている。

（3）身体障害者更生相談所等

身体障害者更生相談所は、「身体障害者福祉法」第11条に規定され都道府県に必置の機関である（政令指定都市は任意設置）。身体や知的障害者の福祉サービスが、2003（平成15）年度に措置制度から支援費制度に移行した。このため身体障害者に対する各市区町村の支援費の支給決定事務に対する援助・指導の役割を担うことになった。なお、支援費制度は、「障害者自立支援法」による各種サービスとなり、現在は「障害者総合支援法」によるものとなっているが、支給決定事務に対する援助・指導の役割はそのまま続いている。

また、知的障害者更生相談所も身体障害者更生相談所とその仕組みがほぼ同じであり、同様の経過をたどっている。

2．福祉サービスの利用方法

第2次世界大戦後は、生活困窮者等を対象とした措置制度による福祉サービスや経済的給付が主流であった。これは福祉三法である「生活保護法」「児童福祉法」「身体障害者福祉法」をはじめとする諸法に基づいて行政庁の判断で措置する方式である。

その後、高度経済成長を経て社会のニーズも大きく変わった。加えてオイルショックやバブル崩壊による経済悪化による福祉の見直しが行われた。これらの延長上として1990～2000年代に行われた社会福祉基礎構造改革により社会福祉の仕組みとサービス提供方法が大きく変化していった（表5−2）。

例えば社会福祉基礎構造改革のフロントランナーといわれる介護保険制度が施行される前までは、特別養護老人ホームへの入所は、「老人福祉法」に基づき市町村長に入所の申請を行い、措置権者である市町村長が審査を経て行政処分により入所を決めていた。しかし社会福祉基礎構造改革により、利用者の尊厳や自己決定・自己実現を尊重しサポートする仕組みが重視されると、「老人福祉法」による措置から、「介護保険法」に基づく契約・利用方式へとパラダ

表5−2　社会福祉基礎構造改革前後の比較表

	基礎構造改革前（戦後～）	基礎構造改革後（2000年以降）
理　念（中心）	平等	自由
憲　法（主体）	第25条（生存権）	第13条（個人の尊重）
法　律（主体）	社会福祉事業法	社会福祉法
対象者（主体）	社会問題としての生活問題	ニーズに基づく国民すべて
責　任（主体）	行政（措置）	個人（契約）
福　祉　形　態	県履としての福祉	サービスとしての福祉

出典：筆者作成

イムシフトが行われた（ただし家族による虐待などの場合に措置によることが可能な仕組みは存続している）。

社会福祉基礎構造改革により措置から契約への流れのなかで、市町村、福祉事務所、児童相談所、婦人相談所による措置は、生命や安全などに対する侵害のような緊急性が高いものなどに縮小されていった。

３．介護保険制度と財政について

最後に介護保険制度を一例として財政との関係について述べていく。介護保険制度の保険者である市区町村は、各種のサービス量の見込みや財源の確保等を定めた介護保険事業計画を、３年を１期として策定する。その財源構成は公費50％、保険料50％である。公費50%の内訳は国の調整交付金５％、国庫負担金20％、都道府県負担金12.5%、市区町村負担金12.5％である（ただし介護保険三施設と特定施設は、国15%、都道府県17.5%、市町村12.5%）。

65歳以上の高齢者が支払う介護保険料については、厚生労働省の統計では介護保険事業計画第１期（2000（平成12）～2002（平成14）年度）の全国平均では2,911円であったのが、第８期（2021（令和３）～2023（令和５）年度）では月額6,014円と20年でおよそ倍増した。それに対して利用者負担を除く介護給付費[1)]は、2000（平成12）年のスタート時が3.6兆円だったのに対し、2010（平成22）年度には7.8兆円、2019（平成31・令和元）年度には11.7兆円と約３倍に増加した。

今後、団塊の世代が後期高齢者になっていく（2025年問題）なかで、介護給付費はますます増加していくことが予測される。そうなるとサービスの質を担保するためには保険料、税金、利用者負担のいずれかを上げなければならなくなり、それを少しでも抑えていくためには、保健指導・健診をはじめとする各種予防やリハビリテーション等にさらに力を入れていくことが求められる。

【注】

1）介護給付費は、介護保険に係る総費用でもあるが、事務コストや人件費などは含まれていなくて、これらは地方交付税により措置されている。

【参考文献】

蟻塚昌克『入門社会福祉の法制度―行財政の視点からみた全体図』（第３版）ミネルヴァ書房、2008年

坂田周一『社会福祉政策』（改訂版）有斐閣、2007年

厚生労働省組織図：https://www.mhlw.go.jp/kouseiroudoushou/saiyou/ikei/dl/soshikizu.pdf（厚生労働省ホームページ）

第6章

社会福祉施設と社会福祉の専門職

第１節　社会福祉施設

１．社会福祉施設と社会福祉事業

社会福祉施設は、「生活保護法」「児童福祉法」「老人福祉法」「介護保険法」「障害者総合支援法」「社会福祉法」等の法令や通知・通達に基づいた福祉関連の施設・社会福祉事業を指している。社会福祉事業は、「社会福祉法」第２条に規定されており、第一種社会福祉事業と第二種社会福祉事業に分かれている。第一種社会福祉事業とは、利用者への影響が大きいため、経営安定を通じた利用者の保護の必要性が高い事業、主として入所施設サービスになる。原則として、行政及び社会福祉法人が経営主体であり、都道府県知事への届出が必要である。その他の者が経営しようとするときは、都道府県知事等の許可が必要である。個別法により、保護施設並びに養護老人ホーム及び特別養護老人ホームは、行政及び社会福祉法人に限定されている。第二種社会福祉事業とは、比較的利用者への影響が小さいため、公的規制の必要性が低い事業、主として在宅サービスになる。経営主体の制限はなく、届出をすることにより事業経営が可能である。社会福祉施設及び福祉サービス事業は、高齢者、児童、心身障がい児者、生活困窮者等、社会生活を営む上で支援や育成、保護が必要な人に対して、自立生活を支援し、福祉の増進を図ることを目的としている。

社会福祉事業は、これまで社会福祉法人経営が中心であったが、2000（平成

12）年の介護保険制度の導入や1998（平成10）年の「特定非営利活動促進法」（NPO法）施行等によって、民間営利企業やNPO法人が参入することになった。社会福祉事業の担い手が多様化することで、競争の原理を働かせサービスの質の向上及び、時代の福祉ニーズに応じた福祉サービス事業の創設が図られた。

２．社会福祉施設の種類

次に、社会福祉施設及び福祉サービス事業の種類と定員を表６－１に記す。その中で社会福祉施設（第一種社会福祉事業）には、保護施設として「生活保護法」第38条に定める救護施設・更生施設・医療保護施設・授産施設・宿所提供施設がある。老人福祉施設としては「老人福祉法」第５条の３に定める、養護老人ホーム、軽費老人ホーム、老人福祉センター、特別養護老人ホームなどがある。その他「障害者総合支援法」第５条第11項に定める障害者支援施設、「売春防止法」第36条に定める婦人保護施設がある。婦人保護施設は「配偶者暴力防止法」第５条において「都道府県は、婦人保護施設において被害者の保護を行うことができる」と定め、ＤＶ被害者の保護施設としての側面も強い。児童福祉施設としては「児童福祉法」第７条第１項に定める、乳児院、母子生活支援施設、児童養護施設、障害児入所施設、児童心理治療施設、児童自立支援施設がある。入所（入居）できる施設としては、「介護保険法」に定める介護保険施設の介護老人福祉施設（特別養護老人ホーム）・介護老人保健施設・介護医療院などがある。

その他、福祉サービス事業（第二種社会福祉事業）は多岐にわたり、表６－１に記されていない社会福祉事業も多く存在する。そこで、主要なものを高齢者福祉、障害者福祉、児童福祉と各分野に分け、次の通りまとめた。

まず、高齢者福祉関連（「老人福祉法」・「介護保険法」等）の社会福祉事業は表６－２の通りである。高齢者福祉分野では、高齢化及びニーズの多様化に伴い、高齢者の介護を社会全体で支え合う仕組みとして、2000（平成12）年に介護保険制度が導入された。特に、住み慣れた地域で生活が継続できるための居宅サービス、地域密着型サービス等の充実が図られている。従来からの「老人福祉法」に規定されていた福祉事業に加え、時代の流れに応じて社会福祉

表6–1　社会福祉施設の種類と定員

	施設数	定員（人）
総　数	78,724	3,925,712
保護施設	288	19,135
救護施設　＊	183	16,475
更生施設　＊	20	1,418
医療保護施設　＊	56	·
授産施設　＊	15	470
宿所提供施設　＊	14	772
老人福祉施設	5,262	158,338
養護老人ホーム　＊	946	62,962
養護老人ホーム（一般）	894	60,138
養護老人ホーム（盲）	52	2,824
軽費老人ホーム　＊	2,319	95,376
軽費老人ホーム　Ａ型	191	11,202
軽費老人ホーム　Ｂ型	12	518
軽費老人ホーム（ケアハウス）	2,035	82,267
都市型軽費老人ホーム	81	1,390
老人福祉センター	1,997	·
老人福祉センター（特Ａ型）	237	·
老人福祉センター（Ａ型）	1,320	·
老人福祉センター（Ｂ型）	440	·
障害者支援施設等	5,636	189,939
障害者支援施設　＊	2,561	138,941
地域活動支援センター	2,935	49,157
福祉ホーム	140	1,842
身体障害者社会参加支援施設	315	·
身体障害者福祉センター	154	·
身体障害者福祉センター（Ａ型）	36	·
身体障害者福祉センター（Ｂ型）	118	·
障害者更生センター	4	·
補装具製作施設	14	·
盲導犬訓練施設	13	·
点字図書館	72	·
点字出版施設	10	·
聴覚障害者情報提供施設	48	·
婦人保護施設　＊	46	1,215
母子・父子福祉施設	60	·
母子・父子福祉センター	58	·
母子・父子休養ホーム	2	·
児童福祉施設等	44,616	2,980,969
助産施設　＊	385	·
乳児院　＊	142	3,870
母子生活支援施設　＊	219	4,513
保育所等	28,737	2,787,946
幼保連携型認定こども園	5,144	517,784
保育所型認定こども園	882	98,165
保育所	22,711	2,171,997
地域型保育事業所	6,441	99,802
小規模保育事業所Ａ型	4,033	68,871
小規模保育事業所Ｂ型	805	12,901
小規模保育事業所Ｃ型	99	939
家庭的保育事業所	899	3,819
居宅訪問型保育事業所	10	16
事業所内保育事業所	595	13,257
児童養護施設　＊	609	31,365
障害児入所施設（福祉型）　＊	255	9,280
障害児入所施設（医療型）　＊	218	21,069
児童発達支援センター（福祉型）	601	18,818
児童発達支援センター（医療型）	98	3,199
児童心理治療施設　＊	49	2,059
児童自立支援施設　＊	58	3,561
児童家庭支援センター	130	·
児童館	4,453	·
小型児童館	2,593	·
児童センター	1,726	·
大型児童館Ａ型	15	·
大型児童館Ｂ型	4	·
大型児童館Ｃ型	−	·
その他の児童館	115	·
児童遊園	2,221	·
その他の社会福祉施設等	22,501	576,116
授産施設	61	·
無料低額宿泊所	448	·
盲人ホーム	19	·
隣保館	1,066	·
へき地保健福祉館	32	·
有料老人ホーム（サービス付き高齢者向け住宅以外）	15,134	576,116
有料老人ホーム（サービス付き高齢者向け住宅であるもの）	5,741	·

第一種社会福祉事業に＊を付記（筆者作成）

出典：厚生労働省「令和元年社会福祉施設等調査の概況」

令和元年10月1日現在

表6-2　高齢者福祉関連

施設名・根拠法	施設の目的
特別養護老人ホーム （老人福祉法第 20 条の 5）	64 歳以上で、身体上又は精神上著しい障害があるために常時の介護を必要とし、かつ、居宅においてこれを受けることが困難な人を入所させ、養護することを目的とする施設。 介護保険：介護老人福祉施設（介護保険法第 8 条第 27 項）
養護老人ホーム （老人福祉法第 20 条の 4）	65 歳以上で、環境上及び経済的理由により居宅において養護を受けることが困難な人を入所させ、必要な援助を行う施設。
軽費老人ホーム （社会福祉法第 65 条） （老人福祉法第 20 条の 6）	無料又は低額な料金で、老人を入所させ、食事の提供その他日常生活上必要な便宜を供与することを目的とする施設。
介護老人保健施設 （介護保険法第8条第28項）	要介護者に対し、施設サービス計画に基づいて、看護、医学的管理の下における介護及び機能訓練等必要な医療、日常生活上の支援を行うことを目的とする施設。
介護医療院 （介護保険法第8条第29項）	要介護者で、長期にわたり療養が必要である人に、療養上の管理、看護、医学的管理のもと介護及び機能訓練その他必要な医療、日常生活上の支援を行うことを目的とする施設。
サービス付高齢者向け住宅 （高齢者住まい法第 5 条）	高齢者向けの賃貸住宅又有料老人ホームに、高齢者を入居させ、状況把握サービス、生活相談サービス等の福祉サービスを提供する住宅。
有料老人ホーム （老人福祉法第 29 条）	高齢者を入居させ、入浴、排せつ、食事の介護、食事の提供、洗濯、掃除等の家事、健康管理をする事業を行う施設。介護付・住宅型・健康型がある。
認知症高齢者グループホーム （老人福祉法第 5 条の 2 第 6 項）	要介護者で認知症のある人に、共同生活を営むべき住居において、入浴、排せつ、食事の介護等、日常生活上の支援、機能訓練を行う。 介護保険：認知症対応型共同生活介護（介護保険法第 8 条第 20 項）
小規模多機能型居宅介護 （介護保険法第8条第19項）	居宅要介護者で、心身の状況、置かれている環境等に応じて、「通所」「訪問」「宿泊」を組み合わせ、入浴、排せつ、食事の介護等、日常生活上の支援、機能訓練を行う。
訪問介護 （介護保険法第 8 条第 2 項）	訪問介護員による「生活援助」「身体介護」「相談」等、生活全般にわたる援助を行う。 なお看護師等による健康チェックや療養上のサービスを訪問看護という（同法第 8　条第 4 項）。
通所介護 （介護保険法第 8 条第 7 項）	居宅要介護者をデイサービスセンターに通わせ、入浴、排せつ、食事の介護等、日常生活上の支援、機能訓練を行う。
通所リハビリテーション （介護保険法第 8 条第 8 項）	居宅要介護者を介護老人保健施設、介護医療院、病院等施設に通わせ、心身の機能維持、自立生活支援等、リハビリテーションを行う。
短期入所生活介護 （介護保険法第 8 条第 9 項）	居宅要介護者を介護老人福祉施設などに短期間入所させ、入浴、排せつ、食事の介護等、日常生活上の世話、機能訓練を行う。なお介護老人保健施設等医学的管理下の施設に短期間入所させるサービスは短期入所療養介護という（同法第 8 条第 10 項）。
老人福祉センター （老人福祉法第 20条の 7）	無料又は低額な料金で、高齢者の相談、健康の増進、教養の向上、レクリエーションのための便宜を総合的に供与することを目的とする施設。

法令を基に筆者作成

表6-3　障害者福祉関連

施設、サービス名・根拠法	サービス内容	障害支援区分
居宅介護（障害者総合支援法第5条第2項）	居宅において、入浴、排せつ、食事等の介護、調理、洗濯、掃除等の家事、生活に関する相談、助言など生活全般にわたる援助を行う。	区分1以上（身体介護を伴う通院等介助は区分2以上）
重度訪問介護（同法第5条第3項）	重度の肢体不自由者・知的障害・精神障害により行動上著しい困難を有する人で、常時介護を要する人に、居宅において入浴、排せつ、食事等の介護、外出時の移動支援、生活に関する相談など生活全般にわたる援助を行う。	区分4以上
同行援護（同法第5条第4項）	移動が困難な視覚障害者等につき、外出時の移動に必要な情報の提供、移動の援護など必要な援助を行う。	なし
行動援護（同法第5条第5項）	知的・精神障害により行動上著しい困難があり、常時介護を要する人に、排せつ、食事等の介護、危険を回避するための援護等、行動する際に必要な援助を行う。	区分3以上
療養介護（同法第5条第6項）	医療的なケアと常時介護を要する人に、主に昼間、医療機関で機能訓練、療養上の管理、看護、医学的管理のもと、介護及び日常生活上の世話を行う。	区分6または5
生活介護（同法第5条第7項）	常時介護を要する人に、主に昼間、入浴、排せつ、食事等、日常生活上の支援、創作的活動や生産活動の機会を提供し、身体機能や生活能力の向上に向けた支援を行う。	区分3（50歳以上は2）以上（施設入所の場合は1上がる）
短期入所（同法第5条第8項）	介護者が疾病等で介護が困難な場合など短期間、障害者支援施設等に入所をさせて、入浴、排せつ、食事の介護など必要な支援を行う。	区分1以上
重度障害者等包括支援（同法第5条第9項）	常時介護を要し、その程度が著しく高い人に、必要とする障害福祉サービスを包括的に提供する。	区分6
施設入所支援（同法第5条第10項）	障害者支援施設に入所する人に、主に夜間、入浴、排せつ、食事の介護、生活等に関する相談、助言など必要な日常生活上の支援を行う。	区分4以上（50歳以上は3以上）
自立訓練（機能訓練・生活訓練）（同法第5条第12項）	自立した日常生活や社会生活が送れるように、一定期間、理学療法、作業療法等身体機能の維持向上や日常生活を営むのに必要な生活能力の維持向上のための必要な訓練を行う。	障害支援区分の要件なし
就労移行支援（同法第5条第13項）	一般企業等で就労を希望する人に、一定期間、就労に必要な知識、能力の向上のために必要な訓練、求職活動に関する支援、相談など必要な支援を行う。	
就労継続支援（A型・B型）（同法第5条第14項）	一般企業などで就労が困難な人に、生産活動など活動の機会を提供し、就労に必要な知識、能力の向上のために必要な訓練を行う。（A型は雇用型、B型は非雇用型）	
就労定着支援（同法第5条第15項）	就労移行支援等を利用して、一般就労に就いた人等に就労の継続を図るため、連絡調整や雇用に伴い生じる日常生活、社会生活を営む上での課題に関する相談、指導、助言など必要な支援を行う。	
自立生活援助（同法第5条第16項）	障害者支援施設等利用後、居宅において一人暮らしを希望する人等に、定期的な巡回訪問や随時対応訪問、相談など自立した日常生活を営む上での必要な援助を行う。	
共同生活援助（グループホーム）（同法第5条第17項）	主に夜間、共同生活を営む住居において、相談や入浴、排せつ、食事の介護など必要な日常生活上の援助を行う。	

法令を基に筆者作成

表6-4　児童福祉施設関連

施設名・根拠法	施設の目的
助産施設 （児童福祉法 36 条）	保健上必要があるにもかかわらず、経済的理由により、入院助産を受けることができない妊産婦を入所させて、助産を受けさせることを目的とする施設。
乳児院 （児童福祉法 37 条）	乳児（保健上、安定した生活環境の確保その他の理由により特に必要のある場合には、幼児を含む。）を入院させて、これを養育し、あわせて退院した者について相談その他の援助を行うことを目的とする施設。
母子生活支援施設 （児童福祉法 38 条）	配偶者のない女子又はこれに準ずる事情にある女子及びその者の監護すべき児童を入所させて、これらの者を保護するとともに、これらの者の自立の促進のためにその生活を支援し、あわせて退所した者について相談その他の援助を行うことを目的とする施設。
保育所 （児童福祉法 39 条）	保育を必要とする乳児・幼児を日々保護者の下から通わせて保育を行うことを目的とする施設。特に必要があるときは、保育を必要とするその他の児童を日々保護者の下から通わせて保育することができる。
幼保連携型認定こども園 （児童福祉法 39 条の 2）	義務教育及びその後の教育の基礎を培うものとしての満３歳以上の幼児に対する教育及び保育を必要とする乳児・幼児に対する保育を一体的に行い、これらの乳児又は幼児の健やかな成長が図られるよう適当な環境を与えて、その心身の発達を助長することを目的とする施設。
児童厚生施設 （児童福祉法 40 条）	児童遊園、児童館等児童に健全な遊びを与えて、その健康を増進し、又は情操をゆたかにすることを目的とする施設。
児童養護施設 （児童福祉法 41 条）	保護者のない児童（乳児を除く。ただし、安定した生活環境の確保その他の理由により特に必要のある場合には、乳児を含む。以下この条において同じ。）、虐待されている児童その他環境上養護を要する児童を入所させて、これを養護し、あわせて退所した者に対する相談その他の自立のための援助を行うことを目的とする施設。
障害児入所施設　（福祉型） （児童福祉法 42 条 1 号）	障害児を入所させて、保護、日常生活の指導及び独立自活に必要な知識技能の付与を目的とする施設。
（同法 42 条 2 号）（医療型）	障害児を入所させて保護、日常生活の指導、独立自活に必要な知識技能の付与及び治療を目的とする施設。
児童発達支援センター （福祉型）	障害児を日々保護者の下から通わせて、日常生活における基本的動作の指導、独立自活に必要な知識技能の付与又は集団生活への適応のための訓練を目的とする施設。
（児童福祉法 43 条 1 号） （同法43条2号）（医療型）	障害児を日々保護者の下から通わせて、日常生活における基本的動作の指導、独立自活に必要な知識技能の付与又は集団生活への適応のための訓練及び治療を目的とする施設。
児童心理治療施設 （児童福祉法 43 条の 2）	家庭環境、学校における交友関係その他の環境上の理由により社会生活への適応が困難となった児童を、短期間入所させ、又は保護者の下から通わせて、社会生活に適応するために必要な心理に関する治療及び生活指導を主として行い、あわせて退所した者について相談その他の援助を行うことを目的とする施設。
児童自立支援施設 （児童福祉法 44 条）	不良行為をなし、又はなすおそれのある児童及び家庭環境その他の環境上の理由により生活指導等を要する児童を入所させ、又は保護者の下から通わせて、個々の児童の状況に応じて必要な指導を行い、その自立を支援し、あわせて退所した者について相談その他の援助を行うことを目的とする施設。
児童家庭支援センター （児童福祉法 44 条の 2）	地域の児童の福祉に関する各般の問題につき、児童に関する家庭その他からの相談のうち、専門的な知識及び技術を必要とするものに応じ、必要な助言を行うとともに、市町村の求めに応じ、技術的助言その他必要な援助を行うほか、法の規定による指導を行い、あわせて児童相談所、児童福祉施設等との連絡調整その他厚生労働省令の定める援助を総合的に行うことを目的とする施設。
母子・父子福祉センター （母子及び父子並びに寡婦福祉法第 39 条第 2 項）	無料又は低額な料金で、母子家庭等に対して、各種の相談に応ずるとともに、生活指導及び生業の指導を行う等母子家庭等の福祉のための便宜を総合的に供与することを目的とする施設。
母子・父子休養ホーム （母子及び父子並びに寡婦福祉法第 39 条第 2 項）	無料又は低額な料金で、母子家庭等に対して、レクリエーションその他休養のための便宜を供与することを目的とする施設。

法令を基に筆者作成

サービスも多様化している。「老人福祉法」での名称と介護保険での施設やサービス名称が異なるものがあるので表記している。

次に、障害者福祉関連（「障害者総合支援法」）は表６－３の通りである。障がい者施設及びサービスは、従来、身体障害、知的障害、精神障害といった障害の種別ごとに、それぞれ入所施設、通所施設に分かれサービスが提供されていた。2005（平成17）年、「障害者自立支援法」の成立と翌年の施行により、各種福祉サービスが一元化された。サービス体系が「施設」「在宅」といった単位ではなく、「日中活動支援（日中サービス）」「居住支援（夜間サービス）」といった機能ごとに再編された。そして、2013（平成25）年に「障害者総合支援法」に改題し、現在は障がい者の就労の場を確保する支援、難病をサービス対象に含む等、総合的な支援の充実を図っている。また、障がいをもつ人が、住み慣れた地域で、その有する能力に応じ、自立した日常生活や社会生活を営むことができるよう、地域生活支援事業等が整備されている。

最後に、児童福祉関連（「児童福祉法」・「母子及び父子並びに寡婦福祉法」）は表６－４の通りである。児童福祉分野は、夫婦共働きや核家族化など、家庭での子育て機能の低下に伴い、就労前の子どもの教育・保育についての問題が顕在化し、2006（平成18）年に「就学前の子どもに関する教育、保育等の総合的な提供の推進に関する法律」 が制定され、認定こども園が創設された。また、2012（平成24）年「子ども・子育て関連３法」が成立し、小規模保育や保育ママなど保育の拡大が図られた。2015（平成27）年「子ども・子育て支援新制度」において、事業所内保育や放課後児童クラブなど表記以外にも様々な社会福祉事業が展開されている。

第２節　社会福祉の専門職

１．社会福祉従事者と社会福祉専門職

一般的に社会福祉に携わる人を社会福祉従事者と呼ぶ。前述の「社会福祉施設や福祉サービス事業」に関わる人は社会福祉従事者と言える。また、社会福

祉事業にはたくさんの人や職種が関わる。例えば、医師、看護師、保健師、助産師、理学療法士、作業療法士、言語聴覚士、歯科衛生士、管理栄養士、調理師・調理員、教師、行政職、民生委員などがあり連携を図り協働している。そのような人も加えると社会福祉従事者は多種多様といえる。

次に、社会福祉専門職を考えてみる。まず、専門職とは、「専門性を有する仕事」である。そして、社会福祉（social welfare）とは、「すべての人が幸福に暮らしていく取り組み」を示すため、社会福祉専門職は「すべての人が幸福（well-being）に暮らせるよう専門的知識・技術をもって支援する」ことができるエキスパートと言えよう。そのため、社会からの信頼が高く、社会的責任をともなう職業であり、専門性に基づいた実践ができることが求められる。わが国では資格制度があり、社会福祉専門職の代表的資格としては、社会福祉士、介護福祉士、精神保健福祉士、保育士などがそれにあたる。

2．社会福祉に関する資格

わが国の社会福祉の専門資格は、終戦後、1947（昭和22）年「児童福祉法」において、子どもの保護や支援を担う児童相談所に任用資格「児童福祉司」が配置され、翌年には保育に従事する任用資格「保母」が誕生したのが始まりである。1950（昭和25）年の新「生活保護法」において、生活保護などを担当する職員として都道府県におかれた福祉事務所に任用資格が定められている「社会福祉主事」が配置された。

その後、急速な高齢化の進行に伴う福祉需要の増加が著しく、世帯規模の縮小や扶養意識の変化、家庭介護力の低下も相まって、福祉サービスの社会化・多様化・高度化が進んだ。その結果、社会福祉専門職の国家資格化の必要性が高まり、1987（昭和62）年「社会福祉士及び介護福祉士法」が制定され、社会福祉の専門職に係る初めての国家資格「社会福祉士」「介護福祉士」が誕生した。1997（平成９）年には「精神保健福祉士法」が制定され、「精神保健福祉士」が加わった。「保育士」については、男女共同参画意識の高まりなどを受け、1999（平成11）年に保母資格から保育士資格へ名称変更し、2001（平成13）年「児童福祉法」が改正され、2003（平成15）年に国家資格となった。

社会福祉士、介護福祉士、精神保健福祉士、保育士には、各種職能団体が組織され、「倫理綱領」を定め、それぞれの専門職に望ましい価値態度や従うべき行動規範・義務を明文化し、専門性を担保している。社会福祉の専門職として、「①自己実現に向けて支援する②個人としての人権、個別のニーズを尊重する③対象者主体とし、自己選択・自己決定を促す④秘密保持・プライバシーを尊重する⑤多職種と連携協働する⑥資質向上及び後継者を育成する」などが挙げられる。

（1）国家資格

国家資格は「業務独占資格」と「名称独占資格」に分類できる。「業務独占資格」は、その資格がなければ業務を行うことができない専門職種で、医師や看護師、薬剤師、歯科衛生士などがある。「名称独占資格」は、その資格がなければ、その名称を名乗ることができない専門職種で、社会福祉士、介護福祉士、精神保健福祉士、保育士、調理師、公認心理師などである。「国家資格」を取得するために、養成教育や国家試験が課せられ、専門職として「高水準の能力」をもち、国が公認することにより「社会的信頼」が得られる。

（2）公的認定資格・任用資格

「公的認定資格」とは財団法人や社団法人、地方自治体などが実施し、各省庁・大臣によって認定される資格であり、介護支援専門員や訪問介護員、放課後児童支援員、子育て支援員などがある。

「任用資格」とは特定の職業や職位の任用に必要な資格であり、社会福祉主事、児童福祉司、児童指導員、児童自立支援専門員、児童生活支援員、母子支援員、母子自立支援員、身体障害者福祉司、知的障害者福祉司などがある。

（3）民間資格

「民間資格」とは民間の団体等が独自に設定した資格であり、福祉住環境コーディネーター、福祉レクリエーションワーカー、レクリエーション介護士、認知症ケア専門士、チャイルドマインダー、リトミック指導員、児童発達支援士、障害者スポーツ指導員など多数の資格が存在する。

3．社会福祉専門職の種類と役割

（1）国家資格

1）社会福祉士

社会福祉士とは、「登録を受け、社会福祉士の名称を用いて、専門的知識及び技術をもつて、身体上若しくは精神上の障害があること又は環境上の理由により日常生活を営むのに支障がある者の福祉に関する相談に応じ、助言、指導、福祉サービスを提供する者又は医師その他の保健医療サービスを提供する者その他の関係者（中略）との連絡及び調整その他の援助を行うこと（中略）を業とする者」をいう（「社会福祉士及び介護福祉士法」第２条第１項）。

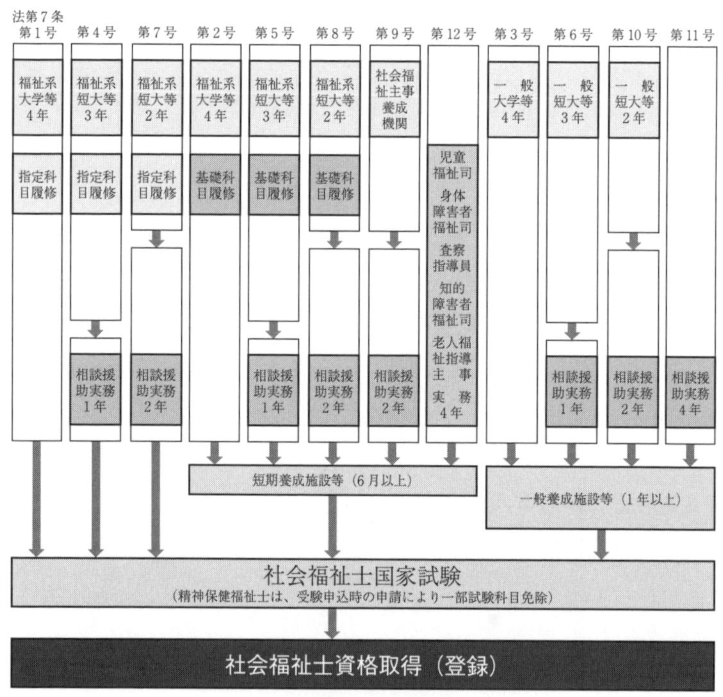

図6-1　社会福祉士資格取得ルート

出典：公益財団法人社会福祉振興・試験センター
http://www.sssc.or.jp/shakai/shikaku/route.html（最終閲覧日　2021.11.15）

社会福祉士の資格を取得するためには、国家試験に合格しなければならない。国家試験受験資格を取得する方法は、図６－１の通りである。

職域は、高齢者施設の相談員、医療ソーシャルワーカー、児童福祉施設の児童指導員・児童自立支援専門員・母子支援員、生活保護施設生活指導員、地域包括支援センターのソーシャルワーカー、公的相談機関相談員、スクールソーシャルワーカーなどがある。

２）介護福祉士

介護福祉士とは、「登録を受け、介護福祉士の名称を用いて専門的知識及び技術をもつて、身体上又は精神上に障害があることにより日常生活を営むのに支障がある者につき、心身の状況に応じた介護（喀痰吸引その他のその者が日常生活を営むのに必要な行為であつて、医師の指示の下に行われるもの（中略）

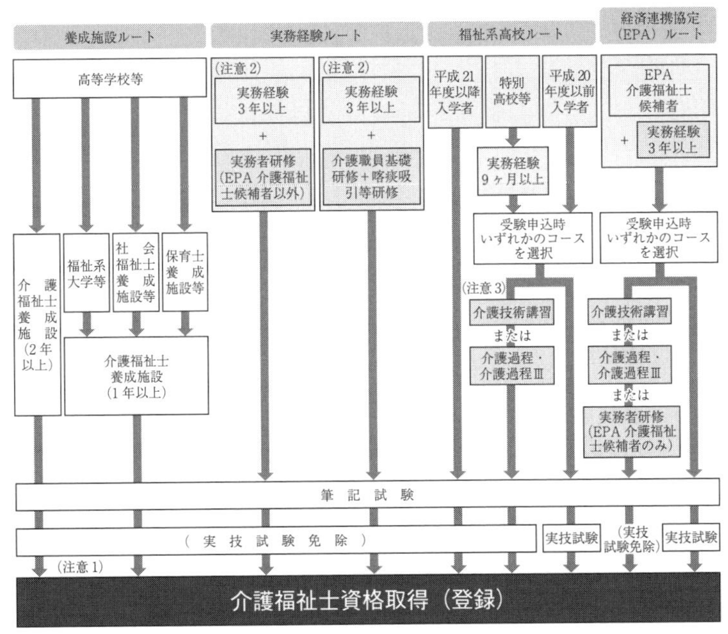

図6–2　介護福祉士資格取得ルート

出典：公益財団法人社会福祉振興・試験センター
http://www.sssc.or.jp/kaigo/shikaku/route.html　（最終閲覧日　2021.11.15）
図中の（注意１）～（注意３）については、上記ホームページを参照。

を含む）を行い、ならびにその者及びその介護者に対して介護に関する指導を行うこと（中略）を業とする者」をいう（「社会福祉士及び介護福祉士法」第２条第２項）。

介護福祉士の資格を取得するには、図６−２の通りである。どのコースであっても原則として介護福祉士の国家試験を受験し合格することとされている。しかし、外国人留学生等人材確保の観点から、国家試験完全義務化は2027（令和９）年度からとなった。2026（令和８）年度末までの養成施設卒業生は、国家試験を受験（合格）しなくても資格を得られる経過措置がある。この間に国家試験に合格するか、卒業後介護職として５年間従事することで、介護福祉士資格を継続して保有することができる。

職域は、特別養護老人ホームや老人保健施設、グループホーム、訪問介護事業所、有料老人ホーム、介護サービス付き高齢者向け住宅、福祉用具販売店、障害者支援施設、障害福祉サービス事業所などがある。

３）精神保健福祉士

精神保健福祉士とは、「登録を受け、精神保健福祉士の名称を用いて、精神障害者の保健及び福祉に関する専門的知識及び技術をもつて、精神科病院その他の医療施設において精神障害の医療を受け、又は精神障害者の社会復帰の促進を図ることを目的とする施設を利用している者の地域相談支援（中略）の利用に関する相談その他の社会復帰に関する相談に応じ、助言、指導、日常生活への適応のために必要な訓練その他の援助を行うこと（中略）を業とする者」をいう（「精神保健福祉士法」第２条）。

精神保健福祉士の資格を取得するには、図６−３の通りである。

職域は、医療機関、福祉行政機関、障害福祉サービス事業所、司法施設、その他ハローワークや社会福祉協議会などがある。

４）保育士

保育士とは、「登録を受け、保育士の名称を用いて専門的知識及び技術をもつて、児童の保育及び児童の保護者に対する保育に関する指導を行うことを業とする者」をいう（「児童福祉法」第18条の４）。

保育士の資格取得については、都道府県知事の指定する保育士を養成する学

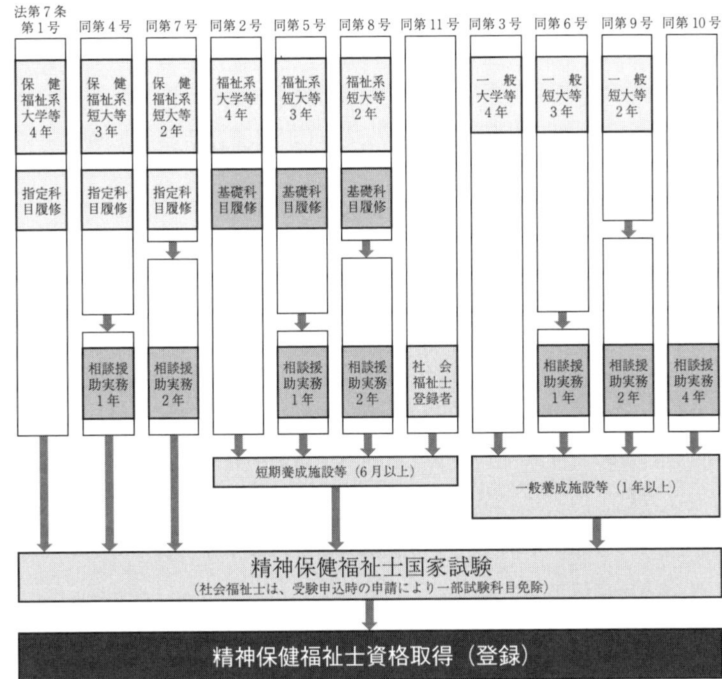

図6-3　精神保健福祉士資格取得ルート

出典：公益財団法人社会福祉振興・試験センター
http://www.sssc.or.jp/seishin/shikaku/route.html（最終閲覧日　2021.11.15）

校やその他施設の卒業者、または都道府県知事が行う保育士試験の合格者が保育士となる資格を有し、都道府県知事の登録をもって保育士となる。

職域は、保育所、認定こども園、児童養護施設、障害児入所施設、児童心理治療施設、児童発達支援センター、児童自立支援施設、乳児院などである。母子生活支援施設の母子支援員や学童保育の指導員の資格要件にも定められている。

2012（平成24）年８月に「子ども・子育て関連３法」が成立し、幼保連携型認定こども園に配置される職員は、原則として幼稚園教諭免許状と保育士資格の両方を有する保育教諭であることが規定されたが、2024（令和６）年度末までは、一方の免許状または資格で勤務ができる特例がある。また、同年度末まで、一方の免許状または資格を有する者で、３年かつ4,320時間以上の実務経験者には、所定科目８単位履修により免許状や資格の取得できる特例制度が実施されている。

その他、地域限定保育士資格がある。地域限定保育士とは、地域限定保育士試験に合格した地域（自治体）で働くことのできる保育士で、資格取得後３年間は当該自治体内のみ、４年目以降は全国で保育士として働くことができる。

（2）行政機関の専門資格

１）社会福祉主事

社会福祉主事は、「社会福祉法」第18条・第19条に規定されている。職務は福祉事務所などで「生活保護法」「児童福祉法」「母子及び父子並びに寡婦福祉法」「老人福祉法」「身体障害者福祉法」及び「知的障害者福祉法」に定める援護、育成又は更生の措置に関する事務を行うことである。また、社会福祉主事任用資格が必要な職種には、社会福祉施設の施設長や生活相談員等がある。

２）身体障害者福祉司

身体障害者福祉司は、「身体障害者福祉法」第11条・第11条の２・第12条に規定されている。職務は都道府県が設置する身体障害者更生相談所や市町村の福祉事務所などに配置され、身体障害者に関する相談・指導のうち、専門的な知識及び技術を必要とするものや身体障害者の職能判定などを行う。また、福祉事務所職員への技術的指導を行う。

３）知的障害者福祉司

知的障害者福祉司は、「知的障害者福祉法」第13条・第14条に規定されている。職務は、都道府県が設置する知的障害者更生相談所や市町村の福祉事務所などに配置され、知的障害者に関する相談・指導のうち、専門的な知識及び技術を必要とするものや身体障害者の職能判定、市町村間の連絡調整、情報交換などを行う。また、福祉事務所職員への技術的指導を行う。

４）児童福祉司

児童福祉司は、「児童福祉法」第13条以下に規定されている。職務は、都道府県が設置する児童相談所に配置される。職務は、児童の保護その他児童の福祉に関する事項について、相談に応じ、専門的技術に基づいて必要な指導を行う等児童の福祉増進に努めるとされている。

（3）介護福祉関連の専門資格

1）介護支援専門員

介護支援専門員とは、「介護保険法」第７条第５項において、要介護者又は要支援者（以下、要介護者等）からの相談に応じ、及び要介護者等がその心身の状況等に応じ各種サービス事業を行う者等との連絡調整等を行う者であって、要介護者等が自立した日常生活を営むのに必要な援助に関する専門的知識及び技術を有するものとして介護支援専門員証の交付を受けた者となっている。介護支援専門員は、保健・医療・福祉に係る法定資格を保有し実務経験が５年の者か、相談援助業務の実務経験が５年の者が国家試験を受験合格後、研修を受講し資格証の交付を受けた者がその職に就ける。

2）訪問介護員

訪問介護とは、居宅で生活する要介護者・要支援者や障がい者の自宅を訪問して、入浴、排せつ、食事等の身体介護や、調理、掃除、洗濯等の生活援助といった日常生活上の援助や生活等に関する相談や助言等を行うことをいう。

「介護保険法」第８条第２項より、「訪問介護」は「介護福祉士その他政令で定める者」が行う。「その他政令で定める者」とは、都道府県知事の行う介護員の養成に関する研修又は、各都道府県知事が指定した事業者が実施する「介護員養成研修」を修了し、修了証明書の交付を受けた者である。

（4）児童福祉関連の専門資格と職種

児童福祉関連の専門資格及び専門職は多岐にわたるため、主要なものを表６−５にまとめた。

４．社会福祉専門職の課題

わが国では、様々な産業において少子高齢化のあおりを受けて、人材不足となっている。特に社会福祉専門職においては顕著である。介護分野では、厚生労働省によると2025（令和７）年には、約245万人の介護職員が必要とされ、毎

表6-5　児童福祉関連専門資格・専門職

専門資格・専門職	配置場所と役割
児童指導員	児童指導員は、児童養護施設、障害児入所施設、児童発達支援センター、児童心理治療施設などに配置される職員で、児童の健全な成長、自立に向けた指導等を行う。
母子支援員、少年を指導する職員	母子支援員は母子生活支援施設において母子の支援、少年を指導する職員は、自立のための就職支援や育児相談、関係機関との連絡調整等を行う。
児童の遊びを指導する者（児童厚生員）	児童の遊びを指導する者は、児童厚生施設や地域子育て支援センターなどに配置される職員で、子どもの自主性や社会性、創造性を高め、地域での健全な育成を支援する。
児童自立支援専門員 児童生活支援員	児童自立支援専門員及び児童生活支援員は児童自立支援施設に配置される職員で、児童自立支援専門員は児童の自立支援、児童生活支援員は児童の生活支援を行う。
家庭支援専門相談員（ファミリーソーシャルワーカー）	家庭支援専門相談員は、児童養護施設や乳児院、児童心理治療施設、児童自立支援施設に配置される。虐待など家庭環境上の理由で施設に入所している児童の保護者との連絡調整をし、家庭復帰や里親委託など相談援助、子どもが施設を早期退所し、親子関係の再構築を図れるよう支援する。
里親支援専門相談員（里親支援ソーシャルワーカー）	里親支援専門相談員は、児童養護施設と乳児院に配置される職員で、所属施設の入所児童の里親委託を推進、退所児童のアフターケア、里親の新規開拓、里親向けの研修など、里親委託の推進、里親支援の充実を図る。
放課後児童支援員	放課後児童支援員は、学童保育施設（学童クラブ、放課後児童クラブなど）に配置される職員で、放課後の子どもが過ごす場所を提供し、遊びや学習を通して健全な育成を支援する。

法令を基に筆者作成

年６万人程度の人材の確保が必要である。保育分野では、2020（令和２）年４月１日時点の待機児童数は１万2,439人おり、待機児童解消のため保育の受け皿確保、保育人材確保等「子育て安心プラン」（2018（平成30）年度から３か年計画）を推進した。また、2021（令和３）年度から2024（令和６）年度までの４年間で約14万人分の保育の受け皿を整備することなどを内容とする「新子育て安心プラン」が推進されている。国の人材確保施策も様々実施されているが、今後も介護職員や保育士等社会福祉専門職の人材不足は継続すると考えられる。

そういった社会構造の変化のなか、高齢者や障がい者、子どもたちを地域全体で支援する仕組みの構築が図られている。例えば「地域包括ケアシステム」の導入がある。「地域包括ケアシステム」とは、地域の事情に応じて高齢者が、可能な限り、住み慣れた地域でその有する能力に応じ自立した日常生活を営むことができるよう、医療、介護、介護予防、住まい及び自立した日常生活の支援が包括的に確保される体制のことである。その他、地域の社会福祉協議会には、コミュニティソーシャルワーカー（CSW）が配置され、地域の福祉ニーズをキャッチし、福祉課題の解決に向け働きかけ、ネットワーク作りを行っている。このように、今後は地域の状況に即した支援が必要とされる中、人材確保及び質の高い人材の育成が求められている。

【参考文献】

1　厚生労働省『令和３年度版 厚生労働白書』

2　『国民の福祉と介護の動向2021/2022』一般財団法人 厚生労働統計協会（2021）

3　松井圭三・今井慶宗編者『現代社会福祉要説』ふくろう出版（2021）

4　公益財団法人児童育成協会監修『社会福祉』中央法規（2021）

5　井村圭壯・今井慶宗編者『社会福祉の拡大と形成』勁草書房（2019）

6　小宅理沙監修・中典子・今井慶宗編者『保育士・看護師・介護福祉士が学ぶ社会福祉』現代図書（2019）

7　厚生労働省HP「公表されている介護サービスについて」　https://www.kaigokensaku. mhlw.go.jp/publish/
「障害福祉サービスについて」https://www.mhlw.go.jp/stf/seisakunitsuite/bunya/hukushi_kaigo/shougaishahukushi/service/naiyou.html（最終閲覧日　2021.11.15）

第7章

社会保障及び関連制度の概要

第1節　イギリスの社会保障の沿革

社会保障は、イギリスが世界で先駆けて発展したといわれている。社会保障の最初の課題は貧困問題であり、今日も世界はその問題を抱えている。この貧困問題の対策がイギリスで展開された。

16世紀に入り、オランダから羊毛産業が伝わり、地主は農業をやめて、羊を飼い、農地から農民を追い出した。これを「囲い込み運動」とよんでいる。追い出された農民は、都市へ移動し物乞いをして生活をするようになった。

この状況に対して、時のヘンリー８世は「物乞い取締法」を制定し、物乞い者を処罰した。しかし、多くの物乞い者が存在し、処罰するだけでは対応が難しくなってきたのである。その改善のため、1601年に「エリザベス救貧法」を制定し、教区を単位に貧民監督官が貧困者の労働能力を判定し、労働能力のない子ども、障がい者、高齢者、病人等に対して、金銭給付を行ったのでる。労働能力のある健康体の貧困者は放置されることになった。

その後、同法は改正され、1662年に「定住法」（居住法）を制定した。これは教区で貧困者が金銭給付を受けるのは一定の期間としたものである。その期間が過ぎれば教区を移動する者が現れた。そのため「救貧法」の財政は悪化し、この法では貧困者の居住地のみでしか、金銭給付ができないことになった。

また、1722年に「ワークハウステスト法」が制定され、労働能力のある者は労役場で強制労働を強いられ、労働能力のない者は施設に入所し、処遇を受けることになった。いわゆる「院内救済」の始まりである。

18世紀後半に起こった産業革命はイギリスの社会に大きな影響を及ぼすことになった。同革命は、石炭を動力とする機械製工業が発展し、大量生産、大量消費の先駆けとなった。また、炭鉱、工場で働く労働者が必要となり、労役場にいた貧困者は地域へ帰り、炭鉱、工場で働くことになり、「貧困者の労働者化」が進められたのである。

この政策を進展させるため1782年に「ギルバート法」を制定した。同法は、「救貧法」の財源から賃金を補助する制度である。

さらに、1795年に「スピーナムランド制度」を創設した。これは、食費×家族人数により最低限の生活に必要な費用を規定し、これに満たない場合賃金を補助する制度である。この２つの制度は、貧困者を労働者にする政策であった。当時の最低生活費は、今日のナショナルミニマム（国民の最低限度の生活）を満たすものでなく、ニーズ（必要度）に即した制度ではなかった。加えて、資本家、経営者は、これらの制度を悪用し、どんどん賃金を下げていくため、賃金の補助が大きくなり、深刻な財政難に直面することになったのである。

この問題を改善するため、1834年に「新救貧法」を制定し、「ギルバート法」「スピーナムランド制度」は廃止され、前の「エリザベス救貧法」と同じく、地域の中で労働能力のない人たちを救済する制度へと後退することになった。

また、この制度は「劣等処遇の原則」を導入し、最低の労働者の賃金水準以下の給付水準として設定されることになった。この原則を後押ししたのが、マルサスが著した『人口論』であり、貧民救済することは、食料の増産が必要であるが、それは不可能であることを説き、世論を喚起した。この制度により、のちに労働者の運動へと発展し、「工場法」等の制定への道に進むことになる。

その後、19世紀末から20世紀の初めにかけて社会調査が実施され、「救貧法」の問題をあぶり出した。貧困の原因は社会の側にあり、資本主義の構造的矛盾を明らかにしたのである。有名なのはブースとラウントリーであり、彼らはロンドン、ヨーク市民の生活実態調査を行い、ラウントリーは貧困線を主張した。貧困線とは最低生活を維持する生活費の水準である。

これらの調査結果から、当時の自由党のロイド・ジョージ首相は、労働者の代表である労働党の台頭を恐れ、国民の不満をなだめるために数々の福祉政策を展開した。これを社会改良事業とよんでいる。具体的には、1902年「学校保健法」、1906年「学校給食法」、1908年「児童法」、同年「老齢年金法」、1909年「職業紹介法」、同年「住宅都市計画法」を制定し、一連の福祉政策を展開している。なお、1908年の「老齢年金法」は税を財源に低所得者の高齢者に金銭給付をするもので、社会保険ではない。

イギリスの社会保険の導入は、1911年「国民保険法」制定によってであり、健康保険と失業保険制度を初めて創設し、「救貧」から「防貧」へと政策の転換をした。また、ウエッブ夫妻が救貧法委員会で少数派報告をして「ナショナルミニマム」（最低限度の生活）を明らかにしている。国民の最低限度の生活を国が保障する考え方は、今日の社会保障の理念の１つとなっている。

イギリスはその後、第１次・第２次世界大戦を経験し、1942年に戦後の社会福祉のあり方を説いた「ベヴァリッジ報告」を公表した。これは、社会保険制度の導入を強く主張したものであり、防貧体制の強化が特徴である。具体的には①所得保障、②保健、③福祉、④教育、⑤住宅、⑥雇用に重点を置き、均一拠出、均一給付の導入を主張した。

これらイギリスの社会保障の沿革、特に公的扶助の原型や社会保険の導入は、わが国の社会保障に大きな影響を与えた。

第２節　社会保険の萌芽

イギリスの社会保険の導入は先述したが、世界で初めて社会保険を導入したのはイギリスでなく、ドイツであった。ドイツの産業革命は、イギリスより遅れて起こり、産業化、工業化が著しく進んだ。それゆえ、労働運動や社会主義運動が激しく展開され、国はその対応に迫られることになったのである。時の首相ビスマルクは、いわゆる「アメとムチ」政策を実施した。最初に1878年「社会主義者鎮圧法」を制定し、社会主義者を弾圧し、労働者の不満をなだめるため、1883年「疾病保険法」、1884年「労働者災害保険法」、1889年「老齢・疾病保険法」を制定したのであった。わが国の社会保険制度はドイツモデルが中核となっている。

第3節　わが国の社会保障の沿革

（1）戦前の社会保障の沿革

さかのぼれば、聖徳太子や武田信玄が行った慈恵事業、キリシタンや寺社が行った慈善事業が中心であり、江戸時代になるまで特に大きな変化はなかった。

明治時代になり、富国強兵、殖産興業をめざすわが国では、1874（明治７）年にわが国で初めての社会福祉立法である「恤救規則」がつくられた。この規則は、家族や地域の支援からこぼれた人々を救済するものであるが、今日のような人権的な視点はなかった。労働能力のない者に対して、男性は米３合代、女性は米２合代を支給する金銭給付であった。制定当初の規定では給付期間は50日を限度とされ、それ以後の救済はなかった（この部分は1876（明治９）年には廃止)。施し的な施策といえる。

その後、1929（昭和４）年に「救護法」を制定し、「恤救規則」は廃止されたが、同法の特徴も人権的な視点はなく、施し的な支援に留まっていた。この法は「生活扶助」「生業扶助」「出産」「葬祭」があり、後の生活保護制度の原型となっている。また、低所得者の高齢者を対象とした養老院が創設され、現在の養護老人ホームのさきがけとなっている。この他に宗教家による慈善事業が展開され、ボランティアの原型が開花したが、体系化されるのは戦後を待たなければならなかった。

（2）戦後の社会保障の沿革

第２次世界大戦に敗れたわが国は、戦後の国の復興が大きな政策課題となり、GHQ（連合国軍総司令部）の指導の下、1946（昭和21）年に「日本国憲法」を制定した。この憲法の25条の生存権規定が社会保障の発展の礎となり、「生活保護法」「児童福祉法」「身体障害者福祉法」が制定され、福祉三法から社会福祉は戦後出発することになった。

また、1950（昭和25）年に起きた朝鮮戦争を境に、わが国の工業化、産業化が進展し、いわゆる高度経済成長の下、1961(昭和36)年「皆保険」「皆年金」を実施した。国民の生活が向上し、経済成長によりパイが広がり、税、保険料も増収となり、「精神薄弱者福祉法」「老人福祉法」「母子福祉法」等の対象者別の法が制定されていった。

1973(昭和48)年に「老人福祉法」の改正により、70歳以上の低所得の高齢者の医療費の無料化が施行され、社会保障発展のピークを迎えるが、同年の石油ショックにより、社会保障を後退させる政策への転換を余儀なくされた。「老人医療費の無料化」が、老人医療費の増大を招き、社会的入院も増加し、これらに対する国民の負担が石油ショック以後困難となったのである。それゆえ、老人医療費を適正化するため、国は1982(昭和57)年に「老人保健法」を制定し、老人の一部負担を課し、40歳以上を対象とした保健事業を市町村に担わせ、生活習慣病等の予防に力を入れた。しかし、老人医療費の適正化は困難であった。

その後、1989(平成元)年、国の福祉関係三審議会合同企画分科会はこれからの社会福祉のあり方を公表し、高齢者、身体障がい者の担い手は市町村とし、民間の参入を認める供給主体の多様化を提言した。これを受けて、1990(平成2)年に社会福祉関係八法の改正を行い、提言の内容を実現する制度改正を行った。高齢者保健推進十か年戦略(ゴールドプラン)の実施も、この改正に委ねられた。

1994(平成6)年には「新ゴールドプラン」「エンゼルプラン」、1995(平成7)年には「障害者プラン」が策定され、国の計画の下、サービス量の整備が整えられ、1997(平成9)年には「介護保険法」が制定され、介護の社会化がなされたのであった。

加えて、1999(平成11)年には、これまでの「社会福祉事業法」を改正するなど、社会福祉基礎構造改革が行われた。社会福祉の価値観の転換がなされ、これまでの「措置制度」から利用者がサービス事業所、施設を選ぶ「契約制度」へ変化した。サービスを受けた時の自己負担も所得に応じた「応能負担」から、すべての利用者が利用量などに応じて負担する「応益負担」、また民間の参入を大幅に認める供給主体の多様化など利用者中心のサービスとしての位置づけとなった。さらに判断能力を失うなどした利用者の代理人制度である「成年後見制度」が構築された。

2012（平成24）年には、当時政権を担っていた旧民主党等において、2025（令和７）年までの社会保障、社会福祉のあり方をめざした「社会保障と税の一体改革」案がまとまり、実現に動き出した。しかし、参議院で与党は過半数を得ていないため、旧民主党は当時の野党の自民党、公明党に働きかけ、同年３党で合意し、社会保障制度改革国民会議を発足させ、翌年同会議は報告を公表した。消費税を10％に引き上げることにより、財源を確保し、「年金」「医療」「介護」だけでなく、「子育て支援」にも消費税を使用することとして、数々の改革を行うことになった。2015（平成27）年にスタ－トした「子ども・子育て支援新制度」はこの政策の１つである。

2019（令和元）年に当時の安倍首相は、2040（令和22）年のわが国の社会保障のあるべき姿を実現するため、全世代型社会保障検討会議を発足させ、同年中間報告を公表した。後任の菅首相は、2021（令和３）年に最終報告を受けた後、一連の社会保障改革を行った。例えば、パート労働者の厚生年金保険の適用の拡大や75歳以上の後期高齢者医療の自己負担の引き上げ、高齢者雇用における70歳以上の企業の再雇用等の義務付けなどであった。

このように社会保障、社会福祉の動向は著しく、少子高齢化における時代の要請にあった政策が展開されていった。

第４節　社会保険とは

私たちは病気やけが、失業等人生の中でいろいろなリスクを抱えて生きている。この社会的リスクに対応する制度が社会保険である。

憲法25条の生存権に基づいて人間らしい生活を送る権利が保障されているが、社会保険が何を意味するのか憲法に規定がない。そこで、1950（昭和25）年、社会保障制度審議会が勧告を出し、社会保障の概念が明らかになった。「社会保障制度とは、疾病、負傷、分娩、多子、その他困窮の原因に対し、保険的方法又は直接の公の負担において経済的保障の途を講じ、生活困窮に陥った者に対しては、国家扶助によって最低限度の生活保障をするとともに、公衆衛生及び社会福祉の向上を図り、もってすべての国民が文化的社会の成員たるに値する生活を営むことができるようにすることをいう」というものである。

このように社会保障が上位概念、社会福祉を下位概念としてとらえており、特に社会保険が中心となり、生活保護や社会福祉が補完する構造になっている。

なお、社会保険は強制加入であり、一人ひとり保険料の納付が義務づけられており、社会的事故にあった場合、みんなで助け合う連帯互助のしくみとなっている。この社会保険は、保険料だけでなく、税の投入もあり、税と保険料をミックスした制度である。また、生活保護や社会福祉等は税を中心とする財源で賄われている。

第５節　社会保険の種類

わが国の社会保険は、現在５つ存在している。「年金保険」「医療保険」「介護保険」「雇用保険」「労働者災害補償保険」である。社会保険に加入できないあるいはそれが十分でない場合等においては、公的扶助で対応する。ただし、公的扶助は私的扶養が優先となっており、他法が優先されるため、公的扶助の前に他の制度を受けなければならない。また、本人の持っている資産、能力等を生活費に充当し、国が決めた最低生活費の差額を補填する補足給付的な特性を持っている。加えて、公的扶助は、社会保険と違って、給付決定前に資産調査（ミーンズテスト）がある。

このように社会保険と公的扶助によって、私たちの生活のリスクに対して、公的な対応する制度として機能している。社会保険の給付以上のサービスを希望する場合、経済市場において一般の商品として購入することが求められている。

（1）年金保険

戦前に恩給や「船員保険」や「労働者年金保険」（のちに厚生年金保険）等が創設されたが、今日の公的年金が進展したのは戦後からで、「共済年金」「厚生年金」「国民年金」へと制度化され、1985（昭和60）年に20歳から60歳の国民を対象とした「基礎年金」が制度化された。その後「共済年金」「厚生年金」を統合し、現在は１階に「国民年金」（基礎年金）、２階に「厚生年金」が置かれている。「基礎年金」の中に、「老齢基礎年金」「障害基礎年金」「遺族基礎年金」等があり、「厚生年金」に「老齢厚生年金」「障害厚生年金」「遺族厚生年金」等があり、保険料や納付期間等により年金額が決められている。

（2）医療保険

戦前において農民等の非被用者を対象とした「国民健康保険」があったが、体系化されたのは戦後からである。今日、公務員や私学教職員を対象とした「共済組合」、中小企業等の被保険者を対象とした「全国健康保険協会管掌健康保険」（協会けんぽ）、大企業等の被保険者を対象とした「組合管掌健康保険」、自営業者等の非被用者を主な対象とした「国民健康保険」がある。船員は船員保険がある。傷病等の医療等と傷病手当金や出産手当金、出産育児一時金等の金銭給付も制度化されている。

（3）後期高齢者医療

75歳以上（一定の障がいのある65歳以上も含む）を対象とした同制度は、2008（平成20）年から施行されている。都道府県ごとに全市区町村が加入する広域連合が保険者となり、市区町村が保険料徴収等の事務を行っている。本人の自己負担は、所得により、１割から３割の負担となっている。同制度による医療費の負担の内訳は、高齢者の保険料１割、各医療保険者４割、公費５割で構成されている。なお、船員の場合は、75歳以降は後期高齢者医療制度と船員保険に二重に加入することとなる。

（4）介護保険

1963（昭和38）年「老人福祉法」が制定され、在宅、施設サービス等は公費による措置制度で運営されてきた。1997（平成９）年には、社会保険としての「介護保険法」が制定され、国民全体で介護を支える社会化が目的とされた。

同法の対象は、40歳以上の者であり、医療、保健、福祉が統合され、介護サービスを提供した事業者には介護報酬が支払われ、ケアプランの作成はケアマネジャー（介護支援専門員）が行い、在宅、施設サービスの提供時には、利用者は所得に応じて１割から３割を負担するしくみである。なお、保険者は市区町村である。

（5）雇用保険

私たちの生活において、失業等が生活困窮の要因となる場合が多い。この失業等に対応するため失業保険制度が創設されたが、現在は雇用保険制度が担っている。従来の失業だけでなく、資格、免許等取得を後押しする「教育訓練給付」等や育児休業に対する所得を補償する「育児休業給付」、介護休業時の所得を補償する「介護休業給付」等が完備されている。同保険の管理運営は厚生労働省が行っており、地域の窓口はハロ－ワークである（ただし、船員の場合は、一部の手続窓口は地方運輸局や運輸支局・海事事務所である）。保険料は労使折半であるが労働者の福祉の増進のため使用者の保険料は若干高くなっている。

（6）労働者災害補償保険

仕事上の傷病、死亡、通勤途上の事故による傷病、死亡に対して同保険制度から給付を行っている。同保険の管理運営も厚生労働省が担っており、地域の窓口は労働基準監督署である。この他にも、事業所等から給与の支払いがない場合、同制度から本人に支払いがなされる立て替え払い制度も完備されている。同保険の保険料は、労働者の負担はなく、使用者の全額負担となっている。

第６節　生活困窮者自立支援制度

生活保護制度は、すべての財産、資産を失い、かつ私的扶養が受けられない場合、最後に利用できる制度である。したがって、生活困窮した場合何一つ制度の対象にならず、放置されることもあり、社会問題になっていた。

同法の対象は規定がなく、生活に際し問題があった場合誰でも相談できるのが特徴である。相談窓口は、市区町村であり、具体的な事業として、①生活困窮者自立相談支援事業、②生活困窮者住居確保給付金、③生活困窮者生活準備支援事業、④生活困窮者一時生活支援事業、⑤生活困窮者家計改善支援事業があり、2018（平成30）年の改正により、生活困窮者の自立支援の強化がはかられ、①包括的な支援体制の強化、②子どもの学習・生活支援事業の強化、③居住支援の強化が追加された。

第７節　生活保護法とは

1946（昭和21）年に同法が制定されたが、1950（昭和25）年に新しい同法が制定され、その後数次にわたって改正され、今日に至っている。憲法25条生存権の理念に基づいて、私たちの最低生活を保障する安全網（セーフティネット）として位置づけられている。基本原理として、「国家責任の原理」「無差別平等の原理」「最低限度の生活保障の原理」「補足性の原理」があり、この「補足性の原理」は自分の持っている財産、資産等を生活に充当し、それでも最低生活が営むことが困難な時、生活保護が受給できるというものである。また、運用上の原則は「申請保護の原則」「基準及び程度の原則」「必要即応の原則」「世帯単位の原則」があり、さらに同時に被保護者の権利、義務が規定されている。

生活保護のサービスは、８つの扶助から構成され、利用者のニーズによって、それぞれのサービスを受けることができる。また、同法の施設は、「救護施設」「更生施設」「医療保護施設」「授産施設」「宿所提供施設」の５つである。なお、同法の実施機関は福祉事務所であり、都道府県、市及び一部の町村に置かれている。保護受給者は、原則として自立支援プログラムの受講が義務づけられ、ハローワークと連携を取りながら、就労コーディネーターによる支援が行われている。昨今のコロナ禍の影響により、保護受給者は増加傾向にある。

最後に保護の特徴や廃止の理由である。高齢者、母子、障がい者世帯が保護を受けるケースが多い。高齢者世帯の割合が現在過半数を超えており、生活保護が公的年金の代替になっている。全世帯において保護廃止に至ったケースは死亡が多く、保護の目的である自立支援による廃止ではなく、新たな対応を検討しなければならない。

第８節　社会手当等

（１）児童手当

子どもの健全育成のため、1972（昭和47）年「児童手当法」が制定され、第３子以降の子どもを対象に保護者等に現金を給付していた。現在は子どもの年齢は０歳から15歳未満の者であり、１か月5,000円から１万5,000円を支給している。2021（令和３）年に同法は改正され、一定以上の所得制限の対象者の5,000円給付が、これから廃止になる予定である。なお、同手当の窓口は市区町村である。

（２）児童扶養手当

1961（昭和36）年「児童扶養手当法」が制定され、生別母子世帯にも経済的保障を公平に行うために、母子福祉年金の補充的制度として制度化された。現在は同法は母子、父子の生活の安定と自立の促進に寄与し、児童の福祉の増進を図ることを目的としている。支給額は全額支給の場合、児童１人１か月４万3,160円、２人１万190円、３人以降6,110円で一部支給もある。なお、窓口は市区町村であり、所得制限が課せられている。

（３）特別児童扶養手当

重度の障害児を有する保護者等を対象に、児童福祉の増進を図ることを目的に支給している。同手当は、「特別児童扶養手当等の支給に関する法律」に規定されている。同手当の支給額は１級（重度）で月額５万2,500円、２級（中度）で３万4,970円であり、所得制限が課せられている。なお、申請窓口は市区町村である。

（4）特別障害給付金

障害基礎年金を受給できなかった元学生等を対象に税財源で給付金を支給している。根拠法は「特定障害者に対する特別障害給付金の支給に関する法律」である。給付金額は１級５万2,450円、２級で４万1,960円である。なお、申請窓口は市区町村である。

（5）特別障害者手当

身体又は精神に重度の障がいを有する20歳以上の者を対象として、かつ在宅で常時介護が必要な場合、同手当を支給している。支給額は月額２万7,350円であり、施設の入所、医療機関の入院の場合は支給されない。所得制限を課している。申請窓口は市区町村であり、根拠法は「特別児童扶養手当等の支給に関する法律」である。

（6）障害児福祉手当

精神又は身体的に重度の障がいを有し、在宅で常時介護が必要な児童をもつ保護者等を対象に同手当を支給している。根拠法は「特別児童扶養手当等の支給に関する法律」であり、施設に入所していたり、病院に入院している場合支給されない。支給額は月額１万4,880円であり、所得制限が課されている。なお、申請の窓口は市区町村である。

（7）生活福祉資金の貸し付け

低所得者を対象として、公的に融資する制度である。また、民生委員・児童委員が相談、支援を行う。同資金は原則無利子であり、据え置き期間が設定され、償還期間も長期となっている。

同資金は「総合支援資金」「福祉資金」「教育支援資金」「不動産型担保型生活資金」の４種類である。申請窓口は市区町村社会福祉協議会である。なお、「不動産型担保型生活資金」は一定の居住不動産を担保に生活資金を融資する制度である。

（8）公営住宅

同住宅は生活に困窮する低所得者等に対して、低利用料金で住宅を供給する制度である。根拠法は「公営住宅法」である。入居資格要件は①同居親族要件、②入居収入基準、③住宅困窮要件があり、入居者の所得に応じて利用料金を負担するものである。同住宅の運営はおもに地方公共団体が担っている。

第９節　社会保障の財源

2019（平成31・令和元）年度の社会保障給付費は全体で123兆9,241億円である。内訳は年金が一番多く、55兆4,520億円、医療は40兆7,226億円、福祉その他が27兆7,494億円である。

また国の一般歳出予算は2020（令和２）年度は102兆6,580億円、国債発行が約32兆5,562億円、社会保障予算は約35兆8,608億円となっており、一般会計歳出において同予算は34.9％を占めている。

地方財政における民生費は2019（令和元）年度決算で都道府県、市町村で約26兆5,337億円、①「児童福祉費」、②「社会福祉費」、③「老人福祉費」、④「生活保護費」の順になっている。なお、その他の財源として共同募金は2020（令和２）年において約193億円である。以上見たように少子高齢化の影響や経済の低迷等により、どの財源も深刻な状況であり、「給付と負担」の見直しと財源の調達が大きな課題となっている。

第10節　社会保障の課題

社会保障制度の充実は、私たちの生活、健康、生命に大きく影響している。しかし、私たち一人ひとりのニーズ（要望）に完全に対応しているとは言えない。また、経済社会の変化により、正規労働者が減り、非正規労働者が増加している。同時に生活に困窮する人々が増えている現在、社会保障の役割はますます重要となっている。私たちの生存権を保障するナショナル・ミニマム（国民の最低限の生活）をどこに置くのか、所得の高い層の人に対しては、税や保険料を多く負担する、いわゆる累進的なしくみの構築が求められている。

私たち一人ひとりが社会保障のあり方とは何かを自問自答することが、これからの社会保障の未来を決することになることを忘れてはならない。

【参考文献】

１．松井圭三・今井慶宗編著『現代社会福祉要説』ふくろう出版　2021年
２．松井圭三編著『改訂新版よくわかる社会福祉概論』大学教育出版　2010年
３．『厚生労働白書令和３年版』日経印刷　2021年
４．『社会福祉の動向2020年』中央法規　2020年
５．『国民の福祉と介護の動向2020年』厚生労働統計協会　2020年

第8章

相談援助（直接援助技術）

第1節　相談援助とソーシャルワーク

相談援助は、保育士を含む社会福祉専門職が行う幅広い業務を指すものとされている。「社会福祉士及び介護福祉士法」の第２条において、「社会福祉士」は、「専門的知識及び技術をもつて、身体上若しくは精神上の障害があること又は環境上の理由により日常生活を営むのに支障がある者の福祉に関する相談に応じ、助言、指導、福祉サービスを提供する者又は医師その他の保健医療サービスを提供する者その他の関係者（第47条において「福祉サービス関係者等」という。）との連絡及び調整その他の援助を行うこと（第７条及び第47条の２において「相談援助」という。）を業とする者」[1)] と規定されている。また、「個人への支援から地域福祉の増進まで視野に入れて実践する専門職の活動はソーシャルワークであり、社会福祉士が行う「相談援助」と「ソーシャルワーク」は同義だと捉えることができる」[2)] とされている。このことは、保育士を含め、社会福祉の実践を担う専門職者全般にあてはめることができるといえる。

さらに、ソーシャルワークは、実践方法によって個別援助技術（ソーシャル・ケースワーク）、集団援助技術（ソーシャル・グループワーク）、地域援助技術（コミュニティ・ワーク）の３つを中心に分類されている。特に個人や家族、小集団を対象として専門的アプローチを行う個別援助技術と集団援助技術は、個々人と直接的な関わりをもってアプローチすることから、直接援助技術

（ダイレクト・ソーシャルワーク）と呼ばれている。しかし３つの援助技術は、発展過程においてそれぞれの専門的領域を築いたが、次第に各援助技術の間に独自性だけでなく相互関連性が高まり、援助方法の統合化が進められている。

第２節　個別援助技術（ソーシャル・ケースワーク）

（1）個別援助技術（ケースワーク）とは

ソーシャル・ケースワーク（略してケースワーク）とは、個人や家族が生活上の問題を抱え、自力ではそれに十分に対応できない場合に問題解決や軽減、また、よりよい暮らしの実現を目指して社会福祉専門職であるケースワーカーが援助・支援していくときに用いる援助方法である。

ケースワークは、19世紀中頃イギリスにおける慈善組織協会（COS）の、従来と異なった科学的・個別的・予防的実践活動の中で芽生えてきた。ケースワークを体系化したのは、M.リッチモンドであり、後にケースワークの母と呼ばれた。彼女は、イギリスでCOSの友愛訪問に参加した後、アメリカに渡り、同じように友愛訪問を展開した。貧困者の自宅を訪問し、面接を通して、貧困の現状、原因等を探り、生活問題の解決策を検討した。また彼女は、ヘレンケラーの人生をモデルに個人と環境の調整をすることを大切にし、生活問題の調査、診断という科学的な視点を導入した。ケースワークを彼女は次のように規定している。「ソーシャルケースワークは、人びととその社会環境との間に個々別々に意識にもたらされる調整を通して、パーソナリティの発達をはかる諸過程から成り立っている」[3)]。

1920（大正９）年以降、ケースワークの対象については貧困者だけでなく、社会生活不適応者へと広がり、S.フロイトの精神分析の影響を受けた診断主義と呼ばれる「医療的モデル」が誕生した。1930年代になると、意志心理学を基礎とした、施設や機関の機能など社会的資源の活用に援助の焦点を置く「機能主義アプローチ」がO.ランクらにより提唱された。

（2）ケースワークの構成要素

アメリカのケースワーカーであるH.パールマンは、『ソーシャルケースワーク：問題解決の過程』（1957年）のなかで、ケースワークの構成要素である「４つのP」（Person人・Problem問題・Place場所・Process過程）を挙げている。その後、「２つのP」（Profession専門家・Provision制度）を追加した。

パールマンの６つのP

① Person（援助を求めてくる人）

生活や社会関係上において援助を必要とする問題を抱え、施設・機関に解決の援助を必要としているクライエント（利用者）のことである。

② Problem（発生している問題）

クライエントと環境との間に調整を必要とする問題のことである。ワーカー（援助者）は、施設・機関、さらに制度・政策など社会資源の開発に視点を置くことも大切になってくる。

③ Place（具体的援助が展開される場所）

ワーカーとクライエントが問題解決を展開する場所のことである。通常は、ワーカーが所属する福祉援助機関や施設を指す。

④ Process（援助過程）

ワーカーとクライエントが協力し信頼関係を築きながら、援助を進めていく過程のことである。

⑤ Profession（専門職ワーカー）

援助を行うための専門的知識・技術・価値観を身につけている人のことである。

⑥ Provision（制度・政策や供給される資源）

援助を行うための制度や政策のことであり、物的資源及び、人的資源も含む。

（3）ケースワークの展開過程

ケースワークの実践では、利用者との協力関係を軸に援助を進めていくための方法として、一連の展開過程を意識しながら相談を進めていくことが重要になってくる。ケースワークにおける展開過程は、通常、①アウトリーチ（発見）、②エントリー（意思表示）、③インテーク（受理面接）、④アセスメント（事前評価）、⑤プランニング（計画作成）、⑥インターベンション（介入）、⑦モニタリング（観察）、⑧エバリュエーション（事後評価）、⑨ターミネーション（終結）、⑩アフターフォロー（後の支援）の10段階で展開されていく（図８－１参照）。

①　アウトリーチ（発見）

保育の現場や相談機関においては、利用者（保護者含む）自身や他機関・他職種などから相談が持ち込まれる形でケースの発見となる場合が多いが、持ち込まれてくる相談を待つだけではなく、問題を抱えた人に対して、能動的に関わっていきケースの発見を積極的に行っていくことも必要な場合がある。援助の必要性を感じているにもかかわらず援助につながっていない、あるいは援助の必要性に気づいていないか、気づいていても援助を受けようとしない人々に対して実施する、援助者側から行う援助につなげるための働きかけのことをアウトリーチという。こういったケースの発見の段階では、援助者が利用者のな

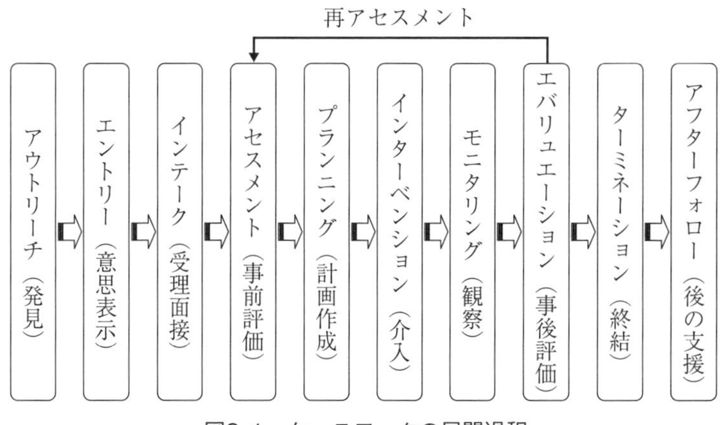

図8-1　ケースワークの展開過程

かに発見した問題状況を利用者に認識してもらうことも重要であり、援助につなげていく最初の段階といえる。

例えば、児童福祉分野では、保育所や児童福祉施設などで、保育士が日々の子どもや保護者の様子に気になる点を見つけることも多くある。保護者の表情や様子などから「何か課題を抱えているのでは」と感じとることも時には必要になってくる。

この段階では、対象者にとってはまだ援助は開始されておらず、対象者は援助の利用者ではない。したがって、これらの人々にどのように働きかけるか、どのように援助につなげるかが焦点となる。特に援助者側からケースの発見を積極的に行うアウトリーチの対象となる人については、他者からの援助や社会資源の活用を受けることに対して、警戒心や不信感を持っていることも少なくない。その背景には、様々な問題を同時に抱え、問題が常態化しているなかで暮らしていることや、自分を助けてくれるような社会的つながりをもたず孤立している状況などが考えられる。今後の援助がどのような方向に展開していくのか重要な局面であり、援助者は対象者に対して協力的な姿勢であることを意識して良い関係を築いていくことを目指すことが必要であるといえる。

② エントリー（意思表示）

対象者が援助を受ける意思があるかを確認する段階である。確認作業を実施する際には、援助者は専門職としての判断も求められる。例えば、対象者が援助を必要としないと意思表示をした場合でも、あきらかに対象者が社会生活を送るために課題を抱えている状態であれば援助につなげていく必要がある。そのような場合は、丁寧に抱えている問題を確認しながら援助につなげていくことを試みる。また、援助を受ける意思がある対象者についても、過度な援助を要求してくる場合も考えられる。そのようなときは、自身で解決できる問題などを丁寧に説明していくことが大切になってくる。単に既存の社会資源につなぐだけの援助にとどまらず経過を見ていくことも必要になってくる。対象者の生活課題というのは、複雑な場合も多く、また、緊急対応が必要な課題を抱えている場合もあるので注意が必要である。

③　インテーク（受理面接）

対象者が援助者とはじめて「相談」を行う援助のスタート地点といえる。また、援助の利用者となる段階でもある。多くの場合は、初回の面接がインテークにあたり、利用者とどのような関係が結ばれるのか非常に大切な局面といえる。また利用者の問題解決への動機づけを高めるための重要な段階であることから、徹底的な傾聴、理解の姿勢が求められる。面接の際のポイントとしては、相手に課題に対して「どう感じているのか？」や「どう思っているか？」などのように制約を設けず相手に自由に答えてもらうような質問の仕方であるオープンクエスチョン（開かれた質問）を心がけることが望ましいとされている。オープンクエスチョンは具体的な感情や価値観を引き出すことに有効とされており、特に初回の面接のときなどは、援助者が聞き取りたい項目について、唐突に質問せず、いろいろなことを利用者に話してもらうことに重点を置くことに心がける。たくさん話してもらう中から、援助者が聞き取りたかった項目も利用者から話してもらえる場合もあるはずである。一方、初回の面接から援助者が聞き取りたい項目の質問に重点を置き、答える内容を限定してしまう質問の仕方であるクローズドクエスチョン（閉ざされた質問）を実施した場合、情報収集に重点が置かれ、質問攻めになってしまい、印象が悪くなることも考えられる。インテークの段階では、今後互いが協力して支援を進めていくための、信頼関係の形成を目指すことが重要になってくる。

④　アセスメント（事前評価）

利用者の家庭環境や生活状況、心身状態などについて情報収集し、利用者の抱える問題がどのように問題となっているのかを総合的に理解する段階といえる。解決への方向性や利用者の要望などを把握するために欠かせない過程となってくる。

この段階では、利用者のニーズの把握をすることが重要とされていることから、援助者の考えや思いを前面に出すのではなく、利用者の現状の把握に努めることが大切となる。

⑤　プランニング（計画作成）

プランニングでは、実際の援助についての具体的な内容を決める段階といえる。計画の立案については、具体的な目標をあげていくことも重要となってくる。目標の設定においては、援助者と利用者との協力的関係に基づいた立案が求められる。また、相談を受けた援助者は、課題解決に必要な機関や専門職とカンファレンスや関係職種による会議を開催することで支援の方向性を具体的に決めていくことも必要となってくる。

さらに、利用者の訴えや価値観、ニーズについて、援助者及び関わっている機関や専門職者との考えのすり合わせがなされていることが重要となってくる。アセスメントにおいて明らかにされた課題から目標を設定するときには、「充足すべきニーズ」や「解決すべき問題」から、「ニーズが充足された状態」や「問題が解決された状態」への視点の転換や今後の見通しを考慮することも大切となってくる。支援計画の策定にあたっては、6W1H（いつ、誰が、どこで、何を、誰に、なぜ、どのようにするのか）が明確に示されるように具体的な計画を立てていくことが重要である。

⑥　インターベンション（介入）

作成した支援計画に基づいて、実際に利用者やその家族等に対して働きかけをしていく段階である。援助が具体的に展開されていき、社会福祉関連のサービスを利用する利用者であれば、サービスが実施される段階でもある。

ソーシャルワークとしての相談援助においての援助者の関わり方としては、最終的には利用者自身の自立を目的としていることから、援助者は利用者に対して側面的な援助を行うことが原則である。しかし、利用者は生活に疲弊していたり、自信を失っていることも考えられる。そのため、利用者を主体とした原則を守りつつも、場合によっては援助者がリードしたり励ましたりして道筋をつけることも必要となってくる。

⑦　モニタリング（観察）

インターベンションの実施状況や、利用者に対する援助が支援計画をもとに実施されているか、また目標の達成状況などについても観察し把握する段階である。また、利用者に対して必要なサービスが提供されているかどうかについても確認が必要となる。モニタリングでは、単に援助の経過や実施の状況について観察・把握するだけでなく、利用者とその家族あるいは利用者と援助者間の調整を図るほか、新たなニーズや課題が生じていないかを確認することが大切になってくる。

⑧　エバリュエーション（事後評価）

支援計画にもとづいた介入について、モニタリングを通して効果の判定や改善点を利用者とともにふり返る段階となる。目標に対する実施状況をあらためてふり返り、計画の妥当性や効果について評価していく。目標が達成されたり、利用者自身で目標に対して対処できるような状態であれば終結へと向かう。また状況の変化や利用者に新たなニーズが発生した場合は、図８-１のようにアセスメントの段階までもどり、同様の支援展開をくりかえすこととなる。

⑨　ターミネーション（終結）

支援計画の実施の結果、利用者の問題の解決が図られる、または課題は残るものの、利用者やその家族が自らの力で対処していくことができることが、利用者と援助者の間で確認されるときに至る段階となる。これまでの経過と成果をともに利用者と援助者が互いにふり返ることが大切になってくる。また、引っ越しや相談者の変更など、現在の支援者と担当が変更になる場合も一旦終結となる。担当者の変更時に引継ぎ等により計画の変更が無い場合もあるが、援助者が変われば原則終結となる。終結の形にもよるが、援助の機会や援助者とのつながりが失われることへの利用者の別離不安に対して、何かがあればいつでも受け入れる態勢にあることを伝えるなど、丁寧なかかわりが求められる。

⑩　アフターフォロー（後の支援）

援助の終結を迎えたとしても、利用者はその後の生活に不安感を抱きやすい場合もある。例えば、児童福祉の施策については、原則18歳未満までが対象であり、年齢に達した途端に支援を打ち切ることは援助者の姿勢として望ましくない場合もある。あるいは年齢に達したから問題が解決できるというわけではない。援助者は利用者に対する支援態勢を用意する準備があることを伝え、利用者が自信と安心感をもてるように配慮しておくことが大切である。フォローアップの意義は、利用者の円滑な社会適応や問題の再発防止などにもつながってくるのである。

（4）ケースワークの基本原理

利用者とより良い援助関係を展開するには、援助者は、利用者やその家族に支持的態度を示しながらラポール（信頼関係）を形成していくことが大切になる。相談援助の場面では、面接を通して利用者の主訴やニーズなどを把握していく。基本的な姿勢としては「バイスティックの７原則」を基本とし、「傾聴」「共感」「支持」が重要となる。

バイスティック（バイステック）の７原則

① 個別化の原則（利用者を個人として捉える）

利用者の抱える困難や問題は、どれだけ似たようなものであっても、人それぞれの問題であり、利用者を個別性や独自性をもった特定の個人として捉え、同じ問題は存在しないとする考え方である。利用者の人格や環境を決めつけたり、他の同様の問題をまとめて分類したりすることをしないことが必要となる。

② 意図的な感情表出の原則（利用者の感情表現を大切にする）

利用者の感情表現の自由を認めるという考え方である。特に抑圧されやすい否定的な感情や独善的な感情などを表出できるように配慮することで、利用者自身が自らを取り巻く状況を俯瞰しやすくすることが目的といえる。

③ 統制された情緒的関与（援助者は自分の感情を自覚して吟味する）

援助者には、利用者が抱える様々な問題や感情について十分に理解し適切に対応することが求められる。援助者自身の感情を援助の場面に持ち込むのではなく、自らの感情を統制することが大切といえる。

④ 受容の原則（受け止める）

利用者の多くは、健康的な部分と弱さや、肯定的感情と否定的感情など様々な要素を持っている。またその利用者の人生経験や個人の考え方などを含め、ありのままを決して頭から否定せず、どうしてそういう考え方になるかを理解し受け止めるという考え方である。

しかし、利用者の逸脱した行為や態度、言動などについては、受け入れることは行うが、決して認めるということではない。

⑤　非審判的態度の原則（利用者を一方的に非難しない）

援助者の役割は、利用者の行動や思考、また過ちや失敗に対して批判したり、裁いたりすることではない。あくまでも援助者は協力的な存在であり、利用者を尊重したかかわりの中で適切な援助を行うことが大切なことといえる。

⑥　自己決定の原則（利用者の自己決定を促して尊重する）

利用者には、解決の方向性について、自ら選択し決定する権利があり、問題に対する解決の主体は利用者である。自己決定の目的の１つとしては、自ら選択し決定することにより、自立へ向けて利用者自身の成長を促すことでもある。

また、援助者は、利用者の自己決定が促進されるよう、例えば、社会資源が適切に活用できるように環境を整えていくことなどの援助が大切になってくる。

⑦　秘密保持の原則（秘密を保持して信頼感を醸成する）

相談援助の過程において、知り得た利用者の個人情報やプライバシーに関する情報に対して適切に取り扱うことが求められる。利用者の秘密を守るための配慮は、利用者との信頼関係を築くことにもつながる。また、関係する他職種や他機関との情報の共有が必要な場合には、利用者の利益を優先的に考え、利用者の了承を得たうえで情報の共有を行うことが大切である。

第３節　集団援助技術（ソーシャル・グループワーク）

（1）集団援助技術（グループワーク）とは

ソーシャル・グループワーク（略してグループワーク）とは、グループの中の個人、あるいはグループ自体の問題解決のために、援助者がグループのメンバー同士の相互人間関係の調整を通して意図的に、かつ専門的に働きかける援助方法である。

グループワークは、19世紀ロンドンのYMCA（キリスト教青年会）や「トインビー・ホール」を中心に始まったセツルメント運動等が起源となった。

グループワークの理論は、1927（昭和２）年から1932（昭和７）年にかけて行われたアメリカのE.メイヨーらによる「ホーソン工場の実験」や、1934（昭和９）年に発表されたL.モレノらの「ソシオメトリー」の影響を大きく受けている。その後、1940年代にK.レヴィンによるグループダイナミクス、「グループワークの母」と称されるG.コイル、「相互作用モデル」を提唱したW.シュワルツなどによって、グループワークはソーシャルワーク技術の１つとして位置づけられた。

また、1935（昭和10）年、全米社会事業会議にグループワーク（集団援助技術）部会が設けられ、同内容について討議され、W.I.ニューステッターが初めてグループワーク（集団援助技術）を定義した。1946（昭和21）年には、全国社会事業会議（NCSW）が開催され、グループワーク（集団援助技術）は、ケースワーク（直接援助技術）、コミュニティワーク（地域援助技術）とあわせ３技術の１つとして認められることになった。

日本ではH.トレッカーとG.コノプカの定義がよく知られている。

H.トレッカーの定義（1948（昭和23）年）

「ソーシャル・グループワークは、ソーシャルワークの一つの実践方法であり、それを通して地域社会の各種の団体の場にある多くのグループに属する各人が、プログラム活動の中で、彼らの相互作用を導くワーカーによって助けられ、彼らのニードと能力に応じて他の人々と結びつき、成長の機会を経験するのであり、その目指すところは、各人グループおよび地域社会の成長と発達にある（永井三郎、1978）」。

G.コノプカの定義（1963（昭和38）年）

「ソーシャル・グループワークとは、社会事業の一つの方法であり、意図的な集団経験を通して、個人の社会的機能を高め、また個人・集団・地域社会の諸問題により効果的対処ができるように人々を援助するものである（前田ケイ、1967）」。

（２）グループワークの展開過程

社会福祉の実践では、グループ活動を展開する場面が多く存在する。ある特定の生活課題やニーズをもった対象者たちに援助としてグループ活動を取り入れる場合、そこにはやはりケースワークの場合と同じ理由で展開過程が必要となる。グループワークにおける展開過程は、通常、①準備期、②開始期、③作業期、④終結期の４段階で展開されていく（図８−２参照）。

①　準備期

援助者が利用者の課題やニーズに気づき、グループワークを行うことを決定することからはじまる。この段階では、まだメンバーが確定していないこともあるため、対象者の決定や具体的なニーズ調査をもとに、グループの目的や規模、活動内容などの計画や準備を行っていく。対象者との予備的な面接の段階であり、メンバーに関する情報を集め、問題とニーズを明確にしていく。また、グループ参加への動機や不安などの合図表現を観察し対応していく「波長合わせ」も実施しプログラムの準備を進めていく。

②　開始期

初回のグループ活動である。メンバーが初めて顔を合わせるため、援助者は、メンバーの不安や緊張をほぐし、メンバー間のコミュニケーションをスムーズに行うことができるような雰囲気づくりが必要となる。そこから互いを知り、受容的に受け止めることを通して信頼関係の形成に努める。グループの形成理由や目的、基本的なルールなどを説明しグループの活動に対する共通認識を図ることも大切になってくる。

③　作業期

グループやメンバーに仲間意識や共通基盤（グループ規範）ができ、１つのグループのなかでそれぞれのメンバーが個々に、あるいは協力連帯しながら課

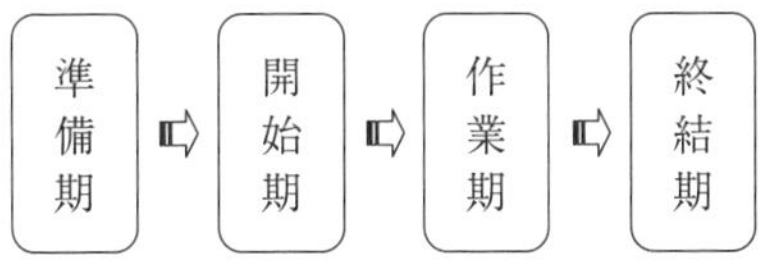

図8-2　グループワークの展開過程

題に取り組んでいく段階である。この段階では、グループ内で、それぞれの違いを受け止めつつ、自発的に互いに助け合おうとする働きも形成されつつあるため、メンバー一人ひとりが自ら成長を図れるよう援助者は側面的な援助を心がけることが大切となる。

④　終結期

グループ活動の終了と、グループの解散の準備に取りかかる段階であり、目的の達成状況を確認し予定の期間を終えるときをいう。

ケースワークの場合と同様、グループワークの終結期においても、突然グループ活動を終えるのではなく、実施してきた活動について目標の達成状況や活動内容のふり返りなどを段階的に行っていく必要がある。

また、グループ内の結びつきが強いほど、メンバーの達成感や喪失感は強くなる。終結期では各メンバーが感情を表出し共有していくことができるよう援助者が配慮することも大切となる。

終結期では、グループ活動を通して、自分がどのように成長し、今後経験をどのように生かしていくのかをメンバー自身が明確にして終結期を締めくくることができるよう、援助者は支援を行うことが必要である。また、メンバーのグループに対する評価と共に、援助者自身の視点からの評価も大切になってくる。

【注】

1）一般社団法人日本社会福祉士養成校協会演習教育委員会『相談援助演習のための教育ガイドライン』2015年、p.1

2）同上、p.2

3）小林芳郎監修『社会福祉援助技術』保育出版社、2006年、p.80

【参考文献】

松井圭三編著『改訂新版よくわかる社会福祉概論』大学教育出版、2009年

松井圭三編著『第２版相談援助概説』ふくろう出版、2019年

小宅理沙監修、西木貴美子編著『相談援助・保育相談支援』翔雲社、2017年

笠師千恵・小橋明子著『相談援助 保育相談支援』中山書店、2014年

F.P.バイステック著・尾崎新・福田俊子・原田和幸訳『ケースワークの原則［新訳改訂版］―援助関係を形成する技法―』誠信書房、2006年

第9章

相談援助（間接援助技術）

第1節　間接援助技術とは

間接援助技術とは直接援助技術と密接な関係を持っている。生活問題ないしは課題を抱えた「個人」や「家族」と彼らを取り巻く「環境」に働きかけ、その両者の関係を改善して、援助しようとする直接援助技術も、サービス資源や社会福祉制度を含む環境資源を整備する間接援助技術がなければ、十分に機能しない。つまり、利用者にとって環境資源が十分に整備されなければ、直接援助技術であるケースワークやグループワークを活用したとしても、彼らが持つニーズを潜在化させたり、欲求を抑圧したりさせる技術になってしまう。すなわち、間接援助技術は社会福祉固有の方法・技術である直接援助技術を有効に機能させる方法・技術であり、対人援助を行う際に併用または統合して活用されることにより実践効果を発揮する技術と考えられる。

そして、社会福祉の方法としての間接援助技術は、①地域援助技術（コミュニティワーク）、②社会福祉調査法（ソーシャルワークリサーチ）、③社会福祉運営管理（ソーシャルアドミニストレーション）、④社会福祉計画法（ソーシャルプランニング）、⑤社会活動法（ソーシャルアクション）からなるというのが、一般的である。社会活動法を地域援助技術に含める考え方もあるが、本書では、社会活動法を独立させて考える。

第2節　地域援助技術（コミュニティワーク）

(1) コミュニティワークの沿革

地域の生活問題に対し、社会資源などを整備して地域社会の対処機能を強化していくことを目的とするコミュニティワークは、アメリカにおいて展開されてきたコミュニティ・オーガニゼーションの理論を継承し、1960年代からイギリスで台頭してきた概念であり、コミュニティ・オーガニゼーションを含める広い意味を持つ概念であると捉えられている。このコミュニティ・オーガニゼーションは、地域社会内で発生する住居問題や生活困難などといった社会的な問題や、住民のニーズなどについて、住民が自らの力で解決を図れるよう、側面的に援助する援助プロセスの１つである。

コミュニティワークの基盤となるコミュニティ・オーガニゼーションの起源は、19世紀後半にイギリスからアメリカに導入された貧困者への援助と社会改良を目的とするセツルメント運動と同時期にイギリスで始まり、ケースワークにも影響を与え、そしてアメリカでも組織化されていった慈善活動を目的とする「慈善組織協会（Charity Organization Society）」の活動の展開に求めることができる。

その後コミュニティ・オーガニゼーションは、アメリカにおいて中心に研究され、1960年代までに、社会的なニーズに対処するために地域の社会資源に連絡調整を行う「ニーズ・資源調整説」や地域社会を構成する様々なグループとグループの間の関係調整を重視するニューステッター（W. Newstetter）の「インター・グループワーク説」、さらに、ロス（Murray G. Ross）が1955（昭和30）年の『コミュニティ・オーガニゼーション』で示した、地域社会の解体に対して小地域を中心に組織化を図り、住民参加を促進していく「地域組織化説」などの理論が確立された。そして、このようにコミュニティ・オーガニゼーションも社会福祉の専門技術として位置づけられるようになったのである。

そして、1960年代以降こうした伝統的なコミュニティ・オーガニゼーションといった考え方では説明が困難な時代を迎えるに至ったのである。次第に地域自体の変貌、人々の意識の変化とともに、援助技術もいっそう高度化・広範化し、その役割も複合化・多様化するにつれ、コミュニティワークという考え方に発展していき、その用語が使われて一般的になり、さらに広範な概念を包括し、統合化する傾向が強まっている。

この、アメリカで発展したコミュニティ・オーガニゼーションの理論や、主にイギリスで展開されたコミュニティワークの理論がわが国に紹介されたのは、第２次世界大戦後である。そして、その中心的役割を社会福祉協議会が担っているとされている。しかし、これらの援助技法の日本での定着化は、文化の違いやタテ社会の問題など独自の課題を背負っているといえる。

（2）コミュニティワークとは

コミュニティワークは、イギリスにおいて1960年代に急速に台頭してきた活動で、アメリカで発達したコミュニティ・オーガニゼーション（地域組織化）とイギリスのコミュニティ・ディベロップメント（地域社会開発）の概念とを包括した地域アプローチの方法・諸形態であり、「一定の地域社会において共通の目標であるニーズや課題を解決するために、活動主体としての住民の福祉活動の組織化を支援したり、関係機関・団体・組織の協働の組織化を支援して、社会資源の動員や普及・調整・連携システムづくりをしたり、必要な社会資源の開発をすることを専門的に支援する技術である」[1)] といえる。これらの要素を図に示すと図９−１のようになる。

つまり、コミュニティワークは、一定の地域社会に共通するニーズと課題を把握し、その問題を住民自らが解決するように、活動主体の組織化の支援や社会資源の動員や調整、連携、開発などの支援をする方法である。この問題の解決を図っていくのは、住民自らであり、コミュニティワーカーは、あくまでも側面的な援助を行う役割であるといえる。

また、コミュニティワークは、イギリスで成立した援助技術であり、地域福祉は日本独自に形成されてきた分野であるので、必ずしも同一概念とはいえない。しかし、地域でのサービス需要に対し、供給体制を整備し配分するという内容は同一とみてよいといえる。

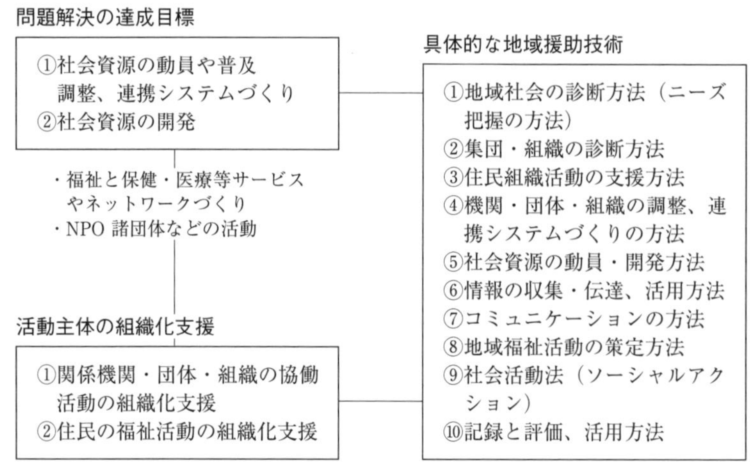

図9−1　地域援助技術（コミュニティワーク）構成図

出所：福祉士養成講座編集委員会編
『三訂社会福祉士養成講座10　社会福祉援助技術各論Ⅱ』中央法規出版、1999年

（3）コミュニティワークの過程

コミュニティワークの展開過程については、多くの論者によって様々な考え方や方法があり一様ではないが、ケースワークやグループワークと基本的に共通する、①問題の把握（地域診断）、②計画の策定、③計画の実施、④評価といったプロセスで展開して、組織化や社会資源の動員・開発をしていくものであり、それぞれのプロセスにおいて重要なポイントや技法がある。本章では、一般に考えられているプロセスについて説明することにする。

1）問題の把握（地域診断）

地域の中に存在している問題や住民の生活ニーズを正確に速やかに把握する必要がある。地域問題は、住民全体に関わる共通な問題と、各階層がそれぞれ抱えている問題とからなるが、それを地域という視点から全体的に把握する。そのためには、社会福祉調査や住民懇談会での話し合いを通じて実態やニーズを把握する方法が有効である。その他に、民生委員（児童委員）や各機関からの情報提供からも把握する。またその際、住民がそのプロセスに加わり、住民自身が地域の問題を見いだし、問題解決の主体になっていくことが重要である。

地域の中での問題として、具体的には以下のようなものがある。

①　地域環境・衛生上の問題（下水処理・騒音・ゴミ処理・伝染病・空気汚染など）

②　教育上の問題（登校拒否・いじめ・非行・虞犯行為など）

③　行政上の問題（地域福利施設の不足、公共住宅の不備・不足、年金受給など）

④　福祉に関わる問題（生活保護の問題、障がい者や寝たきり老人とその家族の問題、保育の問題、介護サービス派遣、ボランティアの依頼など）

⑤　社会・経済上の問題（地域産業の不振、犯罪、救急医療体制の問題など）

２）計画の策定

地域で生じている諸々の問題を解決するにあたって、どのような活動を、どれくらいの期間、どのような方法を用いて、どのくらいの予算で行うかという具体的な取り組み方を計画するのがこの段階である。まず、問題のうち、何から先に実施すべきか優先順位を決めなくてはいけない。問題解決の優先順位が確定したならば、その達成の目標を設定する事業計画を策定する。具体的には、短期及び中長期的な目標の設定とその達成のための方策、社会資源の動員の要否検討などが盛り込まれる。

次に、問題解決のための組織づくりである組織計画を策定する。その策定では、現在、地域に存在する各種の団体のリーダー層を核にして組織化し、その組織活動が地域全体に拡充していくプロセスを目標にすることが一般的である。そうした組織は当事者の参加が原則で、一般住民に対しても常にオープンでなければいけない。そして、役員の民主的な選出手続きによる平等を原則として、１人に偏らないように指導力の分散化、能力や個性に応じた役割分担により、その人それぞれの持つ特性が生かされることが大切である。

最後に事業計画を推進するために、それに伴う財政計画の策定によって必要経費やその調達方法が計画されなければいけない。コミュニティワーク活動は、その特性から大部分が自主財源となるため、財政計画は公的機関の予算よりも柔軟な性格を持っている。その策定においては、共同募金や寄付金などの既存の民間財源の活用とともに、自主財源づくりも地域福祉バザーや個別訪問によるカンパのような住民参加を促進するものが積極的に位置づけられる。一方、行政からの補助金を得る場合は、それにより民間活動の自主性が損なわれないように注意しなければいけない。

3）計画の実施

立案された計画を実施する段階である。ここでは、地域社会に対して計画についての認識を普及し、活動に対する関心を高め、活動への参加を高める動機づけや、意識を高めるための広報活動が必要となってくる。広報活動の方法には、マスコミュニケーションとパーソナルコミュニケーションの２つがある。マスコミュニケーションには、新聞、雑誌、パンフレット、テレビ、ラジオ、インターネットなどの方法があり、パーソナルコミュニケーションには、住民大会、学習会など住民の直接参加と話し合いによるコミュニケーションのほか、口コミュニケーションなどがある。また、コミュニティワーク計画の実現を側面から推進するもう１つの活動としては、問題解決のためにコミュニティワークの推進組織内部及び住民間の協力関係を維持・強化することを目的とした連絡調整活動も必要だが、これにはインターグループワーク（集団間協働行動）という、地域に存在する各種の組織・機関・団体などの集団間の協働を図る方法が有効である。

他に、計画の目標を具体的に実現していく方法は、社会資源の活用・動員である。社会資源には、人的資源（住民・専門家・ボランティアなど）、物的資源（公私の諸機関・利用施設など）、各種制度、法規・条例などがある。各種の社会資源は、地域ニーズの多様化、高度化への対応策として発展してきており、その効果的な活用や動員によって解決しうるケースは多いといえる。しかし、既存の資源だけでは不十分であったり、また役に立たない場合には、既存の諸資源の改廃、制度的水準の改善、運営の改善、新たな諸資源の創設、あるいは、法律や条例の改廃や制定を促す必要が出てくる。ときには、地域社会での世論を喚起したり、権力機関への圧力行動などの展開によって住民のニーズに対応した資源を創設する社会活動法を展開することになる。

４）評価

コミュニティワーク過程の最終段階は、活動の評価である。評価とは、援助計画に基づいて展開された実践活動がどの程度達成されたのか、残された課題は何か、解決手順や計画目標は適切であったかなどについて検討し、プロセス全体を評価することである。そして、評価に基づいて未解決な課題などが明らかになった場合には、新たな課題と目標を設定してさらにコミュニティワークを展開していくことになる。また評価は、通常、運営面での評価と組織活動に関する評価に大別される。運営面での評価は、

①　ハード・ウエア（施設・設備など）

②　ソフト・ウエア（活動の目的や内容など）

③　パーティシペーション（住民の参加状況など）

④　アドミニストレーション（組織など）

⑤　ファイナンス（財政など）

に関して行われる。

また、組織活動に関しての評価は、

①　タスク・ゴール（課題達成）：地域の問題に対して具体的にどの程度解決が図れたか、いわばニーズがどの程度充足できたかに関わるものである。

②　プロセス・ゴール（プロセス達成）：住民が計画から実施の過程の中でどの程度自主的に参加することができたか、また住民がその参加経験によって、地域に起こった問題を解決する能力をどの程度身につけたかを評価するものである。

なお、プロセス・ゴールにおいて、特に住民の権利意識や草の根民主主義の定着や実行の度合い、自治体の構造変革や民主化の程度をリレーションシップ・ゴールとして別の評価指標とすることもある。

以上のようなプロセスを経て、コミュニティワークを終結することになる。そして、これらのコミュニティワークのプロセスを図で示すと図９−２のようになる。

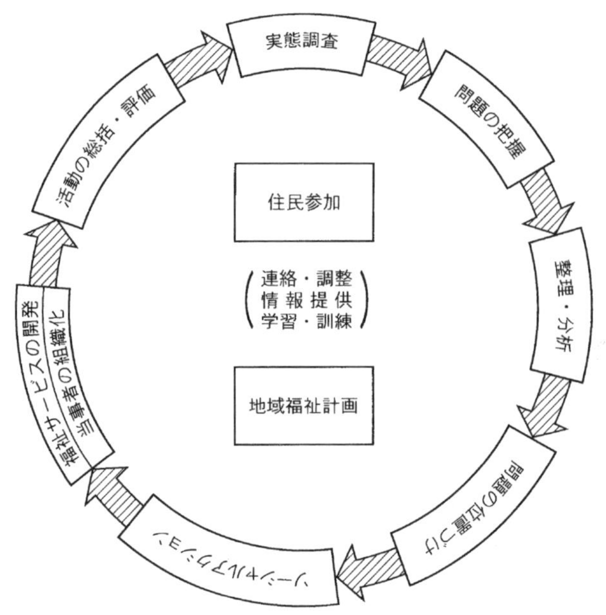

図9-2　コミュニティワークの仕組み
出所：小田兼三編『社会福祉援助技術』メヂカルフレンド社、1997年、p.103

第3節　社会福祉調査法（ソーシャルワークリサーチ）

（1）ソーシャルワークリサーチとは

ソーシャルワークリサーチは、社会福祉調査と呼ばれるもので、社会福祉実践に固有な技術ではなく社会調査の一領域であり、対象や方法についても社会学、心理学、経済学、教育学などの分野でも用いられている社会調査と区別するのはむずかしいことである。

社会福祉調査法は、社会福祉的ニーズに関する的確な把握と分析、ならびにそのニーズの解決にあたって提供される様々な社会福祉サービスや実践活動のもつ効果の測定や分析を目的にしている。また社会福祉調査は客観的な事実の収集分析を通して、その概念的な枠組みの適合性を検証し、社会福祉理論の経験的一般化を図ることによって、社会福祉の科学化を目指すものである。

このような社会福祉調査は、18世紀から19世紀にかけてのヨーロッパの社会改良の時期に始まる。当時、ヨーロッパでは産業革命が急激に発達し、その結果様々な社会問題が発生していた。このような状況下で、イギリスのワードによる「監獄事情」、フランスのルプレイによる「ヨーロッパの労働者」が社会改良の目的とする先駆的な社会調査であった。そして、イギリスの C. ブースの「ロンドン調査」、S.ラウントリーの「ヨーク調査」は、貧困を社会科学的に分析したという点において、社会福祉史上きわめて重要な調査に位置づけられている。

（2）社会福祉調査の分類

社会福祉調査は、方法・目的による分類と対象範囲による分類に分けられる。

1）方法・目的による分類

① 数量的に調査する統計調査法：対象範囲は広く、大量の情報・資料によってあらゆる社会現象、社会問題等を統計的に調べ、その中から関連性、規則性を見いだす方法である。仮説を科学的に説明するときに使われることが多い。

② 少数のケースを深く調査する事例調査：統計調査法とは異なり、対象範囲は狭く、少数事例を多面的かつ詳細に調べることによって、調査対象を動態的・立体的に把握しようとするものであり、対象の個別化認識に有効な手法である。

2）対象範囲による分類

① 全数調査：対象として決められた集団（母集団）をすべて調べるので、うまく行われれば誤差が最も少なく信憑性は高くなる。しかし、労力、経費、時間は莫大である。

② 標本調査：対象の全範囲の中から一部を代表として選び出して調べ、その結果から全体の特性を推定しようとする手法である。標本の抽出にあたっては、乱数表を用いた単純無作為抽出法が標準的である。時間、費用、調査員が少なくてすむという長所を持つ反面、標本の選び方が適当でない

場合は誤差が大きいという短所もある。

（3）社会福祉調査の過程

社会福祉調査の過程は、準備・計画、実施、整理の３段階からなりたっている。

1）準備・計画段階

① 調査問題と目的の明確化――どんな問題を、どういう目的のために調査するのか、どんな情報やデータを集めたらよいのか。

② 調査範囲・対象の決定――誰について調査するか、誰から情報を獲得するか。

③ 調査決定の選定――現地調査の方法としては、観察法、面接法、質問紙法に大別される。ここでは、どの方法で情報を引き出すか。

④ 調査法の作成――調査問題を質問や観察項目の形に具体化する。

⑤ 予備調査の実施とその結果の検討――調査現地に直接出向いて、現地観察やインフォーマルな面接によって情報を収集し、机上プランを修正、補強する。

⑥ 調査実施に必要な各種準備――調査員の選定・訓練、調査時期の決定、調査対象者名簿の作成などを行う。

2）実施段階

⑦ 調査実施――現地への移動、反応の記録。

⑧ 調査結果の回収及び点検。

3）整理段階

⑨ 調査結果の整理――集計、製表、分析、解釈。

⑩ 報告書の作成。

第４節　社会福祉運営管理（ソーシャルアドミニストレーション）

社会福祉運営管理は、一般に２つの側面を含めて用いられてきている。１つは、アメリカにおいてソーシャルワーク実践の一方法論として早くから研究が進められてきた「社会福祉施設運営管理」と呼ばれるもので、各種の福祉サービスを提供する社会福祉施設・機関自らの運営理念・方針に即して実践活動が行われ、社会的な役割が十分に果たされるための方法である。これは、民間機関や施設に依存するアメリカの社会福祉実践の影響を多分に受けている。もう１つは、「社会福祉管理」あるいは「社会福祉経営」と呼ばれているもので、社会福祉施設・機関の管理運営を含めた国・地方自治体による社会福祉行政の計画と展開を意味するものである。これは地方自治体による社会福祉サービスを普及させたイギリスから多大な影響を受けている。

歴史的には社会福祉運営管理は、前者の社会福祉施設運営管理（ソーシャル・ウエルフェア・アドミニストレーション）の意味を指すことが多かったが、今日では、後者の社会福祉管理あるいは社会福祉経営（ソーシャルアドミニストレーション）の意味で使われるようになってきている。

ソーシャルアドミニストレーションは、おもに社会サービス制度に対する政府の役割と責任とを研究対象としている。この目的は、個人の生活状況を社会サービスと人々との関係において捉える。すなわち、制度によって約束されているサービスがいかにして現実化されるか、サービスは人々のニードを充足しているか、という観点から社会サービスを提供する機関の研究と管理をしようとするものである。

したがって社会福祉管理とは、社会福祉の残余的な機能や個人の資質を問題とするのではなく、政治・社会・経済制度に基づく、社会福祉ニードに対する国家の資源再配分の仕方、社会福祉の財とサービスの政策、社会福祉計画などに焦点をあてるものである。

つまり、社会福祉管理は、「需要と供給」という視点よりも、むしろ「ニーズと資源」のバランスを図るという視点から社会福祉の運営について検討していくことだといえる。

第５節　社会福祉計画法（ソーシャルプランニング）

（1）社会福祉計画法の意味

社会福祉計画法とは、時代の進展に対応する社会福祉サービスを効率よく計画的に進めていくための方法と技術である。

わが国において、社会福祉を計画的に進めようという取り組みが具体化してきたのは、比較的最近のことである。わが国の発展は、1960年代の高度経済成長に代表されるように、経済計画によって開発が進められてきた。一方、経済開発中心の考え方は、いろいろな社会問題を引き起こし、社会開発を意図した社会計画が起こってきた。これは生活関連領域（福祉・保健・医療・教育・住宅雇用）への取り組みを促したものであり、このうち社会福祉に関するものが社会福祉計画であった。

しかし、その実態は、経済開発を補完するものとしての位置づけに過ぎなかった。しかし、1970年代以降の低経済成長時代の社会福祉の見直しは、いろいろな問題を持ちながらも、自治体における社会福祉の計画的な取り組みを不可欠なものとして認識させた。そして、今日では、地域福祉という考え方が台頭してくることにより、福祉関係施策を専門として計画的にかつ合理的に進めていくものとして社会福祉計画が強調されてきた。

（2）社会福祉計画法の過程

社会福祉計画法の過程は、通常、構想計画、課題計画、実施計画、計画評価の手順を経て展開される。構想計画とは、事業方針や政策策定であり、問題の明確化に基づいて、先見性を持った目標策定がなされる。課題計画とは、目標を遂行するために考えられる代替案を策定し、検討し、計画として具体化される。プログラムの策定や、このための社会資源の開発や動員について検討される。実施計画とは、計画を具体的に実現するための実行計画であり、この有無が計画を具体化する意思の有無をも表すこととなる。計画評価は、当初のプログラムが実施されたか、問題が解決されたかということを評価するものである。

以上の過程を経て、またフィードバックを繰り返しながら、計画は次第に洗

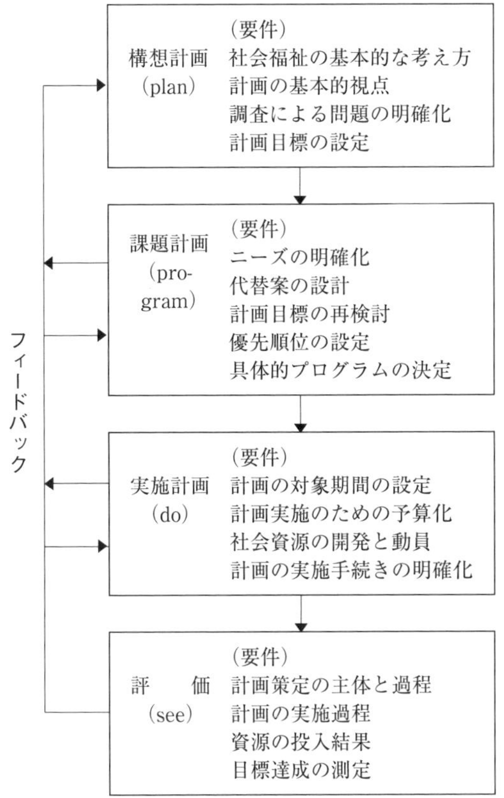

図9–3　社会福祉計画の手順と要件

出所：高田真治『地域福祉活動研究』第１号、1984年、p.17

練され、成果をあげていくといえる。

第６節　社会活動法（ソーシャルアクション）

（１）ソーシャルアクションとは

社会活動法は、これまでソーシャルアクションと呼ばれてきた運動技法であり、社会福祉の諸問題やニーズに即して、住民や福祉関係者の組織化を行い、広く世論にアピールし、立法・行政機関に働きかけることを通して、既存の制度の改革や社会資源の開発、社会福祉運営の改善を目指す方法である。また、ソーシャルアクションは、社会福祉運動と混同されがちだが、福祉施策の確立や円滑な福祉制度運用を求める運動の総体を「社会福祉運動」というのに対して、その中で展開される援助技術を「ソーシャルアクション」という。

ソーシャルアクションの源流は、アメリカにおける19世紀末から20世紀初頭の社会改良にさかのぼり、その後、ソーシャルワークの技術の１つに加えられた。そして、同じくアメリカにおいて1960年代に激しくなった福祉権運動に影響されて、コミュニティ・オーガニゼーションと結びついて重視されてきている。

社会構造そのものの変革を求める社会運動、政治的運動とは異なって、その性格は社会改良的であり、社会福祉資源が乏しいわが国では、ソーシャルアクションは、ケースワーク、グループワークを行う前提条件として、生活環境の拡充を求めるきわめて重要な技術と考えられる。

そして、ソーシャルアクションといえば、かつて自ら発言することが困難であったり、著しい制限を受けている児童・障がい者・貧困者などに代わって、研究者や専門家に加えて社会事業家や社会労働者が施行する代弁的機能の一環として実施されてきた。しかし、最近では、要援護者及びその家族、福祉問題を抱える当事者自身を担い手とする運動も含んだ活動を指すようになってきている。

（2）ソーシャルアクションの展開過程

ソーシャルアクションの展開過程は、次にあげる６段階である。

① 主導集団もしくは運動体を形成する。

② 学習会、調査、視察などの活動によって問題の把握、要求の明確化を図る。

③ 集団討議（グループ・ディスカッション）を通して解決されるべき問題を限定し、行動計画を立てる。

④ 広報、宣伝活動によって世論を喚起し、支持層・支援層を増やす。

⑤ 住民集会、デモ、署名、陳情、請願、団体交渉（対話集会）、裁判闘争

などの直接行動を展開する。

⑥　運動の成果、影響、問題点を総括し、新たな課題を提起する。

以上のようなプロセスで展開されていくが、現実としては必ずしもこのとおりに運ばないことも多いため、試行錯誤しながら臨機応変に対応していくことも重要である。

【引用文献】

１）福祉士養成講座編集委員会編『三訂社会福祉士養成講座10　社会福祉援助技術各論Ⅱ』中央法規出版、1999年

【参考文献】

伊東よね他編『社会福祉実践の方法』川島書店、1984年
岡本民夫編『社会福祉援助技術総論』川島書店、1990年
岡本民夫他編『社会福祉援助技術総論』ミネルヴァ書房、1990年
硯川眞旬編『新社会福祉方法原論』ミネルヴァ書房、1996年
根本博司編『社会福祉援助技術』建帛社、1990年
小田兼三編『社会福祉援助技術』メヂカルフレンド社、1997年
兵庫県社会福祉協議会編『地域福祉活動研究』第1号、1984年
日本地域福祉学会編『地域福祉事典』中央法規出版、1997年

第10章
社会福祉における情報提供と福祉サービス第三者評価

第1節　社会福祉における情報提供の必要性

日本における現行制度としての社会福祉は、第２次世界大戦後、ＧＨＱによる占領下において1946（昭和21）年に制定された「日本国憲法」の下に始まった。「日本国憲法」の第11条の基本的人権の享有、第13条の個人の尊重そして第25条の生存権保障などの理念に基づき、生活保護、こども、身体障がい者、知的障がい者、高齢者、母子父子寡婦に対する福祉六法体制が成立した。これに伴い、福祉サービスの提供は国家や地方の行政の責任において「措置制度」として展開されることとなった。戦後の壊滅状態において福祉制度が事実上皆無の状況の中において国家責任による社会福祉が開始され展開したことは評価することができる。しかし、今日の社会福祉制度及び施策はそれが大きく転換したものである。1979（昭和54）年、政府は「新経済社会７カ年計画」を閣議決定し、「新しい日本型福祉社会」の実現をめざし、今日の社会福祉の考え方である「自助、互助、共助、公助」の原点となる考え方を示した。この日本型福祉社会論の集大成として「社会福祉基礎構造改革」がなされたといえる。これまでの日本の社会福祉の基礎構造（仕組みや考え方）を大きく転換するものであった。これからの日本の社会福祉の理念として次の３点が掲げられた（表10−１）。さらに、社会福祉基礎構造改革の方向性としては、以下の７つの点について政府より示された（表10−２）。

本章で取り上げる「社会福祉における情報提供と福祉サービス第三者評価」

表10-1　社会福祉基礎構造改革における社会福祉の理念

①　国民が自らの生活を自らの責任で営むことを基本 ②　自らの努力だけでは自立した生活を維持できない場合に社会連帯の考え方に立った支援 ③　個人が人としての尊厳をもって、家庭や地域の中で、その人らしい自立した生活が送れるよう支える

表10-2　社会福祉基礎構造改革の基本的方向

①　サービスの利用者と提供者の対等な関係の確立 ②　個人の多様な需要への地域での総合的な支援 ③　幅広い需要に応える多様な主体の参入促進 ④　信頼と納得が得られるサービスの質と効率性の向上 ⑤　情報公開等による事業運営の透明性の確保 ⑥　増大する費用の公平かつ公正な負担 ⑦　住民の積極的な参加による福祉の文化の創造

については、社会福祉基礎構造改革の基本的方向性の「⑤情報公開等による事業運営の透明性の確保」に該当する。現在、わが国には様々な社会福祉サービスが存在し、そのサービス内容や事業運営も多種多様であるが、このような状況下で、これまでの社会福祉の仕組みとは異なる考え方で福祉サービスを展開することとなったのである。それは、従来の「措置制度」を廃止し、福祉サービス利用者と提供者が対等な関係で契約をする「利用契約制度」の導入がなされたためである。これまでであれば、自分がどのような福祉サービスを、どこで、誰からサービスの提供を受けるかを決める権利である「自己選択権」「自己決定権」が行政に奪われていた。しかし、それらが私たちの権利として保障されることとなったのである。措置強制型福祉の時代から選択利用型福祉への転換、この点については、高く評価すべきである。注意すべき点として、自分が自分らしく生きるために必要な福祉サービスについて、自己決定や自己選択するためには、福祉サービス提供側による「サービスに関する情報」の提供・公開が必要不可欠となる。その情報については、福祉サービス利用者がそれを読み、理解できるよう一層の努力と配慮が必要とされる。さらに、公開の方法についても、配慮が必要となる。これまでの情報の公開としては、新聞紙面や

冊子、チラシなど紙を媒体として活用がなされてきたが、高度情報化社会の中でインターネットなど電子媒体が主流となってきている。ネット情報にたどり着けない高齢者や障がい者、子どものことを考えると、それぞれの福祉サービス利用者が活用しやすい方法によって情報提供がなされることが求められるのではなかろうか。

第２節　各種福祉サービスにおける情報提供

１．児童福祉法

1997（平成９）年の「児童福祉法」改正において、保育所への入所の仕組みが、措置制度から「選択利用制」に改正された。保育所入所については、「児童福祉法」第24条第１項において「市町村は、この法律及び子ども・子育て支援法の定めるところにより、保護者の労働又は疾病その他の事由により、その監護すべき乳児、幼児その他の児童について保育を必要とする場合において、次項に定めるところによるほか、当該児童を保育所（認定こども園法第３条第１項の認定を受けたもの及び同条第11項の規定による公示がされたものを除く。）において保育しなければならない」とし、保育所入所基準は市町村が条例で定めることとされた。

第48条の４において「保育所は、当該保育所が主として利用される地域の住民に対してその行う保育に関し情報の提供を行い、並びにその行う保育に支障がない限りにおいて、乳児、幼児等の保育に関する相談に応じ、及び助言を行うよう努めなければならない」と保育所自身も情報提供を行わなければならないとした。

2001（平成13）年の「児童福祉法」改正では、認可外保育施設についても地域住民に対する情報提供が規定されることとなった（表10−３）。

1947（昭和22）年に施行された「児童福祉法施行規則」についても1997（平成９）年の「児童福祉法」改正に伴い改正された。

表10-3　認可外保育施設についての情報提供

1．認可外保育施設の設置者は、以下の内容についてその事業の開始の日から１月以内に届け出なければならない。（「児童福祉法」第59条の２）
①施設の名称及び所在地②設置者の氏名及び住所又は名称及び所在地③建物その他の設備の規模及び構造④事業を開始した年月日⑤施設の管理者の氏名及び住所⑥その他厚生労働省令で定める事項
2．認可外保育施設の設置者は、認可外保育サービス利用者に対して以下の内容について見やすい場所に掲示しなければならない。（「児童福祉法」第59条２の２）
①設置者の氏名又は名称及び施設の管理者の氏名②建物その他の設備の規模及び構造③その他厚生労働省令で定める事項
3．認可外保育施設の設置者は、当該施設において提供されるサービスを利用しようとする者からの申込みがあつた場合には、当該サービスを利用するための契約の内容及びその履行に関する事項について説明するように努めなければならない。（「児童福祉法」第59条２の３）
4．認可外保育施設の設置者は、当該施設において提供されるサービスを利用するための契約が成立したときは、遅滞なく、次に掲げる事項を記載した書面を交付しなければならない。（「児童福祉法」第59条２の４）
①設置者の氏名及び住所又は名称及び所在地②当該サービスの提供につき利用者が支払うべき額に関する事項③その他厚生労働省令で定める事項
5．認可外保育施設の設置者は毎年、厚生労働省令で定めるところにより、当該施設の運営の状況を都道府県知事に報告しなければならない。都道府県知事は、毎年、認可外保育施設の設置者からの報告（施設の運営の状況その他）を児童の福祉のため必要と認める事項を取りまとめ、これを各施設の所在地の市町村長に通知するとともに公表する。（「児童福祉法」第59条の２の５）

2．就学前の子どもに関する教育、保育等の総合的な提供の推進に関する法律

2006（平成18）年に、幼児期の教育及び保育が生涯にわたる人格形成の基礎を培う重要なものである。また、わが国における急速な少子化の進行並びに家庭及び地域を取り巻く環境の変化に伴い小学校就学前の子どもの教育及び保育に対する需要が多様なものとなっていることに鑑み、地域における創意工夫を生かしつつ、小学校就学前の子どもに対する教育及び保育並びに保護者に対する子育て支援の総合的な提供を推進するための措置を講じ、もって地域において子どもが健やかに育成される環境の整備に資することを目的に制定された

「就学前の子どもに関する教育、保育等の総合的な提供の推進に関する法律」がある。この法律の第24条において「幼保連携型認定こども園の設置者は、当該幼保連携型認定こども園に関する保護者及び地域住民その他の関係者の理解を深めるとともに、これらの者との連携及び協力の推進に資するため、当該幼保連携型認定こども園における教育及び保育等の状況その他の当該幼保連携型認定こども園の運営の状況に関する情報を積極的に提供するものとする」とされている。

3．子ども・子育て支援法

2012（平成24）年、わが国における急速な少子化の進行並びに家庭及び地域を取り巻く環境の変化に鑑み、「児童福祉法」やその他の子どもに関する法律による施策と連携し子ども・子育て支援給付その他の子ども及び子どもを養育している者に必要な支援を行い、もって一人ひとりの子どもが健やかに成長することができる社会の実現に寄与することを目的に「子ども・子育て支援法」が制定された。

この法律の第58条第１項において「特定教育・保育提供者は、特定教育・保育施設又は特定地域型保育事業者（以下「特定教育・保育施設等」という。）の確認を受け、教育・保育の提供を開始しようとするときその他内閣府令で定めるときは、政令で定めるところにより、その提供する教育・保育に係る教育・保育情報（教育・保育の内容及び教育・保育を提供する施設又は事業者の運営状況に関する情報であって、小学校就学前子どもに教育・保育を受けさせ、又は受けさせようとする小学校就学前子どもの保護者が適切かつ円滑に教育・保育を小学校就学前子どもに受けさせる機会を確保するために公表されることが必要なものとして内閣府令で定めるものをいう。以下同じ。）を、教育・保育を提供する施設又は事業所の所在地の都道府県知事に報告しなければならない」とし、第２項において「都道府県知事は、前項の規定による報告を受けた後、内閣府令で定めるところにより、当該報告の内容を公表しなければならない」としている。

4．社会福祉法

1951（昭和26）年、社会福祉関連法令の土台となる法律として制定された「社会福祉事業法」は、2000（平成12）年に改正され「社会福祉法」への改題もされた。2017（平成29）年４月１日に改正「社会福祉法」が全面施行され、第59条の２第１項において「社会福祉法人は、次の各号に掲げる場合の区分に応じ、遅滞なく、厚生労働省令で定めるところにより、当該各号に定める事項を公表しなければならない」とされ、情報公開の内容としては、定款や報酬等基準、役員など名簿、計算書類、現況報告書について、国民にインターネットその他の高度情報通信ネットワークの利用を通じて迅速に当該情報を提供できるよう必要な施策を実施することとなっている。

5．介護保険法

1997（平成９）年、介護を社会全体で支える仕組みとして「介護保険法」が成立した。この法律においても情報提供については第５章第10節「介護サービス情報の公表」の規定に基づき展開されている。介護保険法第115条の35第１項において介護サービス事業者は介護サービスの「提供を開始しようとするときその他厚生労働省令で定めるときは、政令で定めるところにより、その提供する介護サービスに係る介護サービス情報（中略）を、当該介護サービスを提供する事業所又は施設の所在地を管轄する都道府県知事に報告しなければならない」とし、第２項で「都道府県知事は、前項の規定による報告を受けた後、厚生労働省令で定めるところにより、当該報告の内容を公表しなければならない」と規定している。さらに、第115条の44では「都道府県知事は、介護サービスを利用し、又は利用しようとする要介護者等が適切かつ円滑に当該介護サービスを利用する機会の確保に資するため、介護サービスの質及び介護サービスに従事する従業者に関する情報（介護サービス情報に該当するものを除く。）であって厚生労働省令で定めるものの提供を希望する介護サービス事業者から提供を受けた当該情報について、公表を行うよう配慮するものとする」としている。

6．障害者の日常生活及び社会生活を総合的に支援するための法律（障害者総合支援法）

この法律は「障害者及び障害児が基本的人権を享有する個人としての尊厳にふさわしい日常生活又は社会生活を営むことができるよう、必要な障害福祉サービスに係る給付、地域生活支援事業その他の支援を総合的に行い、もって障害者及び障害児の福祉の増進を図るとともに、障害の有無にかかわらず国民が相互に人格と個性を尊重し安心して暮らすことのできる地域社会の実現に寄与すること」を目的としている。2005（平成17）年に「障害者自立支援法」として成立し（翌年施行）、2012（平成24）年改正・2013（平成25）年施行で「障害者の日常生活及び社会生活を総合的に支援するための法律」（障害者総合支援法）に改正・改題された。情報公開の仕組みについては、2016（平成28）年の「障害者総合支援法」及び「児童福祉法」の改正に伴い、障害福祉サービス事業者・施設に対して障害福祉サービスの内容等を都道府県知事等へ報告することを求めるとともに、都道府県知事等が報告された内容を公表する仕組みを創設し、これを2018（平成30）年４月より施行することとなった。

「障害者総合支援法」において「情報公開」については、第２章第７節「情報公表対象サービス等の利用に資する情報の報告及び公表」に基づき行われている。本法第76条の３第１項で、対象事業者は「指定障害福祉サービス等、指定地域相談支援又は指定計画相談支援（以下この条において「情報公表対象サービス等」という。）の提供を開始しようとするとき、その他厚生労働省令で定めるときは、厚生労働省令で定めるところにより、情報公表対象サービス等情報（その提供する情報公表対象サービス等の内容及び情報公表対象サービス等を提供する事業者又は施設の運営状況に関する情報であって、情報公表対象サービス等を利用し、又は利用しようとする障害者等が適切かつ円滑に当該情報公表対象サービス等を利用する機会を確保するために公表されることが適当なものとして厚生労働省令で定めるものをいう。第８項において同じ。）を、当該情報公表対象サービス等を提供する事業所又は施設の所在地を管轄する都道府県知事に報告しなければならない」とする。また同条第２項において、都道府県の役割として「都道府県知事は、前項の規定による報告を受けた後、厚生労働省令で定めるところにより、当該報告の内容を公表しなければならない」こと、同条第８項で「都道府県知事は、情報公表対象サービス等を利用し、又は利用しようとする障害者等が適切かつ円滑に当該情報公表対象サービス等を利用する機会の確保に資するため、情報公表対象サービス等の質及び情報公表対象サービス等に従事する従業者に関する情報（情報公表対象サービス等情報に該当するものを除く。）であって厚生労働省令で定めるものの提供を希望する対象事業者から提供を受けた当該情報について、公表を行うよう配慮するものとする」としている。

第３節　福祉サービス第三者評価

１．福祉サービス第三者評価の始まり

福祉サービスにおける第三者評価の必要性が検討されることとなったきっかけとなったのは、社会福祉基礎構造改革である。私たちの生活構造の変化に伴い、福祉ニーズの増加や多様化、複雑化を背景として、これまでの社会福祉に関する共通的な基盤制度の見直しを図ろうとしたものが社会福祉基礎改革であり、戦後日本の社会福祉総決算と言っても過言ではない。1998（平成10）年６月、中央社会福祉審議会社会福祉構造改革分科会より「社会福祉基礎構造改革について（中間まとめ）」が出され、その中の「質と効率性の確保」(1)「サービスの質」において以下のように述べられている。

・福祉サービスの質については、サービスの担い手が重要な意味を持っている。したがって、適切な人材の養成・確保と併せて、サービス提供における専門職の役割及び位置付けを明確にする必要がある。
・サービスの提供過程、評価などサービスの内容に関する基準を設ける必要がある。これを踏まえ、施設、設備や人員配置などの外形的な基準については、質の低下を来さないよう留意しつつ、弾力化を図る必要がある。
・サービス内容の評価は、サービス提供者が自らの問題点を具体的に把握し、改

善を図るための重要な手段となる。こうした評価は、利用者の意見も採り入れた形で客観的に行われることが重要であり、このため、**専門的な第三者機関において行われることを推進する必要がある。**

・サービスの質を確保するためには、利用者による選択を通じた提供者間の競争が実際にサービスの質の向上につながるようにする必要がある。このためには、事業運営の理念、サービスの実施体制、第三者評価の結果、財務諸表など利用者による適切な選択のための情報を提供者にわかりやすく開示させるとともに、利用者がサービスに関する情報を気軽に入手できる体制を整備する必要がある。

社会福祉基礎構造改革について（中間まとめ）より抜粋し引用
（下線・太文字は筆者）

この提言を受け、厚生労働省は「福祉サービスの質に関する検討会」を設置し、福祉サービスにおける第三者評価のあり方について議論を重ね、2001（平成13）年、「福祉サービスにおける第三者評価事業に関する報告書」としてとりまとめられ、その報告内容を受けて通知「福祉サービスの第三者評価事業の実施要領について（指針）」が厚生労働省社会・援護局長から発出された。この指針では、福祉サービスの第三者評価事業に関する基本的な考え方を示し、具体的な推進については各都道府県や第三者評価機関に委ねられた。しかし、事業者や都道府県の理解や実施方法にばらつきが生じ、結果として定着させることはできなかった。このため、更なる普及・定着を図るために2004（平成16）年に通知「福祉サービス第三者評価事業に関する指針について」が厚生労働省雇用均等・児童家庭局長、厚生労働省社会・援護局長、厚生労働省老健局長連名で発出され、また2014（平成26）年度からは「社会的養護関係施設の第三者評価」については、３年に１度の受審が義務化されることとなった。

２．福祉サービス第三者評価の意義と目的

厚生労働省は、福祉サービス第三者評価について「事業者の提供するサービスの質を当事者以外の公正・中立な第三者評価機関が専門的かつ客観的な立場から評価する」こととしている。「福祉サービス第三者評価事業に関する指針」によれば、その目的として「個々の事業者が事業運営における問題点を把握し、サービスの質の向上に結びつけること」であり、「福祉サービス第三者評価を

受けた結果が公表されることにより、結果として利用者の適切なサービス選択に資するための情報となる」としている。

福祉サービス第三者評価の重要性については、2000（平成12）年に改正・改題された「社会福祉法」の中の以下の条文から理解することができる。

> 第75条第１項　社会福祉事業の経営者は、福祉サービス（社会福祉事業において提供されるものに限る。以下この節及び次節において同じ。）を利用しようとする者が、適切かつ円滑にこれを利用することができるように、その経営する社会福祉事業に関し情報の提供を行うよう努めなければならない。
> 同条第２項　国及び地方公共団体は、福祉サービスを利用しようとする者が必要な情報を容易に得られるように、必要な措置を講ずるよう努めなければならない。
> 第78条第１項　社会福祉事業の経営者は、自らその提供する福祉サービスの質の評価を行うことその他の措置を講ずることにより、常に福祉サービスを受ける者の立場に立つて良質かつ適切な福祉サービスを提供するよう努めなければならない。
> 同条第２項　国は、社会福祉事業の経営者が行う福祉サービスの質の向上のための措置を援助するために、福祉サービスの質の公正かつ適切な評価の実施に資するための措置を講ずるよう努めなければならない。
> 第79条　社会福祉事業の経営者は、その提供する福祉サービスについて広告をするときは、広告された福祉サービスの内容その他の厚生労働省令で定める事項について、著しく事実に相違する表示をし、又は実際のものよりも著しく優良であり、若しくは有利であると人を誤認させるような表示をしてはならない。

多くの福祉サービスが、措置制度から利用制度に移行されたことにより、自分が必要とする福祉サービスを自己選択し、自己決定、自己実現を図るための福祉事業者からの適切かつ良質な情報の提供やその情報を簡単に得られるための創意工夫や提供されるサービスの質を公正で適切に評価するシステム構築、誇大広告の禁止など、これまでの日本の社会福祉の考え方から想像もつかないような内容となっていることも評価することができる。

第三者評価を受審する意味について、社会福祉法人全国社会福祉協議会第三者評価事業ホームページにおいて以下の３点について説明している。

第三者評価は利用者の方々に良質で適切なサービスを提供し、福祉サービス事業の質を向上させるために、有効な手段となります。受審される施設には次のような効果が期待できます。

(1) 利用者に適切な情報を提供することができます。また、サービスの質の向上に積極的に取り組んでいることをアピールすることができます。

(2) 第三者評価のプロセス（自己評価、訪問調査など）を通して、職員が日々の業務への課題を発見することができ、組織全体の質の向上が期待できます。

(3) 経営者にとって、自らの事業が提供するサービスの内容について客観的・専門的な評価を受けることで、現状を把握し、課題を明らかにすることができます。

全国社会福祉協議会ホームページshakyo-hyouka.net/evaluation2/

3．社会的養護関係施設における第三者評価

福祉サービス事業者における第三者評価については、基本的に社会的養護関係施設以外の社会福祉事業を運営する事業者が自らの意思に基づいて任意で受ける仕組みとなっているが、2015(平成27)年、厚生労働省通知「社会的養護関係施設における第三者評価及び自己評価の実施について」(平成27年２月17日付雇児発第0217第６号、社援発第0217第44号）において、社会的養護関係施設（児童養護施設、乳児院、情緒障害児短期治療施設、児童自立支援施設及び母子生活支援施設をいう。以下同じ。）については、子どもが施設を選ぶ仕組みでない措置制度等であり、また、施設長による親権代行等の規定もあるほか、被虐待児等が増加し、施設運営の質の向上が必要であることから、第三者評価の実施を義務付けた（この通知は廃止され現在は「社会的養護関係施設における第三者評価及び自己評価の実施について」(平成30年３月30日付子発0330第８号社援発0330第42号）となり、情緒障害児短期治療施設も児童心理治療施設とされている)。さらに、「児童福祉施設の設備及び運営に関する基準」(昭和23年厚生省令第63号）の第24条の３、第29条の３、第45条の３、第76条の２及び第84条の３で、乳児院、母子生活支援施設、児童養護施設、児童心理治療施設及び児童自立支援施設については、「自らその行う業務の質の評価を行うとともに、定期的に外部の者による評価を受けて、それらの結果を公表し、常にその改善を図らなければならない」旨を定め、第三者評価の受審及び

自己評価並びにその結果の公表を義務づけることとした。そして、各都道府県、指定都市及び児童相談所を設置する市（母子生活支援施設については各都道府県、指定都市及び中核市）では、この基準を参酌し、条例で児童福祉施設の最低基準を定めることとされている。社会的養護関係施設の設置、運営の目的は「子どもの最善の利益の実現」のために、施設運営の質の向上を図るための取組として、第三者評価及び自己評価を行うことと位置づけられている。

第三者評価における評価基準については、社会的養護関係施設以外の社会福祉事業を運営する事業については、都道府県推進組織により策定された評価指標を用いるのに対して、社会的養護関係施設評価基準については、全国共通の第三者評価基準を使用することとし、都道府県推進組織が独自に策定することも可能となっている。評価機関についても、前者は都道府県推進組織が認証した評価機関であり、後者については、全国推進組織が認証した評価機関もしくは、都道府県組織が認証した評価機関となっている。

児童福祉施設の設備及び運営に関する基準（昭和23年厚生省令第63号）

第24条の３（業務の質の評価等）　乳児院は、自らその行う法第37条に規定する業務の質の評価を行うとともに、定期的に外部の者による評価を受けて、それらの結果を公表し、常にその改善を図らなければならない。

第29条の３（業務の質の評価等）　母子生活支援施設は、自らその行う法第38条に規定する業務の質の評価を行うとともに、定期的に外部の者による評価を受けて、それらの結果を公表し、常にその改善図らなければならない。

第45条の３（業務の質の評価等）　児童養護施設は、自らその行う法第41条に規定する業務の質の評価を行うとともに、定期的に外部の者による評価を受けて、それらの結果を公表し、常にその改善を図らなければならない。

第76条の２（業務の質の評価等）　児童心理治療施設は、自らその行う法第43条の５に規定する業務の質の評価を行うとともに、定期的に外部の者による評価を受けて、それらの結果を公表し、常にその改善を図らなければならない。

社会的養護関係施設における第三者評価基準については、共通評価基準と施設種別独自の内容評価基準の２つに分類されている。共通評価基準については45項目あり、施設種別独自の内容評価基準については、分野ごとに18～29項目となっている。

表10-4　第三者評価共通評価基準ガイドライン

Ⅰ　福祉サービスの基本方針と組織
　Ⅰ－１　理念・基本方針
　Ⅰ－２　経営状況の把握
　Ⅰ－３　事業計画の策定
　Ⅰ－４　福祉サービスの質の向上への組織的・計画的な取組
Ⅱ　組織の運営管理
　Ⅱ－１　管理者の責任とリーダーシップ
　Ⅱ－２　福祉人材の確保・育成
　Ⅱ－３　運営の透明性の確保
　Ⅱ－４　地域との交流、地域貢献
Ⅲ　適切な福祉サービスの実施
　Ⅲ－１　利用者本位の福祉サービス
　Ⅲ－２　福祉サービスの質の確保

表10-5　内容評価基準ガイドライン（保育所版）

Ａ－１　保育内容
　Ａ－１－（１）全体的な計画の作成
　Ａ－１－（２）環境を通して行う保育、養護と教育の一体的展開
　　Ａ②　Ａ－１－（２）－①　生活にふさわしい場として、子どもが心地よく過ごすことのできる環境を整備している。
　　Ａ③　Ａ－１－（２）－②　一人ひとりの子どもを受容し、子どもの状態に応じた保育を行っている。
　　Ａ④　Ａ－１－（２）－③子どもが基本的な生活習慣を身につけることができる環境の整備、援助を行っている。
　　Ａ⑤　Ａ－１－（２）－④　子どもが主体的に活動できる環境を整備し、子どもの生活と遊びを豊かにする保育を展開している。
　　Ａ⑥　Ａ－１－（２）－⑤　乳児保育（０歳児）において、養護と教育が一体的に展開されるよう適切な環境を整備し、保育の内容や方法に配慮している。
　　Ａ⑦　Ａ－１－（２）－⑥　３歳未満児（１・２歳児）の保育において、養護と教育が一体的に展開されるよう適切な環境を整備し、保育の内容や方法に配慮している。
　　Ａ⑧　Ａ－１－（２）－⑦　３歳以上児の保育において、養護と教育が一体的に展開されるよう適切な環境を整備し、保育の内容や方法に配慮している。

A⑨　A－1－(2)－⑧　障害のある子どもが安心して生活できる環境を整備し、保育の内容や方法に配慮している。

A⑩　A－1－(2)－⑨　それぞれの子どもの在園時間を考慮した環境を整備し、保育の内容や方法に配慮している。

A⑪　A－1－(2)－⑩　小学校との連携、就学を見通した計画に基づく、保育の内容や方法、保護者との関わりに配慮している。

A－1－(3) 健康管理

A⑫　A－1－(3)－①　子どもの健康管理を適切に行っている。

A⑬　A－1－(3)－②　健康診断・歯科健診の結果を保育に反映している。

A⑭　A－1－(3)－③　アレルギー疾患、慢性疾患等のある子どもについて、医師からの指示を受け適切な対応を行っている。

A－1－(4) 食事

A⑮　A-－1－(4)－①　食事を楽しむことができるよう工夫をしている。

A⑯　A－1－(4)－②　子どもがおいしく安心して食べることのできる食事を提供している。

A－2　子育て支援

A－2－（1）家庭との緊密な連携

A⑰　A－2－(1)－①　子どもの生活を充実させるために、家庭との連携を行っている。

A－2－(2) 保護者等の支援

A⑱　A－2－(2)－①　保護者が安心して子育てができるよう支援を行っている。

A⑲　A－2－(2)－②　家庭での虐待等権利侵害の疑いのある子どもの早期発見・早期対応及び虐待の予防に努めている。

A－3　保育の質の向上

A－3－(1) 保育実践の振り返り（保育士等の自己評価）

A⑳　A－3－(1)－①　保育士等が主体的に保育実践の振り返り（自己評価）を行い、保育実践の改善や専門性の向上に努めている。

第11章

利用者の権利擁護と苦情解決

第1節　権利擁護が必要とされる背景と実践

1．権利擁護の基本的視点

権利擁護とは、自己決定権の尊重という理念のもと、認知症や知的障がい、精神障がいなどにより判断能力が不十分な人の意思や意向を代弁・擁護し、その人らしく生活できるよう支援することの総称であり、その実践は「アドボカシー」と呼ばれている。代弁・擁護を意味するアドボカシーは、専門的な援助関係に基づいて、判断能力が不十分な本人が、自ら抱える問題に主体的に取り組み、解決していく過程を支援していく実践である。

多くの人は、日常生活のなかで、小さな自己決定から人生の局面での大きな自己決定まで、その場その時その状況に合わせた自己決定を行っている。しかし、判断能力が不十分になってくると、「言ってもわからないだろう」や「どうせできないだろう」など、「自己決定能力がない」あるいは「不十分」とみなされ、自己決定の主体から排除されてくる。そして、日常生活における様々な決定において、家族、親族、支援者など周りの人による決定が重視され、その人らしく生活することが奪われる。たとえ、判断能力が不十分になったとしても、自分らしく生きたい、自分の人生は自ら選んで決めたい、生活に必要な財産は大切にしたい、社会の一員として地域で普通に生活したいという思いは同じである。岩間（2012）は、判断能力が不十分な人を社会的に支える権利擁護の仕組みを「狭義の権利擁護」、それだけではなく、本人の生き方を尊重し、その人らしい人生を歩めるように、自己実現に向けた取り組みを保障する「積極的権利擁護」の重要性を指摘している。

そこで、本節では、福祉を学ぶものにとって覚えておきたい社会的に支える権利擁護の仕組みを学ぶとともに、国際的な人権意識の醸成のなかで、意思決定支援など日本における権利擁護のこれからを考えていきたい。

2．権利擁護を支える制度

ここでは、利用者のその人らしい生活を支える権利擁護の制度や仕組みが整備された背景について３点から概説する。

まず、利用者の権利を守る制度が登場したきっかけは、1990年代後半からの社会福祉基礎構造改革によって、社会福祉制度が再編されたことに深く関係している。2000（平成12）年に「社会福祉法」が抜本的に改正され、福祉サービスは「個人の尊厳の保持」を旨として提供されなければならないことが明記された。そして、福祉サービスの提供は、利用者本位、自己決定の尊重、選択の自由などの保障を実現するため、措置から契約へと制度の枠組みが大きく転換された。しかし、判断能力の不十分な利用者を社会的にどう支えていくのかが重大な課題となった。そこで、同年の介護保険制度の施行に合わせて「民法」が改正され、成年後見制度が創設された。また、個人の尊厳を支える苦情解決の仕組みが整備された。

次に、深刻な権利侵害の実態が明らかになってきたことである。1990年代に入り人権侵害ともいえる家庭内暴力や虐待、施設での不適切なケアなどが社会問題となってきた。子どもや高齢者、障がい者への深刻な虐待が浮き彫りになるに従い、各種の虐待防止法が段階的に整備された。また、高齢者や障がい者を標的にした悪質な訪問販売や詐欺などが社会問題となってきたことである。

そして、昨今の国際化や国内の人権意識の高まりがある。2006（平成18）年に国連総会において、「私たちのことを私たち抜きで決めないで（Nothing About us without us）」を合言葉に、「障害者権利条約」が採択された。日本は同条約を批准するために、「障害者基本法」の改正、「障害者総合支援法」や「障害者虐待防止法」の制定など、法的な整備を急ピッチで進めてきた。2014（平成26）年に同条約を批准し、日本の障がいの概念は「医学モデル」から「社会モデル」へ、施策は「社会的排除（エクスクルージョン）」から「社会的包摂（インクルージョン）」へ、「慈善や博愛ベース」から「権利ベース」へ、支援方法は「代行的意思決定」から「意思決定支援」への転換が図られている。

本節では、成年後見制度、日常生活自立支援事業、意思決定支援、苦情解決制度、虐待防止法について学ぶことで、利用者のその人らしい生活を支える権利擁護の制度や仕組みを理解する。

第２節　自己決定・意思決定を支える仕組み

１．成年後見制度

成年後見制度は、認知症、知的障がい、精神障がいなどによって判断能力が不十分なことにより、自分では財産を適切に管理できなくなった人の法律行為などを他者が代行し、不当な契約などから守る制度である。この制度は、「民法」に基づく「法定後見制度」と「任意後見契約に関する法律」に基づく「任意後見制度」の２種類に分かれている。法定後見制度は、本人の判断能力の程度に応じ、「補助」「保佐」「後見」の３類型に分かれ、家庭裁判所（以下、「家

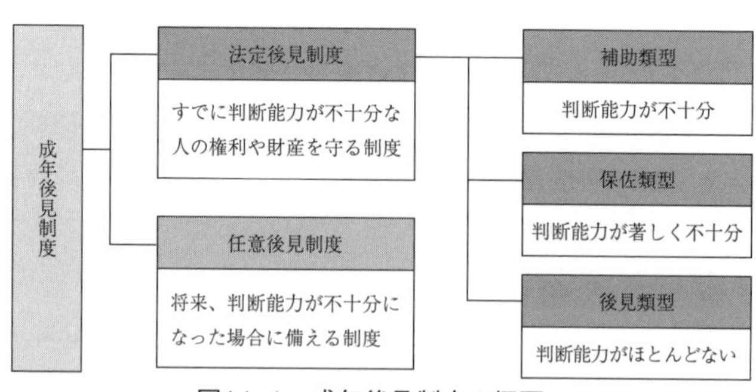

図11-1　成年後見制度の概要
筆者作成

裁」という）によって選任された「補助人」「保佐人」「成年後見人」（以下、「後見人等」という）により、「被補助人」「被保佐人」「被成年後見人」（以下、「本人」という）への支援や権利利益の保護が行われる（図11−１）。

法定後見が開始されるためには、本人の住所地を管轄する家裁に後見等開始の申立てを本人、配偶者、四親等内の親族、市町村長などが行うことが必要であり、これにより手続きが開始される。申立てに基づき、家裁は後見等開始の審判と後見人等の選任、代理できる権限の範囲などの審判を行っていく。審判内容は、法務局で成年後見登記され、後見人等が活動するための証明書として利用される。一般的に、後見人等の任期は、本人の判断能力の回復または死亡までとなる。

後見人等に与えられる権限には、「代理権」「同意権」「取消権」があり、本人の意思を尊重しながら、この権限を行使することにより、「財産管理」と「身上保護」(「身上監護」ともいう）の「法律行為」を行っていく。この権限の範囲は、後見類型によって異なり、成年後見人には「包括的な代理権」が与えられ、補助人と保佐人には、本人に代わって一定の法律行為を行う「代理権」と、本人が行う法律行為に対する「同意権」「取消権」が個別・具体的に付与される。後見人等の職務は法律行為であるため、食事の準備や介護、リハビリなどの法律上の効果を生じない「事実行為」は、職務とされない（図11−２）。

後見人等は行った活動に対して、家裁が審判した報酬額を本人の財産から受

財産管理	身上保護（身上監護）
・預貯金や不動産管理などの管理 ・収入（年金・保険金）や支出の管理 ・税金（納税、確定申告）や行政手続き ・遺産分割協議　など	・介護・福祉サービス利用の手続き ・施設への入退所の手続き、費用支払い ・医療機関の受診に関する手続き ・定期的な訪問や見守り　など
成年後見人等ができないこと	
・手術など医療行為の同意	・本人に代わって婚姻、離婚、養子縁組を決めるなど

筆者作成

図11−2　財産管理と身上保護（例）

け取ることができる。後見人等へ報酬を支払うことが経済的に困難な人は、各市町村に報酬助成制度などが整備されている。また、無報酬もしくは低額で一般市民が後見人等の活動を行う「市民後見人」を養成している市町村もある。ただし、これらは各市町村によって要件が異なるため、事前に確認しておく必要がある。

2．任意後見制度

任意後見制度は、本人が十分な判断能力を有しているうちに、将来的に判断能力が衰えたときに備えて、「だれに」「どのようなことを支援してもらうのか」についてあらかじめ決めておく制度である。実際に、本人の判断能力が衰えたとき、はじめて自分で選んだ人が任意後見人となり、本人の意思を実現していくことになる。一般的には、家族あるいは弁護士や司法書士と任意後見契約を結ぶことが多い。任意後見契約の作成は、公証役場で公正証書によって契約しておき、本人の判断能力が低下したときに、家裁に対し任意後見監督人の選任の申立てを行うことができる。家裁により任意後見監督人が選任された後に、任意後見人として本人の意思に従った支援を行うことが可能になる。

3．日常生活自立支援事業

日常生活自立支援事業は、「判断能力が不十分な方が、自立した地域生活がおくれるよう、福祉サービスの利用援助や日常的金銭管理を行う」ことを目的に、厚生労働省の所管により実施されている。事業運営は、都道府県・指定都市社会福祉協議会（以下、「県社協」という）が実施主体となり、事業の一部を市町村社会福祉協議会（以下、「市社協」という）へ委託され運営される。この事業の対象者は、「判断能力が不十分な人」「このサービスを利用する意思がある人」「この契約内容が理解できる人」の要件すべてを満たす人が対象になる。主なサービス内容は、「福祉サービス利用の援助」「預貯金の出し入れの援助」「事務手続きの援助」「通帳などの保管」である（図11−3）。

相談受付は市社協が窓口となり、本人のみならず、その周囲の人からもすることができる。相談を受けた市社協は、利用希望者との面談を通じて、意向確

①福祉サービス利用の援助	・福祉サービスの利用に関する情報の提供、相談、契約代行、代理 ・入所、入院している施設や病院の利用に関する相談　など
②預貯金の出し入れの援助	・福祉サービスや医療費などの支払い代行 ・公共料金や税金の支払い、日用品購入の代金支払いの手続き ・預金の出し入れ、また、預金の解約の手続き　など
③事務手続きの援助	・住宅改造や居住家屋の賃借に関する情報提供、相談 ・住民票の届け出などに関する手続き　など
④通帳などの保管	・年金証書、預貯金通帳、証書、実印、銀行印などの保管

筆者作成

図11-3　日常生活自立支援事業の援助内容（例）

認を行ったり生活ニーズを把握していく。面談結果は、県社協が主催する「契約締結審査会」で審議が行われ、利用者と県社協、市社協との３者による契約締結によりサービス提供が開始される。利用は有料になる。しかし、非課税世帯や生活保護受給世帯には軽減措置が取られている。

この事業には課題があり、利用者が施設入所及び長期入院により契約が終了する、高額な財産管理や不動産管理が行えない、消費契約上のトラブルの解決のための取消権の行使をすることができないなどがある。そこで、より広範囲な代理権や取消権、重要な法律行為が必要な場合には、成年後見制度へのスムーズな移行が求められている。

４．意思決定支援

一般的に、意思決定支援とは、「本人への支援は自己決定の尊重であることを前提として、自ら意思を決定することが困難な障がい者に対する支援」（厚生労働省：2017）のことをいう。

意思決定支援の主な基本原則は、①自己決定権の尊重とわかりやすい情報提供、②不合理にみえる意思決定であっても、それだけで本人に意思能力がないと判断しない、③本人の意思決定がどうしても困難な場合には、チームで本人の意思を推定していくことである。

意思決定支援は第一に、本人と支援者との信頼関係を基盤とするラポール形成や合理的配慮の総体による「人的・物的環境整備」が求められる。そして、①「意思形成支援」本人が意思を形成する支援、②「意思表明支援」本人が意思を表明する支援、③「意思実現支援」本人が意思を実現する支援のステップを繰り返し踏むことが重要になる。その結果、本人が希望を持った人生や日常生活が送れるよう支援していくことが求められる。しかし、本人への支援を尽くしても、意思確認がどうしても困難な場合もある。そのような場合には、関係者が支援「チーム」となり、最終的な手段として本人に代わって必要最小限の代理代行決定を行っていくことになる。その際、チームによって本人の日常生活の場面での表情や感情、行動記録に加え、生活史、家族・人間関係、価値観、選好など、様々な情報を丁寧にアセスメントしていくことが求められる。そして、その結論の裏付けとなる根拠（エビデンス）を明確にしながら、本人

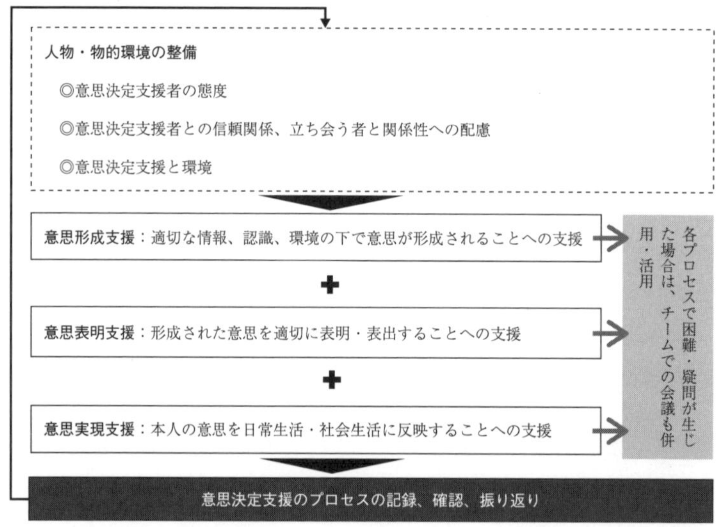

図11-4　認知症の人の日常生活・社会生活における意思決定支援ガイドラインのプロセス

出典：厚生労働省「認知症の人の日常生活・社会生活における意思決定支援ガイドライン」2018（平成30）年

とっての最善の利益（ベスト・インタレスト）に基づく意思及び選好を推定していくことになる。意思決定支援で重要なことは、一度決めたことであっても、本人の意思は変わることを前提に、繰り返しプロセス支援を行っていくことである（図11−4）。

第3節　個人の権利を守るための仕組み

1．福祉サービス事業者による苦情解決の仕組み

利用者からの苦情には、被害を受けたり、不公平な扱いをされたり、迷惑を受けたりしたことに対しての明らかな苦情と、要望や不満と捉えられるものなどがある。例えば、「自分が思っていたようなサービスが受けられない」「職員の態度や言葉づかいに傷ついた」「職員から、ここが嫌なら他を探してくださいといわれた」「聞いていた利用料金と違う」「職員から暴力を受けている」などがある。これら利用者からの苦情は、主に4種類に分類でき、①職員の接遇、サービスの質や量、説明・情報提供などの「福祉サービスに関すること」、②利用料関係などの「利用料に関すること」、③権利侵害、虐待などの「権利に関すること」、④その他になる。しかし、福祉サービスの苦情の場合は、利用者にとって生活に欠かせない福祉サービスであることから、利用者は職員に「不快に思われるのではないか」「今後、利用できなくなるのではないか」「お世話になっているからいいにくい」などと考え、要望や不満、苦情をいい出しにくいという特性がある。

そこで、利用者の尊厳や人権を擁護する仕組みとして、2000（平成12）年の「社会福祉法」の改正によって苦情解決の制度が盛り込まれた。この制度の目的は、利用者からの苦情を「利用者の声」と捉え、自ら提供する福祉サービスの検証と改善、虐待防止の強化など、福祉サービスの質の改善につなげることである。事業者には、具体的に利用者の声へ適切に対応するのみでなく、苦情解決の仕組みづくりを整えておくことを定めている。

同法第82条では、「社会福祉事業の経営者は、常に、その提供する福祉サー

ビスについて利用者等からの苦情の適切な解決に努めなければならない」とされている。標準的な苦情窓口の体制としては、苦情の受付や記録・苦情解決責任者への報告などを行う「苦情受付担当者」と施設長や理事などの経営者による「苦情解決責任者」を配置することが必要である。また、事業者の職員ではない、外部委員で組織される「第三者委員」の設置が求められる。具体的な苦情受付業務の手順は、①利用者への周知、②苦情の受付、③解決に向けての話し合い、④苦情解決の記録と報告、⑤解決結果の報告と公開とされている。同法に規定されている福祉サービスの苦情解決の仕組みの全体像は、図11−5に示す通りである。

2．運営適正化委員会による苦情解決の仕組み

利用者からの苦情があった場合は、第一義的には利用者と事業者との当事者間において、適切な解決を図ることとされている。しかし、当事者間では解決に至らず平行線となったり事態が悪化してくる場合もある。また、事業所にいい難いことによって、利用者が不利益を被ることもある。苦情が事業者との段階で解決に至らない場合には、「社会福祉法」第83条に基づき、各都道府県社会福祉協議会に設置されている「運営適正化委員会」へ申出することができる。利用者からの申出に基づき運営適正化委員会は、苦情に係る事情を調査し、申出人に必要な助言やあっせんなどを行う。また、利用者への虐待などの重大な人権侵害や法令違反などの不当な行為があった場合は、都道府県知事へ速やかに通知が行われる（図11−5）。

ただし、運営適正化委員会が対象とする福祉サービスの範囲は、同法第２条に定められた社会福祉事業であり、介護保険サービスについては、国民健康保険団体連合会（「国民健康保険法」に基づき、市町村及び国民健康保険組合、都道府県が共同して目的を達成するために設立された団体）などの取り組みになる。

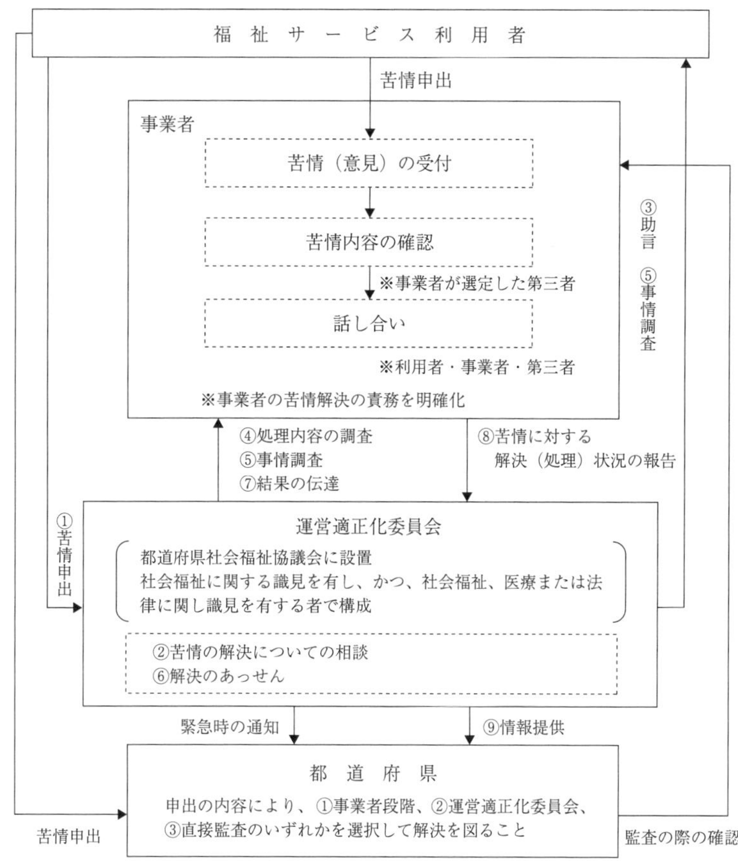

図11-5　福祉サービスに関する苦情解決の仕組みの概要図
出所：厚生労働省　https://www.mhlw.go.jp/shingi/2004/04/s0420-6b1-3.html

3．各種虐待防止法

かつて家庭内暴力は、「法は家庭に入らず」とされ公的支援は届かない時代があった。しかし、1990年代頃からその深刻さが浮き彫りになるに従い、「法は家庭に入らなければならない」と議論が巻き起こり、各種の虐待防止法が段階的に整備されていった。2000（平成12）年に「児童虐待の防止等に関する法律」（児童虐待防止法）が成立し、2005（平成17）年に「高齢者虐待の防止、高齢者の養護者に対する支援等に関する法律」(高齢者虐待防止法)、2011(平成23)年に「障害者虐待の防止、障害者の養護者に対する支援等に関する法律」(障害者虐待防止法) が整備され家庭内暴力などに対する防止法が成立していった。これらの虐待防止法では、家族による虐待だけでなく、福祉サービス事業所の職員、障がい者では職場での労働者による虐待も対象とされている(図11-6)。

虐待における定義は、「他者からの不適切な扱いにより権利利益を侵害される状態や生命、健康、生活が損なわれるような状態におかれること」(厚生労働省:2006年) とされている。例えば、「自宅内から泣き叫ぶ声が頻繁に聞こえる」「しつけと称して叩いているようだ」「職員から暴力を受けているようだ」

	児童虐待防止法	高齢者虐待防止法	障害者虐待防止法
法律施行	2000(平成12)年	2006(平成18)年	2012(平成24)年
対象者	児童虐待を受けたと思われる児童(18歳に満たない者)	高齢者虐待を受けたと思われる高齢者(65歳以上)	障がい者虐待を受けたと思われる障がい者(身体・知的・精神障がいその他の心身の機能の障がいがある者など)
虐待の種類	経済的を除く4種類	身体的、心理的、経済的、ネグレクト(放任・放棄)、性的の5種類	
虐待行為者	保護者	養護者、施設従事者	養護者、施設従事者、使用者
早期発見など	関係者は、早期発見に努めなければならない		
通報など	市町村、福祉事務所、児童相談所への通報義務	生命身体に重大な危険が生じている場合には、市町村への通報義務	市町村、使用者による虐待は市町村又は都道府県への通報義務
虐待防止の公的機関など	子育て世代包括支援センターなど	市町村、地域包括支援センターなど	市町村、障がい者虐待防止センター、都道府県権利擁護センター、労働局など
対応など	一時保護、保護者同意入所中の接見禁止や通信の制限など	保護措置、養護者への支援措置、成年後見制度の利用促進など	保護措置、養護者への支援措置、成年後見制度の利用促進など

図11-6　各種虐待防止法の概要

筆者作成

などがある。このような虐待行為は、日常的に繰り返されエスカレートし、とり返しのつかない事態を招くこともある。そのため、マルトリートメント（避けるべき子育て）やグレーゾーン（不適切なケア）の段階から虐待の芽を摘むことが、重大な虐待行為を防止するためには重要となる。また、多くの虐待者は「虐待をしている自覚がない」、本人（被虐待者）は「虐待されている自覚がない」のも特徴になる。深刻な虐待や事件になる前に、「もしかして虐待かも」と思ったら、適切な機関に早期相談・通報することが、きわめて重要となってくる。ところが、虐待行為を発見した人は、「私が通報したと思われたらどうしよう」「しつけだろう」「虐待かどうかわからない」などと迷ってしまうことがある。通報者の秘密は法律によって守られ、もしも虐待でなかったとしても虐待の通報は発見者の義務（虐待の疑いは努力義務）となっている。これら各種の虐待防止法は、成年後見制度と同様に、権利擁護を支える代表的な制度となっている。

4．権利擁護の展望

権利擁護は、2000年代に入り認知症や知的障がい、精神障がいなどによって判断能力が不十分な人の自己決定権や尊厳を支える仕組みの総称として、国際化や国内の人権意識の醸成と共に重要視されてきた。

しかし昨今では、少子高齢化の進展や人口減少による社会構造の変化に加え、個人の価値観の多様性、従来の血縁、地縁の希薄化などにより、いわゆる8050問題やダブルケア、孤独死、ヤングケアラー、ひきこもり、経済的な困窮世帯などの問題が顕在化してきている。これらの問題は生きづらさを抱える人々として、複合的に絡み合った生活課題があったり、従来の社会福祉制度だけではニーズを満たすことができなくなってきている。生きづらさを抱える人々の生活課題を放置することは、権利侵害された状況ともいえる。また、人と人、人と社会がつながり、一人ひとりが生きがいや役割を持って自分らしく活躍できる地域社会を育成し、助け合いながら暮らしていく地域共生社会の実現が国の施策として目指されている。誰もが年齢や性別、障がいの有無、国籍などにかかわらず、多様性をそのままに認め合える新たな権利擁護を支える仕組みの創設が求められてきている。

これらのことからも、権利擁護を必要とする対象者は、判断能力が不十分な人から射程とする範囲を時代とともに拡大をさせていくことが求められるのではないだろうか。

【参考文献】

・岩間伸之・原田正樹『地域福祉援助をつかむ』有斐閣、2012年
・「社会福祉学習双書」編集委員会「社会福祉学習双書2021 第13巻『権利擁護を支える法制度刑事司法と福祉』」社会福祉法人全国社会福祉協議会、2020年
・初任者研修テキストブック編集委員会編『介護職員初任者研修テキスト（第３版）』ミネルヴァ書房、2016年
・一般社団法人日本ソーシャルワーク教育学校連盟「最新社会福祉士養成講座・精神保健福祉士養成講座９『権利擁護を支える法制度』」中央法規、2021年

第12章

少子高齢化社会における子育て

第１節　現代社会と少子高齢化社会

（１）少子高齢化の要因

近年、日本は少子高齢化社会に向かっていくといわれている。少子高齢化とは何が問題なのか考察する。

少子高齢化には様々な要因があると考えられているが主に３つの要因があると推察される。①「出生率の低下による人口の減少」②「平均寿命の伸び」③「非婚化・晩婚化・晩産化」が挙げられる。

①「出生率の低下による人口の減少」は『平成４年国民生活白書』によると、「出生率の低下やそれに伴う家庭や社会における子ども数の低下傾向」「子どもや若者が少ない社会を少子社会」と表現している。また、『少子化社会対策白書』によると人口学の世界では合計特殊出生率（15歳から49歳までの女性の年齢別出生率を合計したもの）では１人の女性がその年次の年齢別出生率で一生の間に産むとした時の子どもの数が人口を維持するために必要な水準を相当期間下回っている状況を「少子化」と定義している。図12−１のように1947（昭和22）年から1949（昭和24）年の第１次ベビーブームでは4.32という高い出生率となった。その後、少しずつ出生率が低下していくが1971（昭和46）年から1974(昭和49)年までは第２次ベビーブームによって出生率が2.14と回復した。

しかし、1990（平成２）年には「1.57ショック」という言葉も登場するなど少子化は社会的な問題であると考えられ始めた。合計特殊出生率は2005（平成

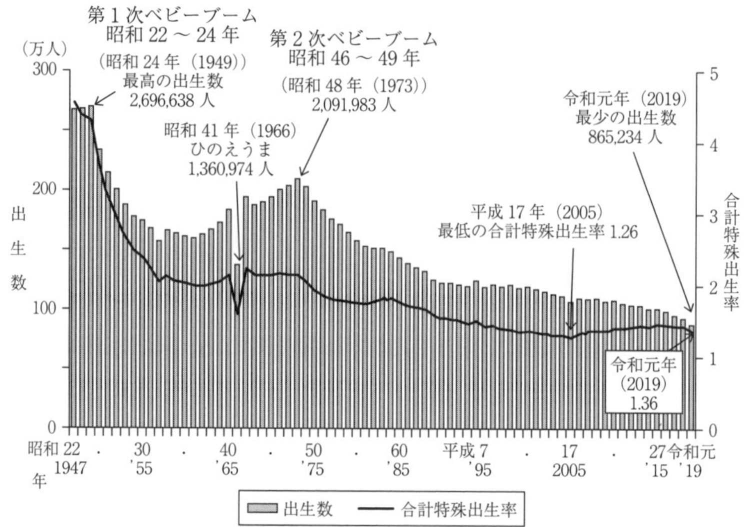

図12-1　出生数及び合計特殊出生率の年次推移
出典：厚生労働省「2019（令和元）年人口動態統計」

17）年に過去最低の1.26まで減少し、2019（令和元）年の合計特殊出生率も1.36となった。依然として低い状態となっている。

②「平均寿命の伸び」も少子高齢化の要因として考えられる。「平均寿命」とは０歳の時点で何歳まで生きられるか統計から予測した平均余命のことである。内閣府が行った調査によると日本の総人口は令和元（2019）年では、１億2,617万人となっている。そして、65歳以上の高齢者（以下、高齢者と呼ぶ）は、3,589万人となった。図12-２によると、高齢者の割合は、1950（昭和25）年では総人口の５％、1970（昭和45）年には７％を超え、1994（平成６）年には14％、令和元（2019）年10月１日現在では28.4％に達した。今後、2030（令和12）年には65歳以上の高齢者は国民の３分の１になることが予想される。ここまで日本が高齢化社会になったのは様々な要因が考えられるが、医療技術の進歩や栄養状態、衛生状態の改善などによって平均寿命が延びたことなどが推察される。

次に、主要国の高齢者の割合を見てみると、高齢化率が７％から14％になる倍化年数を比較するとフランス115年、スウェーデン85年、イタリア61年、

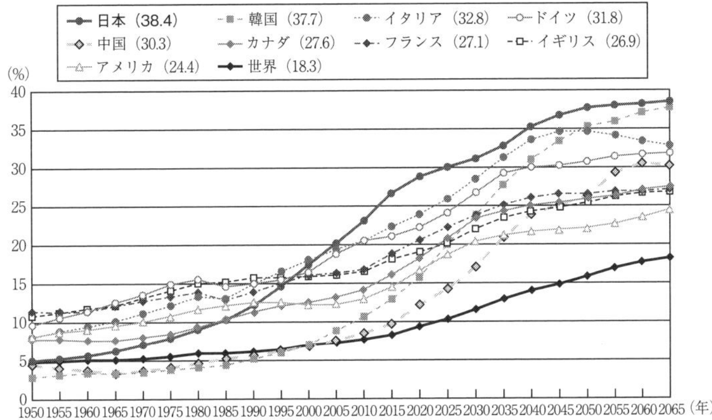

資料：日本の値は、2015年までは「国勢調査」、2020年以降は国立社会保障・人口問題研究所「日本の将来推計人口」他国は、*World Population Prospects: The 2017 Revision*（United Nations）
注：日本は、各年10月1日現在、他国は、各年7月1日現在

図12-2　主要国における高齢者推移

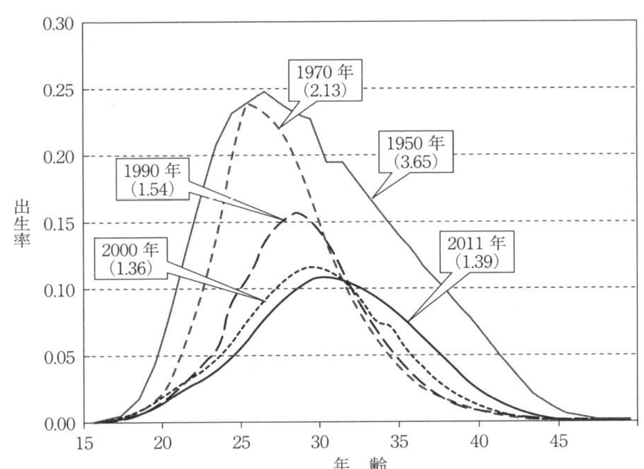

（備考）国立社会保障・人口問題研究所「人口統計資料集」をもとに作成

図12-3　女性の年齢別出生率

出典：内閣府2030（令和12）年の女性の年齢別出生率、「選択する未来-人口統計から見えてくる未来像」2012（平成24）年1月推計

イギリス45年、ドイツが40年となっている。また、ASEANの国々はこれから急速に高齢化が進むと考えられる。

③「非婚化・晩婚化・晩産化」では、図12-3によると、年齢別出生率を見ると1950～70年は20代半ばでピークを迎えるが次第にそのピークが推移して

いき、出産年齢が上昇している。そして出生率の高さを示す山が低くなっていくなど、出生率の低下と晩産化が同時に進行していることが分かる。また、1980年代以降は、晩婚化・晩産化により、20代の出生率が大幅に下がり、30代の出生率が上昇するという出生率の山が後に推移する動きがみられるようになっている。

少子高齢化においては様々な議論が今日まで行われているが下記についてはあまり議論が進んでいないように思える。

・「日本の総人口は何人が適切なのか」

・「なぜ高齢化が悪いように考えられるか」

「日本の総人口は何人が適切なのか」については、目標の人口や合計特殊率の目標値、目標時期を明確化することが必要であるように考えられる。

また、今後は少子化の原因分析や政策費用対効果などの分析の結果を踏まえた分かりやすい施策体系の確立をすることが求められる。

「なぜ高齢化が悪いように考えられるか」については、「健康寿命」という考え方がある。「健康寿命」とは世界保健機関（WHO）が提唱した「健康上の問題で日常生活が制限されることなく生活できる期間」と定義付けされており、人間が健康でいられる期間のことである。

これからの日本では何歳になっても健康で長生きをして、「健康寿命」を伸ばすことがよいと考える。例をあげると、第１次産業である農業や漁業などの身体と頭が働く仕事をすることで高齢者がより自活した生活を送れるのではないかということが考えられる。そして、高齢者が安心した生活が送れる明るい豊かな社会を社会全体で築いていくことが求められる。

（2）少子高齢化による社会面での影響

少子高齢化の影響により単身者や子どもがいない家庭が増加し家族の形態も大きく変化している。家族の行動が個別化していきそれぞれの部屋でテレビを見たり、ゲームをしたり食事を摂ったりと、家族単位で過ごす時間や会話が減ってきている。

子育てに着目すると、佐藤（2004）は「子ども数の減少による親の過保護や過干渉、子ども同士、異年齢の子どもの交流機会の減少などにより子どもの社会性が育まれなくなるなど子ども自身の健やかな成長への影響が懸念される」と述べている。つまり、子ども同士の交流機会が減り人間関係や社会性が低くなることが考えられ、青少年期に乳幼児と接する機会が乏しいため、親になった時に育児不安に陥るのではないかと考えられる。そのため近年では親が育児の不安からネグレクトや児童虐待、育児ノイローゼなどに陥るケースも増加している。

第２節　誰もが住みよい街づくり・人づくり

（１）香川県高松市丸亀町商店街の取り組み

誰もが住みよい街づくり・人づくりを展開している町が香川県の県庁所在地である高松市である。人口約42万人の地方都市である。高松市丸亀町商店街（以下、商店街とする）は高松市の中心商業地区に位置する全長約470ｍの商店街で現在では多い日には１日約２万人が集まる商店街である。1988（昭和63）年には瀬戸大橋が開通し、陸路での流通が可能となり、県外に本社がある大手の大型商業施設が郊外に出店し始めた。そうした背景の下、人々は車に乗って郊外の大型店を訪れることになり、ますます商店街には人が来なくなった。

しかし、市外・県外に本社のある大手スーパー等で人々が買い物をするということは、その店舗で上がる税収が他の自治体に多く行く場合もある。つまり、住民が稼いだお金が自治体にあまり入ってこないため、お金が自治体内で循環していかなくなる場合もあり自治体はどんどん疲弊していった。その影響もあってか客足や商店の数が少なくなっていった。1980年代後半〜1990年代になると日本ではバブル経済となり、土地の高騰による空洞化により商店街に住む人口は減少していった。

そうした中、商店街に人を呼び戻すには「消費者」から「生活者」を増やすことに着目し「歳を取れば丸亀町に住みたいよね！」をテーマに掲げ、「医・食・住」のインフラ整備が行われた。図12-４を見てみると商店街のコンパクトシティ化を目指し、商店街の地区をＡ〜Ｇ地区に分け、住宅整備とテナント

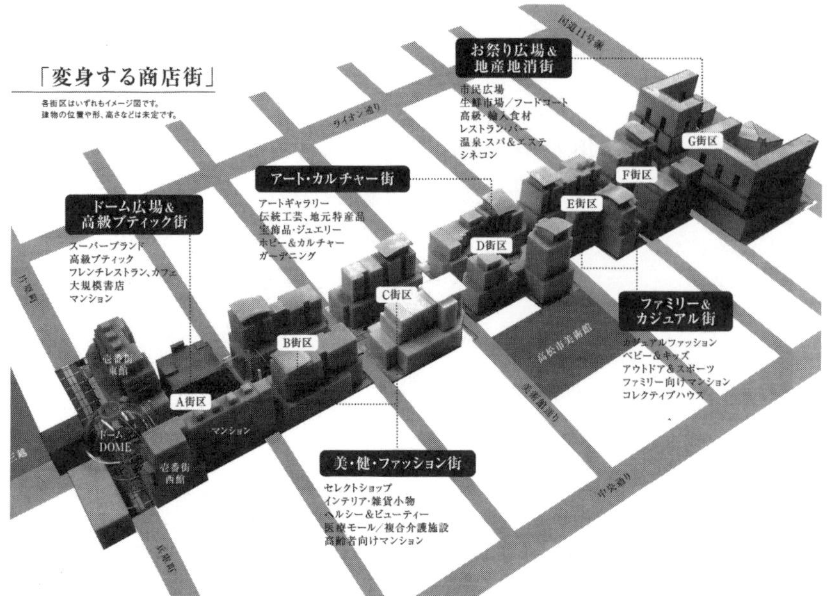

図12-4　香川県高松市丸亀町商店街図

ミックスを同時に行い、生活者が快適に生活できるようにインフラが整備された。そして、診療所や介護施設、市民広場、市民市場などが作られ車を使用しなくても生活しやすい街づくりを展開している。

医療においては、大学の医学部などと連携し、商店街の中に丸亀町クリニックを整備している。ここには最新型の高度な医療検査機器を揃え、医師も24時間常駐している。また、マンションの上層階には高齢者が入居する住宅を作り、クリニックの医師がマンションを応診することで居住者が在宅医療を受けられるという仕組みが作られた。クリニックには手術室や入院施設を持たない代わり、十分な検査機器が備わっている。重大な病気が発見されれば後方支援病院に送り込み、手術が終われば町に帰り、在宅で予後をケアする体制が整っている。在宅で、高度医療、終末医療まで担保され、自宅が世界最高の特別室であるというコンセプトを考案し、実践している。

また、保育園もある。一般的な商店街では、そこで働く人は地元に子どもを置いたまま働きに出るが、丸亀町商店街の保育園は７時から20時まで子どもを預かってくれることもあり、出勤時に子どもを預け、仕事が終われば親子が一緒に帰ることもできる。

（2）大分県豊後高田市の子育て支援

大分県豊後高田市は住民基本台帳に基づいた人口によると2021（令和３）年現在、約２万2,379人の町である。大分県豊後高田市は誰もが子育てしやすい町づくりを目指し取り組んでおり、宝島社『田舎暮らしの本』（2022）の特集である「住みたい町田舎町ランキングベスト３」に10年連続全国ベスト３に入った町である。

具体的な政策は幼稚園、保育園の保育料、給食費を完全無料化、また高校生までの医療費、中学校までの給食費を同時に無料化している。そして子どもの誕生祝い金制度を作り子どもを産みやすくしている。例えば子どもが４か月に達した時に10万円、第３子の場合、１歳２歳の時に20万円、総額50万円を支給。第４子以降は１・２・３歳に達した時に30万円ずつと最大で100万円の支給を行っている。町全体で子育てがしやすい環境を整えている。

そして「学びの21世紀塾」を作り、住んでいる場所や経済的な背景にかかわらず子どもに平等な学習ができる教育環境を整えることが大切であるという趣旨のもと、①子どもたちの「知」（いきいき寺子屋事業）、②「徳」（わくわく体験活動事業）、③「体」（のびのび放課後活動事業）を育む活動を行っている。

①子どもたちの「知」（いきいき寺子屋事業）では子どもたちの知力を育むため、地域の住民や教職員が講師となり、様々な講座を実施している。英会話

表12–1　豊後高田市の子どもの誕生祝い金制度

区分	４か月に達したとき	１歳に達したとき	２歳に達したとき	３歳に達したとき	総額
第１子 第２子	10万円	–	–	–	10万円
第３子	10万円	20万円	20万円		50万円
第４子以降	10万円	30万円	30万円	30万円	100万円

教室・パソコン講座・そろばん教室・少年少女合唱団・テレビ寺子屋講座などがある。サポートする講師は大学生や塾の先生などで定期的に行政職員や学校長が地域一体となって意見交換を行っている。地域を挙げての取り組みが学力の向上の結果になっている。

②「徳」（わくわく体験活動事業）では、「週末子ども育成活動」として料理教室や太鼓教室、清掃活動や農業体験など子どもたちが日頃体験することができないような活動を行っている。

③「体」（のびのび放課後活動事業）では健やかな心と体づくりを目指し、各種スポーツ大会、スポーツ教室を開催している。支援団体は18競技31団体に上り、中学校や高等学校において県大会や全国大会、国際大会で活躍するチームも存在している。野球・バレーボール・剣道・ソフトテニス・空手・サッカー・柔道・カヌー・卓球などの競技が行われている。

近年、地方都市の過疎化や少子高齢化が進む中、地方では学習をする場所等が少ない現状があるが、大分県豊後高田市では地方に在住していても都会と同じような学習ができるように教育環境を整え、地域格差をなくす取り組みを行っている。

また、これらの施策の財源として「ふるさと納税」を活用し、地域振興基金に積み立てられ使用されている。

第３節　これからの子ども・子育て支援

（１）「受容」・「傾聴」・「共感」５つのプロセスについて

子育て支援とは、保護者が子どもとどう接すればよいか分からないなどの悩みを持った保護者と子育てについて一緒に考えていくことである。

特に子育て支援では保護者に対して「受容」・「傾聴」・「共感」の３つが大切である。「受容」とは保護者の気持ちを受け止め、日々の子育ての悩みを一緒になって考える。「傾聴」とはしっかり保護者の話に耳を傾ける。「共感」は保護者の話に共感し、利用者との人間関係を構築していくことが求められる。そして、子育て支援の現場では下記の５つのプロセスが大切である。

①「環境を設定する」
②「関係を作る」
③「課題を知る」
④「支援する」
⑤「振り返る学ぶ」

①「環境を設定する」では、利用者や保護者が居心地の良い空間になっているか、色や光、音などの刺激がないか、大人や子ども誰もが利用しやすい空間になっているかなど、病気や事故予防に配慮した安心感のある場所づくりが大切である。

②「関係を作る」では、利用者と親しみやすい雰囲気を作り人間関係を構築することが求められる。そして利用者と対等な関係性を築いていくことが大切である。人と話すことに苦手意識を持っている保護者もいる中でスタッフが仲立ちをし、利用者同士が気軽に利用できるような関係性を作っていくことが求められる。

③「課題を知る」では、利用者や保護者の悩みを聞くことが大切である。利用者の話を否定するのではなく関心を持って話を聞き、課題がある親子に気づくことが大事である。課題の解決ができるよう働きかけ信頼できる人に話を聞いてもらい気持ちを納得したいと考えている人が多い。他人の気持ちを想像し、共感的な対応をすることが求められる。

④「支援する」では、保護者や子どもの支援である。子どもの発達段階を見極め親子関係の課題に気付き適切な支援をすることが求められる。また、利用者から相談を受ける場合は自分の限界を知り支援をすることが大切である。対応が難しそうな事例では一人で抱え込まずに周りいるスタッフなどに相談する。

⑤「振り返る学ぶ」では、子育て支援の場では、計画を立て、それを実行する中でその日の反省など見つかりにくい場合がある。気づきがある場合はスタッフ同士で話し合いを重ねることが望ましい。また、新しい取り組みや考え方がある場合、スタッフ同士で共有するのもよい。

様々な個性や考え方を持つ人が多くいる中で必ずしもこうでなくてはならな

いということはなく、多様性を受け入れ何事にも前向きに取り組んでいくことが大切である。完璧に何かをこなすというのは難しいが個人個人で力量が違うといった中で困ったことがあれば周りの人に相談するなどチームで仕事をこなすことがよいと考えられる。

（2）地域の関係機関（者）

これからの子育て支援では地域の関係機関（者）との連携・調整、社会資源の活用が求められる。関係各機関（者）と連携を取ることで保護者の不安を解消し、子どもの支援につなげていくことが大切である。

地域の関係機関（者）を主に下記にまとめると

・児童相談所

「児童福祉法」に基づき子どもや家族の相談を受ける機関。主に①～④の機能がある。

① 措置機能（家庭裁判所の承認により施設入所、里親委託など）

② 一時保護機能（虐待など子どもの心身に問題が見られたり保護者が何らかの事情で養育できなかった場合など）

③ 相談機能（子どもの問題行動、障がい、発達など）

④ 市町村援助機能

・児童発達支援センター

発達障がいなどを持つ子どもが児童発達支援センターに通い、指導したりその子に応じた知識や技能を教えたり集団の生活に適応できるよう訓練などをする。

・児童家庭支援センター

児童相談所と密接な関係を保ちながら保護を要する児童または保護者に対する指導を行う。

・福祉事務所

子どもから高齢者までの生活や障がいなどの支援を続けるための社会福祉行政機関。

・市町村保健センター

ほとんどの市町村に設置され、専門職として医師や保健師、助産師、歯科衛生士などが乳幼児の相談などを行っている。

・保健師

「保健師助産師看護師法」に定められた国家資格で地域における妊婦、乳幼児から高齢者までの相談、助言などに応じている。

・社会福祉士（福祉・医療）

「社会福祉士及び介護福祉士法」に定められた国家資格である。

・児童福祉司（福祉）

「児童福祉法」で児童相談所に配置される職員であり、任用資格が定められている。子どもの虐待や障がい、非行などの相談に応じるケースワーカーである。

第4節　本章のまとめ

「子育て」は子どもが将来大人になった時に上手に生きていく力を育むことである。新型コロナウイルスなどの影響もあり保護者は子育て支援の場などにもなかなか行くことが困難な状況になっている。専門的な知識を持った保育者が保護者一人ひとりと向き合い話をしていくことが大切ではないかと考えられる。また、社会全体の労働時間の改善が求められている。日本はヨーロッパや欧米諸国と比べると長時間労働をしているが、サラリーマンの平均年収は下がってきている。海外諸国に比べ家族と多くの時間を過ごすことが進まず、環境問題、男女共同参画問題、高齢化問題などにも遅れを取っている。行政や民間、地域などが一体となって連携し「つなぐ」取り組みをしていきこれらの問題を少しずつ改善していくことが大切である。

これからの未来ある子どもたちのためにしんどい時やつらい時もありますが毎日、コツコツと共に頑張っていきましょう！

【参考文献】

内閣府『平成４年国民生活白書』1992
内閣府『少子化社会対策白書』2004

佐藤達全「生老病死について学ぶ意味―少子高齢化時代を生きるために―」育英短期大学研究紀要（21）17-31　2004
玉井金五・久本憲夫『社会政策Ⅱ少子高齢化と社会政策』法律文化社　2008
畑山みさ子『少子化対策としての子育て支援の現状と課題』宮城学院女子大学発達科学研究10号　63-67頁　2010
子育て支援者コンピテンシー研究会『育つ・つながる子育て支援具体的な技術・態度を身につける32のリスト』チャイルド本社　2009
小橋明子・木脇那智子・小橋拓真・川口めぐみ『子育て支援』中山書店　2020
土谷みち子・汐見稔幸・野井真吾・山本詩子『今、もっとも必要なこれからの子ども・子育て支援』風鳴舎　2021

第13章

共生社会の実現と障害者施策

第1節　共生社会の現状と課題

「共生とはお互いにその存在を認め合って共に生きること」(『新明解国語辞典』) とあるが、現実は決してそのようにうまくいってはいない。だからお互いに考え方と行動を変えて、うまく共存していこうというのが現在の主張である。その結果、共存共栄が実現できれば理想的である。共生の内容には、上下関係と横並びがある。上下関係は不平等であり、横並びでは不平等にはならない。

上下の場合には、上部が権力を保持しており、下部に対して排除や抑圧をすることがある。その手段は暴力や法律である。上部の価値観が下部に対して強制される。行使できる権利も、上部と下部では大きく違う。

当然、下部には不満が生じて、やがて地位の交代が起こる。その過程で、価値観の転換や権利の調整が必要になってくる。価値観の転換は上部が下部に合わせる場合と、両者が並立する場合とがある。

上下とは言えないが、多数派と少数派の関係がある。多数派には発言権や社会参加する権利が普通にあり、少数派にはそれらが認められていないか制限されている。これは障がいのない人たちと障がいのある人たちの場合を考えてみれば、すぐに理解できる内容である。そういった状況を是正しようというのが、共生である。

横並びの場合には、不平等にはならない。例えば世界が一つになっていなかった時代 (ヨーロッパ諸国の世界進出以前) を考えると分かる。わが国では、鎖国政策をしいた江戸時代が該当する。お互いに他所に干渉しないで、それぞれが独自の社会を構成して活動していく。

しかし時代の進行と共に、その均衡は破られていく。ヨーロッパ諸国の新大陸の発見や、アメリカ艦隊の日本来航である。後段で説明する今西錦司さんの「棲み分け理論（平和共存）」は、生物界では通用するが人間の社会では通用しにくい。

忘れていけないことは、不平等な関係性を変えようとする動きは下部や少数派から起こるということである。上部や多数派からそのような動きが起こることは稀である。

1960年代にアメリカで起こった自立生活運動は、重度の障がいを抱えた大学生による在宅生活の要求であった。わが国でも脳性まひ者の「全国青い芝の会」の活動は、「障がい者を不要な存在と決めつけようとする社会」に対する強い抗議行動であった。

また国連の提唱による1981（昭和56）年の国際障害者年は、「完全参加と平等」のテーマと共に、世界中に共生社会の実現を促進した。「合理的配慮の提供義務」と「障がいを理由とする差別の禁止」は、わが国を含めて世界中に大きな影響を与えた。

世界の大半の国々で採用されている資本主義体制の場合、上部の価値観とは高い生産性と利益である。それに十分適応できない人たち（例えば重度の障がいを抱えた人々）は、基本的人権が認められなかったり、認められていてもほとんど無いに等しい扱いを受けてきた。重度の障がいを抱えた人々の生活状況（教育・労働・法律・社会環境及び社会参加・一般常識など）を考えれば、理解できる内容である。

その是正のために1979（昭和54）年、特別支援学校の義務化が施行されたり、「障害者雇用促進法」が制定されたりする。バリアフリー（壁をなくす）が言われるようになるまで、障がいを抱えた人々は精神・設備・法律・情報・社会生活など多方面で多くの不利を被ってきた。最近ではバリアフリーよりも一歩進んだユニバーサルデザインが、生活の様々な面で採用されるようになってきた。

共生は、ノーマライゼーション思想と共に普及してきた。この考え方はデンマークのバンク＝ミケルセンらの提唱によるもので、今では社会生活全般にわたって適用されるようになった。彼はこの考え方を、第２次世界大戦中のナチスドイツに対する抵抗運動の中から導き出した。捕まって入れられた捕虜収容所の生活と、知的障がい者入所施設の生活を重ね合わせたのである。捕虜収容所と入所施設に共通する当たり前でない生活と、地域での当たり前の生活との違いを痛感した彼は戦後、公務員としての仕事を通じて解消への取り組みを提唱していった。それがノーマライゼーション思想の出発点である。

障がいを抱えた人々を施設に収容・隔離するという社会は、一般の人にとっても窮屈である。その中で「社会防衛論」が言われ、「社会に愛される障がい者像」が唱えられた。しかし「普通（ノーマル）でないのは、社会の方ではないのか」、そう主張してノーマライゼーション思想は登場した。障がい者を治療や教育によって今ある社会へ適応させようという考え方は、それが十分にできない人々（例えば重度の障がい者など）を排除したり抑圧する。

嫌な言葉だが以前、「勝ち組」「負け組」という言葉がはやったことがあった。結果の平等はもとより、機会の平等さえ保障されていない状況下で、自己責任を言うのは酷というものである。「多様性を認めない社会は脆弱である」とはよく引用される言葉だが、脆弱な社会では、生活しているすべての人々が息苦しく感じている。

自殺や引きこもりはその証明である。2019（平成31・令和元）年の引きこもり数は15歳から39歳までで54万1,000人、40歳から64歳まででは61万3,000人で合計115万4,000人にのぼる。自殺者数は1998（平成10）年から2011（平成23）年まで連続して３万人台を記録したが、2020（令和２）年には２万1,000人と減少をたどった。特に2010（平成22）年からの減少は、2007（平成19）年に決定された「自殺総合対策大綱」を踏まえた行政府の積極的な取り組みの成果だ。きちんと取り組めば効果の出る施策を、なぜもっと早く行えないのであろうか。

共生という言葉が一人歩きしている現実を見ると、何とも言えずむなしい。マスコミから聞こえてくるものや目にするものの中に、共生という言葉が何と多く使われていることだろうか。現実の取り組みが十分になされていなくて、しかも実態の伴っていない言葉は軽い。例えば「平和」や「民主主義」や「福祉」という言葉にも、同じような感想を抱く。

それらの言葉に対して、反対を言うことは難しい。しかしその裏で着々と「反平和」や「反民主主義」や「反福祉」の実態が進んではいないだろうか。それらの言葉はお題目のように、ただ唱えていればよいというものではない。地道な日々の取り組みの中で、着実に作り上げていくことが求められる。共生も道半ばというよりも、未だ始まったばかりである。

その点で大いに参考になる視点を見いだした。「他者の立場になって考えてみる。異なる意見を持つ人間に感情移入してみる努力ができるということこそが、想像力という知性を持つ人間の特性なのだ」。著者ブレイディみかこはイギリス在住の50歳代の日本人女性である。他者の存在を自分の存在と同じように認め、異なる意見を自分の意見と同じように尊重することこそが共生の出発点である。

そして他者に感情移入するためには、想像力が必要である。その想像力が共感力（エンパシー）を養う。「それは自然に身に付くものではなく、努力する必要がある」と著者は述べている。似た言葉にシンパシー（同情心）があるが、「こちらは感情であるから自然に備わっている」と説明されている。要するに、共生を実現していく共感力は、本能ではなく育てていくものである。

ダーウィンの進化理論を発展させた今西錦司さんの「棲み分け理論」には、共生にとって参考になるものが見いだせる（説明は後段）。進化理論で生物界は、適者生存の自然淘汰だと言われてきた。そこに弱肉強食や優勝劣敗を見いだした理論もあったが、それは正しい解釈ではない。これまでの、そして現在の人間社会の一部を現していると言えるかもしれないが、共存共栄の共生思想とは相いれない。

優生思想というものがある。それは法律化され「優生保護法」となって、わが国でも欧米諸国でも実施されてきた。障がいを抱えた人たちに対して断種や中絶を迫る内容であるが、本人の意思を無視して、法律によって保護者や医師が強行できるというものである。ナチスドイツの蛮行では、ユダヤ人や精神障がい者や知的障がい者が数百万人も犠牲者となった。思い出すだけでもおぞましい出来事だが、約70数年前に起こった厳然たる事実である。

わが国でも2016（平成28）年に、神奈川県相模原市の知的障がい者入所施設で殺傷事件が起こった。19人の利用者がお亡くなりになり、26人の利用者と職員が大怪我を負った。犯人は以前、この施設で働いていた人物だったことが世間に大きな衝撃を与えた。

彼は「障がい者がいなくなれば、家族や社会に負担がなくなって幸せになれる」という、とんでもない考えを抱いて実行したのである。しかし、彼が特別な考えの持ち主であったとは思えない。この出来事は、世間にはまだまだ優生思想が根深く生き続けているという証明ではなかろうか。

棲み分け理論では、「生物種の間に強弱や尊卑貴賤が論じられず、地球上で共に共生し合っている存在なのだ」と説明されている。生物的自然が競争の場ではなくて、種社会の平和共存する場であるという考え方である。戦争（闘い）が好きで、勝ち負けを最優先する人々には受け入れがたい考え方だろうが、人間の社会で共生を提唱する考え方は、棲み分け理論と同じような内容を含んでいる。薄幸の詩人・金子みすゞは、「みんなちがって、みんないい」と共生を賛歌している。

さらに人間と生物（植物と動物）との共生も、語られなければならない。人類が快適で豊かな生活様式を追求した結果、かつてない人口の増加を招いたばかりでなく、地球環境を激変させてしまった。その結果、生物は著しく減少もしくは絶滅している。生物は人間のように抗議したり行動を起こさないが、このままの状態を放置すれば「最後には誰（人間）もいなくなった」となるのは必然である。

2030（令和12）年までに気温の上昇を、産業革命前の水準よりも1.5度以内に抑えなければ、「地球環境は悲惨な結末を迎えることになる」と専門家は警鐘を鳴らしている。そのためには、これからの約10年間で二酸化炭素の排出量を半減させる必要があり、それは決して容易ではない。

「社会福祉は、このような共生社会をつくりだす社会的な連帯の営みである」と『現代福祉学レキシコン』は述べている。私たちの社会福祉における活動は、共生社会への道を切り開いていると言っても過言ではない。19世紀のロシアの思想家クロポトキンは、「社会を進歩させるものは、競争ではなく助け合い（相互扶助）である」と主張した。

相互扶助を社会的に確立したものが福祉国家だが、それが実現しても、なお私的な助け合い（共助や互助）が社会には必要である。「人間は決して一人では生きられず、社会の中で助け合ってしか生きられない」という事実は、クロポトキンに説明してもらうまでもない真実である。

法治国家であるわが国では、法律の制定によって共生社会を実現していくことが有効である。法律は国民の代表である国会議員が制定するものだから、国民の意思だと考えてよい。社会福祉にはソーシャルアクションという言葉があり、支援者が利用者やその家族のために行動を起こすことは当然である。

しかしそれだけに安住して、選挙や市民運動に無関心であってはならない。「特定の政党やグループを支持するべきだ」と言っているのではない。少なくとも、「社会福祉予算の削減に熱心な所には反対を表明すべきだ」と主張しているのである。

現在は高度経済成長期のように何も活動しなくても予算が増額されるような状況ではない。それどころか、年々社会福祉予算は削減されている。グローバリゼーションの浸透や、新自由主義体制の影響で状況は厳しい。しかし国家財政が不健全（毎年、赤字が出ている）で緊縮財政を取らざるを得ない状況を理解するが、だから「国民が生命の危機に追い込まれても構わない」とは言えない。国家には「お金がないからできない」で済む問題と、済ませられない問題がある。「個人の生命は地球よりも重い」のである。

共助（家族・地域・職場など）の再構築は簡単ではないが、喫緊の課題である。

家族は核家族化や一人世帯や高齢者世帯の増加で、必要な家事や育児や介護といった営みが十分に行えない状況である。少子高齢化の中での家族は、どうあるべきであろうか。

企業でこれまで成果をあげてきた終身雇用制度や年功序列制度がどんどん崩れて、労働者は安心して働くことができない状況にある。おまけに非正規労働者の著しい増加は、取り分け若者の生活設計を立てにくくしている。現在、問題になっている少子化の主要な原因はここにある。

地域は直接有体物の生産に携わらない第３次産業従事者の増加と高齢化によって、これまで何とか維持されてきた婦人会や青年団や消防団といった自主組織の存続が困難になってきた。地域をあげて行う祭りや一斉清掃や各種の行事にも、昔の勢いは見られない。

「親はなくとも、子は育つ」とか「遠くの親戚よりも、近くの他人」とか「向こう三軒両隣」とかいった地域の助け合いの精神が弱まっていることが怖い。以前の形とは違っていても、何とか地域の再生を目指して共生の精神をここからはぐくみたい。

福祉教育は共生社会実現の一助にはなる。しかし人間は感情の生きものであり、必ずしも合理的に考え、合理的な行動を取るわけではない。「差別は良くないからやめましょう」と言われても、すぐにはできない。それができるためには、子どもの頃から障がいを抱えた子どもと一緒に触れ合うことが不可欠である。

地域から子どもたちの姿が消え、子どもたちが一緒に遊んでいる光景が見られなくなって久しい。それだけに保育所や幼稚園や学校において、目の前に障がいを抱えた仲間がいることが必要である。障がい児保育も進んできたし、学校の特別支援学級も充実してきた。後は特別支援学校の分離別学が改善されるかどうかである。

イギリスの19世紀の牧師チャルマーズは、「施与するよりも、友人たれ」と主張した。金品を支援することはもちろん大切であるが、友人として長く付き合う（支援し合う）ことの重要性を説いている。福祉国家の登場で姿を消したかに見えるセツルメント（定住化）運動だが、その運動の意義が薄れることはないし、共生社会実現の礎である。

学校でも地域でも盛んに進められるボランティアだが、そのままの形で継続しても十分素晴らしい。しかしできればもう一歩踏み出して、「社会貢献」にまで進んで欲しい。アフガニスタンとわが国をつないでいるペシャワール会の代表者だった故・中村哲さんは、「目の前に生活に困っている人たちがいれば、見捨ててはおけない」と語っている。社会福祉の面からも、共生社会の実現の点からも貴重な視点である。

ある生物学者は「身体の先っぽの痛みであっても、それが健康に影響する」と述べている。例え少数であっても生活に困難を来たし、支援を必要としている人々に手を差し伸べることは、国家にとっても社会にとっても健康を維持するための重要な活動である。そういう行動を通じて、精神的にも物質的にも健全な共生社会の実現が図られていくのではないだろうか。

評論家の芹沢俊介さんはその著書の中で、「人間はできる（生産する）から価値があるのではなく、ある（生きている）だけで価値がある」と述べている。往々にして現在の資本主義体制下では、どれだけ生産に寄与できるか、どれだけ利益をあげられるかが問われるが、果たして人間の生きる意味はそれだけだろうか。生産や利益に直接結びつかない重度の障がい者や終末期を迎えた患者は、「生きている価値がない」とでも言うのだろうか。

「生老病死」、人間は誰でも年老いて、病気にかかって、介護が必要になって死んでいく。それでも一度しかない人生を、その人らしく精一杯生きていく生活をみんなでつくりあげていく共生社会が実現できれば、どんなに素晴らしいことか。

今回の東京パラリンピック大会で見たものは、どんな障がいを抱えていても、それを受容し克服して見事な動きを見せてくれた人々の素晴らしい活躍である。個人の努力という点では、先に行われたオリンピック大会よりも勝るのではないか。あの姿に、共生社会の見本を見せていただいた気持ちがしている。

第２節　障害者施策の現況

国家の成立を見た明治時代から障がい者施策らしきものは見られたが、それは障がい者のためではなく取り締まりを通じて、社会の治安を維持するものでしかなかった。そのことは最後に紹介するにことにして、現行の施策について説明していきたい。

1970（昭和45）年に「心身障害者対策基本法」が制定された。心身障害者という名称は馴染みのない言葉だが、この法律には「個人の尊厳や権利を保障する」との規定が盛り込まれた。しかし「障がいの発生予防や施設収容などの保護に力点をおくもの」であり、しかも精神障がい者は除外されたままであった。これ以降にも精神障がい者は様々な面で、身体障がい者や知的障がい者に比べて不利を被っている。「国及び地方自治体の責務を明らかにする」とも書かれているが、計画性は見られない。法律には期限を定めて、数値目標を立てるという作業が不可欠であり、「心身障害者対策の総合的推進を図る」だけでは、絵に描いた餅になってしまう。

1993（平成５）年に「障害者基本法」が制定され、定義の上では三障がいの統一が図られた。わが国における本格的な障がい者施策を定めたものである。1981（昭和56）年の国連による国際障害者年（テーマは完全参加と平等）、1983（昭和58）年から1992（平成４）年までの「国連障害者の十年」の取り組みは、ノーマライゼーション思想の広がりと障がい者に対する一般社会の理解を深めた。

国内ではその10年間に「障害者対策に関する長期計画」が立てられ、次の10年間には「障害者対策に関する新長期計画」が、さらに次の10年間には「障害者基本計画」が作成されている。途切れることなく計画が立てられ続けたことは、取り組みの重要性が行政府にも国民にも強く認識されていたと言ってよい。

2003（平成15）年には、従来の措置制度を契約制度に転換した支援費制度が発足した。しかし急増した地域生活支援のニーズの増大や、国や自治体の予算確保が困難な状況（財政赤字）や、地域や障がい別のサービス水準が異なるといった課題が表面化して、2006（平成18）年には「障害者自立支援法」が施行された。

この法律の名称にある「自立」が「就労」と狭く解釈されたが、他にも、様々な異議（提訴を含んで）が申し立てられた。言うまでもなく「自立は就労だけに限らない」わけで、「他者の支援を前提として、豊かな自分らしい生活を自己選択・自己決定すること」を指す。さらに応益負担の導入は、従来の応能負担からの変更だけに、サービス利用者に大きな不安と負担を与えた。そこで2012（平成24）年には「障害者総合支援法」と改正されて、現在に至っている。

最近の虐待の発生の多さと深刻さによって、４種類の虐待防止法が制定された。2000（平成12）年の「児童虐待防止法」、2001（平成13）年の「配偶者暴力防止法」（ＤＶ法）、2005（平成17）年の「高齢者虐待防止法」に続いて、2011（平成23）年には「障害者虐待防止法」も制定された。障がい者の場合が最後になった理由を、考えてみる必要があるのではないか。児童も配偶者も高齢者も一般的であるが、障がい者はそうとは言えない。障がい者を他人ごととみなす風潮がなければ幸いである。

「障害者基本法」の「障害を理由とする差別の禁止」を具体化したものが、2013（平成25）年に制定された「障害者差別解消法」である。諸外国に見られるような「差別禁止法」とならなかった不十分さは残るが、ようやく一歩を踏み出せた感じである。

2006（平成18）年に国連総会で採択された「障害者権利条約」において求められた「合理的配慮の提供義務」と「障害を理由とする差別の禁止」が、ようやく2014（平成26）年になって国会で批准された。わが国には、まだまだ障がい者の人権の拡充にすんなりと賛成できない勢力が、多数存在することが分かる。

障がい者雇用においては、1960（昭和35）年に「身体障害者雇用促進法」として出発し、1976（昭和51）年に「障害者雇用促進法」と改称されて、事業主には義務となった（それ以前は努力義務）。1987（昭和62）年には知的障がい者が算定の対象となり、1997（平成９）年には義務化された。同じように2006（平成18）年には精神障がい者が算定の対象となり、2018（平成30）年には義務化された。三障がいを一律に義務化の対象とはできないものであろうか。

これらの例のように障害と一口に言っても多くの場合、身体障がいから始まって次に知的障がい、そして最後に精神障がいという順序で法律化され、優遇措置の大きさもこの順序である。その理由も一応あるのだろうが、障がいによる差別があってはならない。

常用労働者に占める障がい者の雇用目標割合を法定雇用率として定め、民間企業（43.5人以上）では2.3%以上、国及び地方自治体では2.6%以上、都道府県教育委員会では2.5%以上となっている。その数字を達成できなかった場合には、不足人数１人につき月額５万円を納めることになっている。

2018（平成30）年の厚生労働省の調査では、民間企業で働いている障がい者が53万4,800人、行政機関では５万1,900人となっている。雇用率では民間企業が2.05%、行政機関でも2.11%と法定雇用率を達成できていない。守れない法律は無意味なので、しっかりと守れるような対策を講じるべきであろう。

一般の就労に対して、以前、授産施設や福祉工場などで行われていた「福祉的就労」は、「労働基準法」が適用されないなどの欠点はあるものの、一般就労への準備段階としてとらえれば意味がある。現在では、就労継続支援事業A型及びB型が存在する。

「自立と社会参加」が叫ばれ始めてだいぶ経つが、取り組みとして建物や交通機関のバリアフリー化は不可欠である。1994（平成６）年に公共建築物に対して「ハートビル法」が制定され、2000（平成12）年には「交通バリアフリー法」が制定された。さらに2006（平成18）年には、両法を統一して「バリアフリー新法」が制定された。障がい者の社会参加が叫ばれていても、交通手段の円滑な利用や建物のバリアフリーが実現していなければ、達成は困難である。

これらは物理的なバリアフリーであるが、精神面・法律面・情報面においても図られなければならない。精神面のバリアとは、差別と偏見である。基本的人権の面から問題の多い法律面のバリアは、欠格条項と呼ばれる。内容的には絶対的欠格条項から相対的欠格条項へと前進が見られるが、まだまだ多くの条項が残されている（なお筆者は「全国欠格条項をなくす会」の会員である）。インターネットの普及で生活の省力化が進んでいるが、電子機器を使いこなせる人と、使えない人との格差は大きい。行政府は特別の手段を講じて、情報が誰にでも行き渡るように配慮すべきである。

義務教育の面では、1979（昭和54）年に養護学校（当時）の義務化が施行された。1873（明治６）年に学校制度が開始されてから、100年以上もの間障がい児を放置してきた行政府の責任は無視できない。1953（昭和28）年に文部省（現・文部科学省）の義務教育免除制度が発効しており、障がい児を抱えた保護者はわが子が学齢期を迎えれば、この就学猶予と翌年の就学免除の悩みに直面してきた。

前進したかに見える義務化だが、世界的な標準であるインクルーシブ教育に当てはめれば課題が残る。特別支援学校は普通、一般の学校とは離れたところに建てられる。当然、生徒間の交流は困難になる。「差別と偏見」の克服には子どもの頃からの触れ合いが不可欠だが、それが実現しない。成長してから「差別と偏見はやめましょう」といくら力説しても、心身が馴染まない。特別支援学校の問題については、行政府も国民も改善しようという意識が薄いように感じるが、この状態を放置してよいとは思えない。

2003(平成15)年に制定された「心神喪失者等医療観察法」は、多くの反対を押し切った経緯をもつ。2001(平成13)年に大阪府下の大阪教育大学附属池田小学校で、授業中の教室に１人の男が乱入した。その結果、生徒８人が死亡、教員を含めて15人が負傷するという悲しい出来事が起こった。犯人の精神状態が疑われたが、鑑定の結果は「喪失も耗弱もみられない」というものであった。この事件を受けての制定だが、精神障がい者への偏見を募ったばかりでなく、彼らの予防拘束を通じての保安処分という性格が露骨で、今なお廃止の意見が強いが実現していない。

わが国の行政の性格そのままに、障がい者施策も縦割りである。そこで制度の谷間に取り残される人々が出てしまう。例えば発達障がいや難病や高次脳機能障がいを抱えた人々である。

2004(平成16)年に「発達障害者支援法」が制定されて、保育・教育・就労などの面で困難さを感じてきた人々が支援を受けられるようになった。彼らは知的障がいの定義に入っていなかった自閉症スペクトラム障害、学習症、注意欠如・多動性障がいなどを抱えている。

コミュニケーションを図ることが苦手なために、集団生活に支障をきたす場合が多い。その「生きにくさ」を解消するには、彼らに努力を求める以上に、社会の側が彼らを正しく理解し、様々な配慮をする必要がある。まさしく共生社会実現の可否を試されていると言っても過言ではない。その原因は生まれつきの脳の機能障がいで、本人の性格や親の子育てに原因があるわけではない。

難病は、1972(昭和47)年に「難病対策要綱」ができてその緒についた。病気の原因が不明で、治療方法が見つかっておらず、治療に長い期間と多額の費用がかかる難病は、言葉どおりに困難な病気である。それまで患者本人や家族に重くのしかかっていた治療費の公費負担が実現したことは喜ばしいが、本人の精神的及び身体的な影響（後遺症）や、家族の介護の負担を考えると、周囲の正しい理解と温かい支援が求められる。そのようなささやかな配慮が、共生社会の実現を促進する。

2014（平成26）年には「難病法」が制定されて、本格的な支援体制が整った。2015（平成27）年現在で患者数は約94万人、公費負担額は約2,221億円である。2018（平成30）年現在、指定されている疾病数は331にのぼる。患者数と疾病数が年々増加しているのは、大気・水質・土壌・食べ物などの環境汚染が原因である。しかし原因の除去や改善には、われわれの便利な生活の見直しと、世界的な人口増加に対する対策が必要なだけに容易ではない。

高次脳機能障がいは、脳の外傷（交通事故など）や脳血管障がいや脳炎などによる後天性脳損傷により生じる記憶力や注意力の低下や失語症などの総称である。しかし外見からは障がいが分かりにくく、本人の自覚も乏しいために誤解を受けやすい。聴覚障がい者などと同じように、「見えない障がい」の悩ましい点である。精神障害者保健福祉手帳や身体障害者手帳を取得できる場合には、共通の福祉サービスを受けることが可能である。2006（平成18）年から高次脳機能障害支援普及事業が実施されている。

戦後の障がい者施策が、わが国の高度経済成長のお陰で質量ともに向上したことは疑いない。1970（昭和45）年と2010（平成22）年を比較すれば、国民所得額は約６倍に増加、社会保障給付費は約30倍に増えている。

しかしその経済成長はいつまでも順調に進むはずがなく、1970年代の二度の石油危機を契機として、制度の見直しを迫られてきた。「日本型福祉」というようなまやかしは論外としても、戦後数十年を経過した障がい者施策は、現実には適合しなくなってきていた。

そこでバブル経済（実体経済とはかけ離れた虚像）がはじけた1990年代から検討されてきた社会福祉基礎構造改革は、様々な施策を課題に取り上げた。具体的には、2000（平成12）年施行の介護保険制度や成年後見制度の導入などである。特に従来から実施されてきた措置制度（行政処分）から契約制度への転換は、利用者や事業者にとって大きな変化をもたらした。

そこでは、利用者もしくは家族にサービス内容の選択と決定が委ねられた。

判断力が十分でない人々には、成年後見人が代わって権限を行使する。事業者は選択されることになり「選ばれる施設」が叫ばれるようになったが、その数も処遇レベルも十分とは言えず、建前だけに終わっている。

限られた予算を効率的に配分することに異論はない。しかしこれまで「福祉国家」を標ぼうしてきたのに、赤字財政がふくらむからという理由だけで、社会福祉予算の縮小削減に踏み切るのは得策ではない。容易ではないが、財政の健全化が図れたとしても国民生活が破綻したら元も子もないではないか。

ノーマライゼーション思想の普及は、施設福祉中心だったわが国の社会福祉に転換を迫った。地域福祉あるいは在宅福祉といった用語が用いられ、長く住み慣れた地域でその人らしい生活を維持することが当たり前になってきた。このことは自分に置き換えれば当然のことなのだが、他人事として見過ごしてきたからこれまで続いたと言える。

デイ（通所）サービス・ホームヘルプ（家庭訪問）サービス・ショートステイ（短期入所）サービスの在宅三本柱を核として、ケアマネジメント手法が駆使されるようになった。ケアマネジメントとは原則、地域生活をおくる際に起こってくる様々な生活課題に対して対応する支援活動の調整機能である。

個人の多様なニーズに対して、多くの専門職種が連携と協働を図ることによって、その人らしい生活を維持しようという内容である。1989（平成元）年に設置された在宅（老人）介護支援センターは、2006（平成18）年から設置された地域包括支援センターと並存しているが、数の上では後者の方が圧倒的に多い。24時間、365日、いつでもどこでもサービスを利用できる体制がようやく整ったと言えよう。個人の生活を支援していくことに、休日や休憩時間はない。

施設は「小規模」「多機能」「地域密着」のキーワードが求められている。高齢者施設では、名称そのものの施設「小規模多機能型施設」が数多く登場している。これまで多くの人数で一緒に生活してこざるを得なかったのは、高齢者にとって利点があるわけではなく、施設経営の面から有利であったからに過ぎない。

家庭的とまでは言えなくとも、少人数の生活でいつでも利用者全員の姿が見え、お互いに声を掛け合えられる空間は、利用者に安心と安定をもたらす。要介護状態に変化が生じれば施設を変更しなければならないという制度は、環境の変化に影響を受けやすい高齢者にとってよいものではない。さらに高齢者にとっても家族にとっても「看取り」は、おろそかにできない大切な問題である。

大規模施設だから、地価の安い地域から遠く離れた場所に建設しなければならず、小規模であれば地域の中でも設置は可能である。グループホームは知的障がい者や精神障がい者や高齢者にも見られる形式だが、高齢者において始まった宅老所は一般家庭と何ら変わるところはない。「宅」は「住む所」という意味で、「託」ではない。「預ける・預かる」という関係を超えたものを目指している。わが国で最初の宅老所「よりあい」は、1991（平成３）年に福岡県で発足した。住み慣れた地域で最後まで自分らしい生活をおくることを目指している宅老所は、地域住民との交流も容易で、社会参加も可能である。

明治時代までさかのぼらなくとも、第２次世界大戦以前・戦中・戦後数年は障がい者の人権は軽視された。私が長く勤めた知的障がい児・者施設の施設長は戦争中、一般社会の人々から「穀つぶしと非難された」と語っていた。「飯だけ食べて、戦争の役には立たない」という意味だが、戦争を生産性に置き換えれば、酷い時代だったと嘆くわけにはいかない。

以前はノーマライゼーション思想にみられる地域生活を保障する施策もなく、家庭内で家族だけで支援するか、施設に入るかの選択しかなかった。その頃の嫌な言葉に「座敷牢」というものがある。世間の風評を意識して他人の目を避け、家の中の１室ですべての生活をおくるという悲惨なものである。明治時代の精神保健の先覚者・呉秀三の主張する「わが国に生まれた二つの不幸」の１つ、「行政府の無策と国民の偏見と差別」の実態である。

戦中・戦後に傷痍軍人だけは、名誉の負傷と優遇されたこともあったが、そういった対応が障がい者や高齢者などに及ぶことはなかった。彼らは公的扶助制度の中で細々と処遇されており、1874（明治７）年制定の「恤救規則」、1929（昭和４）年制定の「救護法」がそれに該当する。両法共に制約の厳しい条件下で処遇され、しかもそれは権利ではなく恩恵とみなされた。スティグマが発生する所以である。

障害者に対する支援は、現在でも続いている「家族依存」であり、それ以外には民間の篤志家や宗教家や社会事業家の手に委ねられた。家族依存は家族全員に過度の負担を強いることになり、時には虐待となって家族全体が傷ついた。

もちろん本人への治療や教育は望むべくもなく、障がい者本人が一番の犠牲者である。篤志家や宗教家や社会事業家の熱意と行動力には頭が下がるが、国家の責任はどこにあるのか。経費の問題があり、民間で支援できる障がい者は少数に過ぎない。一般社会の障がい者支援に対する意識も低く、国民全体の問題とはなっていなかったのである。

最後に障がいの「医学モデル」と「社会モデル」について述べておく。医学モデルは障がいの原因を除去したり、障がいへの対処において、個人への医学的働きかけ（治療や訓練）を優先する考え方である。障がいを個人に内在する属性としてとらえ、障がいの克服のための取り組みは、個人の適応努力によるものととらえる。「個人モデル」と呼ばれることもある。

一方、社会モデルは社会的な障壁の除去・改変によって障がいの解消を目指すことが可能だと認識する。障壁の解消に向けての取り組みの責任を、障がい者個人ではなく社会の側に見いだす考え方である。

無論どちらが正しいかというような性質のものではなく、医療や社会福祉やリハビリテーションなど実際の場面において、個々で適切に選択して用いられるべきものであろう。

【参考文献】

寺田貴美代『共生社会とマイノリティへの支援―日本人ムスリムの社会的対応から―』東信堂、2003年
大谷恭子『共生社会へのリーガルベース』現代書館、2014年
大谷恭子『共生の法律学』有斐閣選書、2000年
生瀬克己『共生社会の現実と障害者』明石書店、2000年
金泰明『共生社会のための二つの人権論』トランスビュー、2006年
ブレイディみかこ『ヨーロッパ・コーリング』岩波書店、2016年
栗原彬『共生の方へ』弘文堂、1997年
田村正勝『ボランティア論―共生の理念と実践―』ミネルヴァ書房、2009年
小田兼三他『現代福祉学レキシコン』雄山閣出版、2003年

第14章

在宅福祉・地域福祉の推進

社会の変化とともに多様化・個別化する社会課題が多々ある。まず最初にあげられるのが、①少子高齢社会の到来、成長型社会の終焉、産業の空洞化、②家庭の相互扶助機能の低下、③地域住民相互の社会的つながりの希薄化、④年金、医療、介護問題、⑤生活不安とストレスの増大、自殺やホームレス、家庭内暴力、虐待、ひきこもり、世代間交流の減少（核家族化の生み出したもの）、⑥家族形態の変化、複雑化と問題、⑦児童・青少年問題、⑧自給自足や国際社会の中の日本、⑨国際化と国際交流、多文化（異文化）共生、⑩環境破壊、温暖化、などの問題がある。

一人ひとりが自立した生活を送るための支援は、地域住民も含めた社会全体での支え合いの活動なくして、包括的に支援することができないため、地域住民自らも自分たちでできることは積極的に動き、支え合っていく、福祉の地域（コミュニティ）づくりが求められている。

第１節　少子高齢化社会への対応

わが国では、周知のとおり長期的な少子化の進行が続いている。国立社会保障・人口問題研究所「日本の将来推計人口（平成29年推計）」によると、高齢者人口が増え続ける一方、総人口が減少していくため、高齢化率はさらに上昇し続けて、2065（令和47）年には38.4%に達すると見込まれている。すなわち、日本人口（外国人含）の３人に１人が65歳以上という「超高齢化社会」となる。このままの状態でわが国の少子高齢化が進めば、社会を支える役割を中心的に担う働き手の数は当然少なくなる。この数が減れば、総生産が減り、１人当たりの国民所得（生活水準）を維持することも難しくなってくる。

１人当たりの国民所得（生活水準）を維持するためには、一つに労働参加率を高めていく必要がある。「Year Book of Labour Statistics 1999」（ILO）によると、主要先進国における女性の労働力率の比較からは、わが国の25歳から39歳における女性の労働力率が、他の主要先進国の同じ年齢層と比較して特に低いことがわかる。これは、わが国におけるこの年代の多くの女性が、育児・介護等の家族的な責任を中心的に担っている、つまり「ジェンダー役割分担意識」が根強いためであると考えられる。

とはいえ、女性が産む子どもの数は減少し続けており、少子化の現状は継続している。わが国は、少子化社会であると同時に、女性労働率も非常に低いといった、多数の課題を有している状態にある。少子高齢化に歯止めをかけ、50年後も人口１億人を維持し、家庭・職場・地域で誰もが活躍できる社会を目指すという「一億総活躍社会」の実現にはほど遠い現状である。

それでは、少子化の原因は何かというと、一つには晩婚化、非婚化、あるいは結婚しても子どもを持たない選択の増加があげられる。つまり、経済的理由等から出産を控える傾向にある。これは、子育てにかかる費用が高いこと、核家族化のため子育てへの手助けが無いと考えてしまうこと、子育てと仕事の両立が困難な社会であること、などが要因として考えられる。

少子化対策として、1990（平成２）年の1.57ショック、つまり女性が一生に産む子どもの平均数をあらわす合計特殊出生率が、当時過去最低の1.57であることが判明したのが1990（平成２）年であるが、それ以来様々な対策が講じられてきたものの、いまだ成果が十分には出ていない。2016（平成28）年の合計特殊出生率は1.44で、1.57ショックの頃の水準すら回復していない。

以上のように、少子・高齢化社会が到来している。共生型社会の実現を目指し、男性と女性がそれぞれ個性や能力を活かし、仕事と育児・介護等を含めた家庭生活との両立が図れるような社会経済の仕組みを築いていくことが求められている。

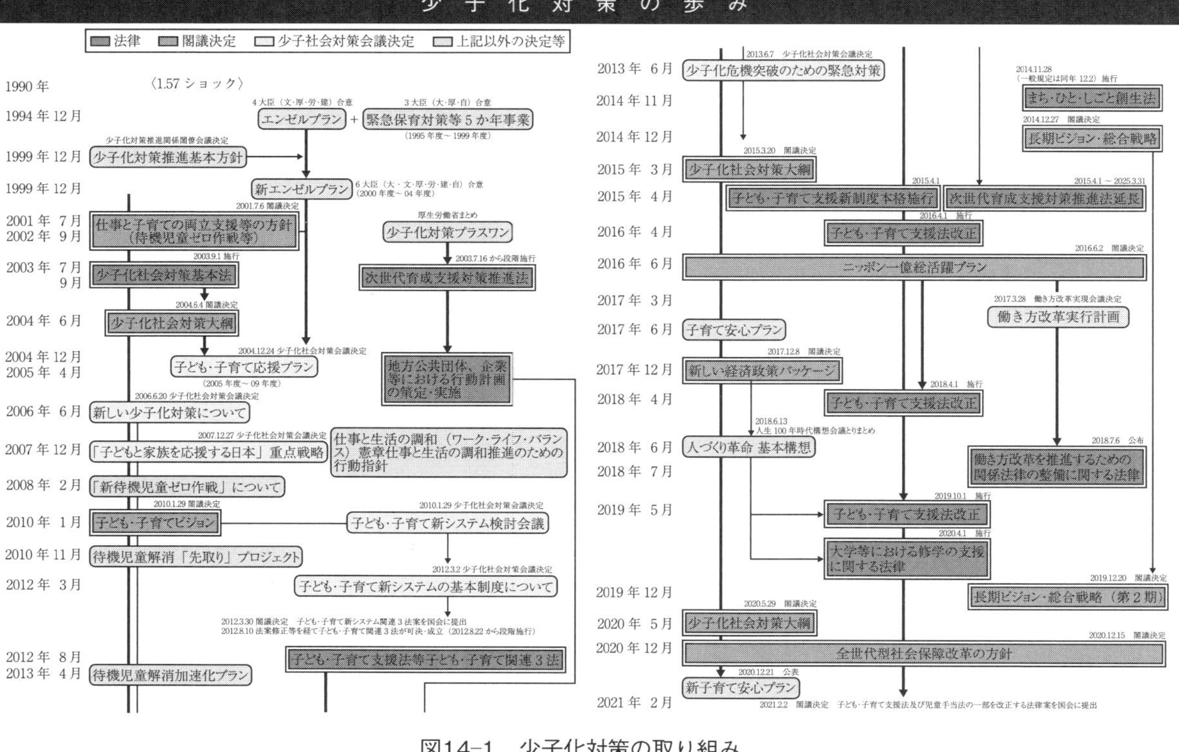

図14-1　少子化対策の取り組み

出典：内閣府資料「これまでの少子化対策の取り組み」

第2節　包容（包摂）社会の実現

「障害者の権利に関する条約」第24条第１項では、「締約国は、教育についての障害者の権利を認める。締約国は、この権利を差別なしに、かつ、機会の均等を基礎として実現するため、障害者を包容するあらゆる段階の教育制度及び生涯学習を確保する（後略）」とされている。包容とは一般的に、障がい者や武力紛争の被害者など、特定の人々を想定し、それらの人々が、差別されることなく、社会に受け入れられることを想定している文脈において使用されることが多い。

また、ニッポン一億総活躍プランでは、ニッポン一億総活躍社会の意義を「全ての人が包摂される社会が実現できれば、安心感が醸成され、将来の見通しが確かになり、消費の底上げ、投資の拡大にもつながる。また、多様な個人の能力の発揮による労働参加率向上やイノベーションの創出が図られることを通じて、経済成長が加速することが期待される（包摂と多様性による持続的成長と分配の好循環）」としている。

社会的包摂（Social Inclusion）とは、1980年代から1990年代にかけてヨーロッパで普及した概念である。第２次世界大戦後の1970年代以降の低成長期において、失業と不安定雇用の拡大に伴い、若年者や移民などが福祉国家の基本的な諸制度（失業保険、健康保険等）から漏れ落ち、様々な不利な条件が重なり「新たな貧困」が拡大した。このように、問題が複合的に重なり合い、社会の諸活動への参加が阻まれ社会の周縁部に押しやられている状態あるいはその動態を社会的排除（Social Exclusion）と規定し、これに対応して社会参加を促し、保障する諸政策を貫く理念として用いられるようになったのである。

今後、人口減少や急速な高齢化が進行する中で、経済や社会の機能を維持・発展させ、質の高い国民生活を実現していくには、国民一人ひとりが社会のメンバーとして「居場所と出番」を持ち社会参加し、それぞれの持つ潜在的な能力をできる限り発揮できる環境整備が不可欠である。このような社会の実現に向けて、社会的排除の構造と要因を克服する一連の政策的な対応を「社会的包摂」という。

そして、ソーシャル・インクルージョン（Social Inclusion）の訳は一般的に社会的包摂と訳される。わが国では，2000（平成12）年12月８日厚生省（現・厚生労働省）の「社会的な援護を要する人々に対する社会福祉のあり方に関する検討会」報告書において「全ての人々を孤独や孤立、排除や摩擦から援護し、健康で文化的な生活の実現につなげるよう、社会の構成員として包み支え合う」ことをソーシャル・インクルージョン、すなわち社会的包摂としている。対象者を「すべての人々」としている点や健康で文化的な生活の実現を目的としているなど広くとらえている点が特徴的である。とはいえ、わが国において社会的排除の状態にあるのは、障がい者、女性、高齢者あるいは貧困、失業、低所得、被災、家族崩壊、健康悪化などの状態にある人があげられるのではないだろうか。

また青山は、社会的包摂とは、「社会的に排除された状況にある人びとを、単に受け入れたり包み込むだけではなく、そういう状況から脱するための政策を実施していく取り組みをすることができる社会を目指していることがわかった」としている（青山　2008年）。つまり、包容（包摂）社会の実現のためには、社会的に排除された状況にある人びとがそういう状況から脱するための政策を実施していかねばならないとしている。

第３節　在宅福祉・地域福祉の推進

１．在宅福祉を中心とする地域福祉

少子高齢化が進む中、公的な福祉サービスだけで要支援者への支援をカバーすることは困難な状況にある。このような状況下、近年の福祉制度改革の方向性として、利用者本位、市町村中心、在宅福祉の充実、自立支援の強化、サービス供給体制の多様化が重視されようとしている。しかし、地域の連帯感も希薄化し、特に大都市での地域社会の脆弱化が課題となっている。

在宅福祉とは、社会福祉の援助を必要とする者が、在宅での生活を継続しながら必要な援助サービスを行う社会福祉の援助方法である。そして在宅福祉は、社会福祉の基本理念の１つであるノーマライゼーション（正常化）を具体化す

るものとして捉えられ、地域福祉の重要な柱の１つとして、施設福祉との連携が重視されるようになってきている。

今後は、在宅福祉を中心として地域福祉を進めていくことが重要となっている。

そして、地域福祉の意義と役割においては、ボランティアやNPO法人（特定非営利活動法人）、住民団体など多様な民間主体が担い手となり、地域の生活課題を解決し、地域福祉計画策定に参加することで、地域に「新たな公」を創出することが期待されている。

しかし、現状としては、次世代を育む場としての地域は、子どもが生まれ、育つ場として、その機能を十分には果たしていない状況といえる。そのため、次世代を育む場として地域社会の再生が必要といえる。

子ども・子育て家庭の現状と課題としては、①少子・高齢社会の急速な進行、及び核家族化の進展、都市化・過疎化の２極傾向、②地域社会の関係性の希薄化、③子育て家庭の孤立、子育ての不安感・負担感の増加、④貧困やDV、児童虐待の増加傾向などがあげられる。そしてこれら子育て家庭をめぐる課題は、個々の家庭等の「自己責任」に帰すのではなく、社会全体での支援が必要といえる。

そこで、地域における新たな支え合いとしては、社会福祉法人（福祉施設）、社会福祉協議会、NPO法人、民生委員・児童委員、ボランティア・市民活動グループなどがそれぞれの活動理念や特性を発揮しながら、相互に連携し合い課題の解決に取り組まなければならない。

２．在宅における介護問題

1995（平成７）年６月末、鹿児島市で74歳の夫が、パーキンソン病の73歳の妻を殺害するという事件が起こった。この夫は妻の介護だけでなく、知的障がい者の長男38歳の在宅介護も行っていた。警察の調べにおいて、「介護に疲れた。私がいなくなったら２人がどうなるかと思った」「息子も殺し、自分も首をつるつもりだった」と言った。在宅サービスも受けず、９年間一人きりで続けた２人の介護、そしてその先に起こった妻殺人事件には、過酷な夫の現実が

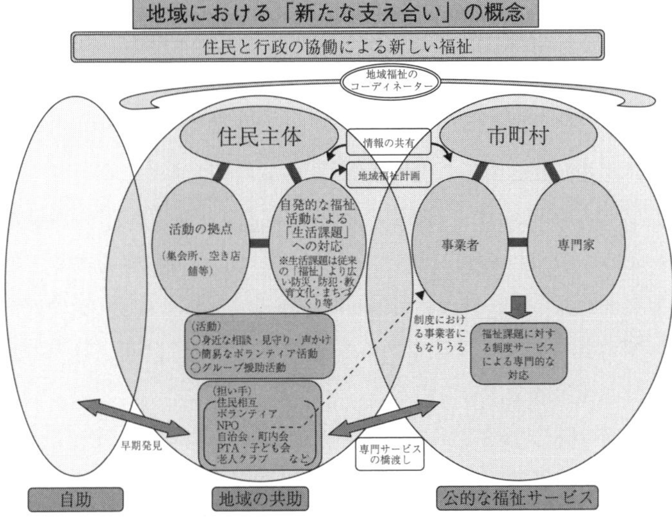

図14-2　地域における新たな支え合い

出典：厚生労働省HP「これからの地域福祉のあり方に関する研究会報告書」

浮かび上がる（1995（平成７）年７月９日西日本新聞）。

この事件は老々介護問題として、当時注目を集めた。夫の犯行はけっして許されるものではなく、正当化できるものではないが、一方で、高齢化社会が進む中、誰もが気兼ねなく利用できる福祉サービスの充実が実現できていないことの証明ともいえる。このような悲劇が起こる危険性は、他人事ではなく、どこにでも、誰にでも起こり得る問題と考えるべきである。

昨今、地域福祉において介護問題が顕在化してきている状況の中で、要介護老人の個別援助はもちろん、その家族を支える援助体制をどのように整備していくのかが課題となる。それには、公・民の在宅介護サービスと地域的サポート体制を充実させ、いつでも、どこでも、誰であっても、気兼ねなく福祉サービスが受けられるような社会整備が急務といえる。

第４節　外国人介護人材の受入れについて

１．介護職員の人材不足問題

日本における介護労働者の現状は、非正規職員に大きく依存している。また、介護労働者の年齢構成は、（施設）介護職員については、30～49歳が主流となっているが、訪問介護員においては、60歳以上が約３割を占めている。そして、男女別に見ると、介護職員、訪問介護員いずれも女性の比率が高く、男性については40歳未満が主流であるが、女性については40歳以上の割合がいずれの職種も過半数を占めている。

また、介護分野の平均賃金の水準は全産業計の平均賃金と比較して低く、そして勤続年数も短い傾向にある。つまり、離職者が多いと言える。

介護の人手不足問題は、新聞やマスコミにおいても頻繁に報道されているが、人手不足感については、種別としては特に訪問介護の不足感が強くなっている。そのような中、介護人材確保の持続可能性を確保する観点から、量的確保のみならず、質的確保及びこれらの好循環を生み出すための環境整備の三位一体の取組を進めていくことが重要とされる。また、団塊の世代がすべて後期高齢者となる2025（令和７）年を展望すれば、病床の機能分化・連携、在宅医療・介護の推進、医師・看護師等の医療従事者の確保や勤務環境の改善、地域包括ケアシステムの構築といった「医療・介護サービスの提供体制の改革」が急務の課題となる。

２．外国人介護人材の受け入れ

向こう５年間で30万人程度の介護分野における人手不足が見込まれる中、新たな在留資格「特定技能」においても介護分野に力が入れられるなど、現在外国人介護人材の確保が課題となっている。

外国人介護人材の受入れについては、①EPA（経済連携協定）、②在留資格「介護」、③技能実習、④特定技能によるものがあり、それぞれの制度趣旨に沿った受入れが進められている。

①EPA制度においては、インドネシア共和国、フィリピン、ベトナムの限定３ヵ国から、これまで5,000名以上の介護福祉士候補者（以下「EPA介護福祉士候補者」という）を受け入れ、約1,000名以上が介護福祉士の資格を取得している。

②介護福祉士の国家資格取得を目指す留学生が目指す在留資格「介護」を創設する「出入国管理及び難民認定法の一部を改正する法律」が2016（平成28）年11月18日に成立し、同月28日に公布され、2017（平成29）年９月１日から施行された。

③技能実習においては、2017（平成29）年11月１日に技能実習制度に介護職種が追加された。2019（令和元）年11月30日の時点では、介護職種における技能実習計画の申請件数は8,249件、認定件数は6,719件となっている。

④中小・小規模事業者をはじめとした深刻化する人手不足に対応するため、生産性向上や国内人材の確保のための取組を行ってもなお人材を確保することが困難な状況にある産業上の分野において、一定の専門性・技能を有する外国人を受け入れていくため、新たな在留資格「特定技能」を創設する「出入国管理及び難民認定法の一部を改正する法律」が2018（平成30）年12月に成立・公布され、2019（平成31）年４月１日から施行された。介護分野においても特定技能１号の在留資格での外国人人材の受入れが進められている。

以上のように、介護現場における人材不足問題が深刻なため、外国人労働者に頼らざるを得ない状況にあることがわかる。

なお、特に人材確保の課題が急務となっている訪問介護分野では、上記在留資格においては、「特定技能」及び「技能実習」は不可とされている。しかし、このままでは訪問介護職員確保問題の解決になかなか直結しないため、「技能実習」はともかく、「特定技能」ビザにおいては、訪問介護も対象とすべきと考える。

【参考文献】

厚生労働省「ニッポン一億総活躍プラン等について」参考資料、2016年
厚生労働省「「子育て安心プラン」について」資料７、2017年
厚生労働省「「新しい経済政策パッケージ」について」資料3-1、2017年

内閣官房「一人ひとりを包摂する社会」特命チーム「社会的包摂政策を進めるための基本的考え方」参考資料、2011年

青山佾「ソーシャルインクルージョンを社会的包容力と訳すまで」『心と社会　No.131　39巻１号　巻頭言』日本精神衛生学会、2008年

福祉臨床シリーズ編集委員会 編『地域福祉の理論と方法〈第３版〉』弘文堂、2017年

藤井威「スウェーデンモデルは日本に適用可能か」『文明』No.18, 1-16、東海大学文明研究所、2013年

芝田英昭「ニュージーランド社会保障の概要と課題」『立教大学コミュニティ福祉研究所紀要』第３号、2015年

橘木俊詔『安心の社会保障改革 ―福祉思想史と経済学で考える』東洋経済新報社、2010年

厚生労働省「各国にみる社会保障施策の概要と最近の動向」『世界の厚生労働』2007年

厚生労働省「各国にみる社会保障施策の概要と最近の動向（イギリス）」『2010～2011年海外情勢報告』2012年

厚生労働省「社会保障施策」『2013年の海外情勢』2013年

佐藤千登勢「アメリカにおけるフードスタンプ改革：2014年農業法をめぐる議論を中心に」『筑波大学地域研究』39巻、2018年　https://www.mhlw.go.jp/file/05-Shingikai-12201000-Shakaiengokyokushougaihokenfukushibu-Kikakuka/0000047617.pdf

第15章

社会福祉に関する諸外国の動向

第1節　諸外国の合計特殊出生率

2019(平成31・令和元)年のわが国における年少人口の割合は12.1%である。国連推計の世界全域の年少人口の割合の26.2%と比較するとその割合は少ない。わが国では、1973(昭和48)年には約210万人であった出生数が1975(昭和50)年には200万人を割り、1984(昭和59)年には150万人を割った。1991(平成3)年以降は増減を繰り返しながら出生数は減少している。2019(平成31・令和元)年には86万5,234人となり、100万人を割っている[1)]。

図15-1のフランス、スウェーデン、アメリカ、イギリス、ドイツ、イタリアなどの欧米における合計特殊出生率の推移をみていくと、1960年代までは、2.0以上の水準にあった。そして、1970年代から1980年代頃にかけては全体的に低下傾向にあった。その理由としては、この時期の「子どもの養育費の増大」「結婚・出産に対する価値観の変化」「避妊の普及」などがある。また、1990(平成2)年頃からは、それぞれの国の取り組みにより、合計特殊出生率が回復した国もみられるようになってきた。さらに、図15-1における国のうち、フランスやスウェーデンにおいては、合計特殊出生率が一時期、1.5から1.6台まで低下したことがある。しかし、それぞれの国の少子化対策が功を奏して回復していった。2000年代後半には、両国の合計特殊出生率は2.0前後まで上昇することとなる。

フランスにおける少子化対策の特徴は、これまでは家族手当を支給する等の経済的な支援が中心であった。しかし、1990年代になると、経済的な支援とともに保育体制の充実がなされてきた。女性が安心して出産・子育てができるように体制を整えること、つまり、子育てしながら就労できるようにするための環境整備がなされたことがフランスの対策の特徴である。現在においても、仕事と子育ての「両立支援」の充実を図るための政策が進められている。

スウェーデンにおける少子化対策の特徴は、早い時期からフランスと同様に経済的支援とともに保育や育児休業制度の充実を図るというような仕事と子育ての「両立支援」施策を進めてきたことである。

ドイツにおける少子化対策の特徴は、現在においても経済的支援が中心となっている。しかし、近年の少子化状況をみて、政府は、仕事と子育ての「両立支援」を重視するようになり、育児休業制度や保育の充実などを示して、支援体制を整えている。

このように、それぞれの国において少子化対策がなされて合計特殊出生率が

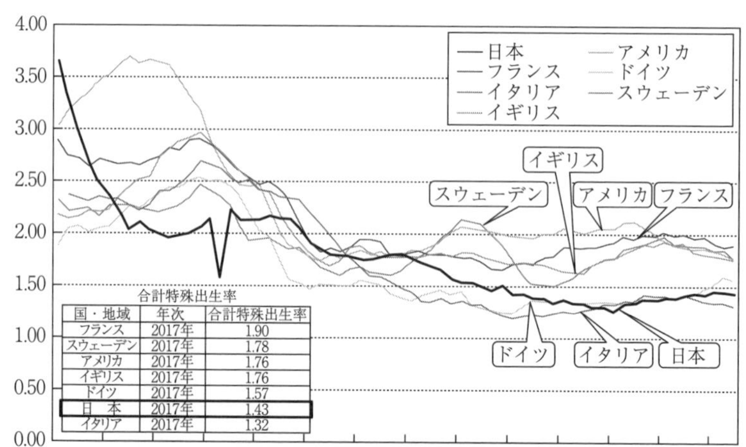

国・地域	年次	合計特殊出生率
フランス	2017年	1.90
スウェーデン	2017年	1.78
アメリカ	2017年	1.76
イギリス	2017年	1.76
ドイツ	2017年	1.57
日　本	2017年	1.43
イタリア	2017年	1.32

資料：諸外国の数値は1959年までUnited Nations "Demographic Yearbook" 等、1960～2016年はOECD Family database、2017年は各国統計、日本の数値は厚生労働省「人口動態統計」を基に作成。

注：2017年のアメリカ、フランスの数値は暫定値となっている。

図15-1　欧米における諸外国の合計特殊出生率の動き

出典：内閣府編『令和２年版　少子化社会対策白書』日経印刷株式会社、2020年、6頁 https://www8.cao.go.jp/shoushi/shoushika/whitepaper/measures/w-2020/r02webhonpen/html/b1_s1-1-2.html（アクセス日：2021年４月29日）

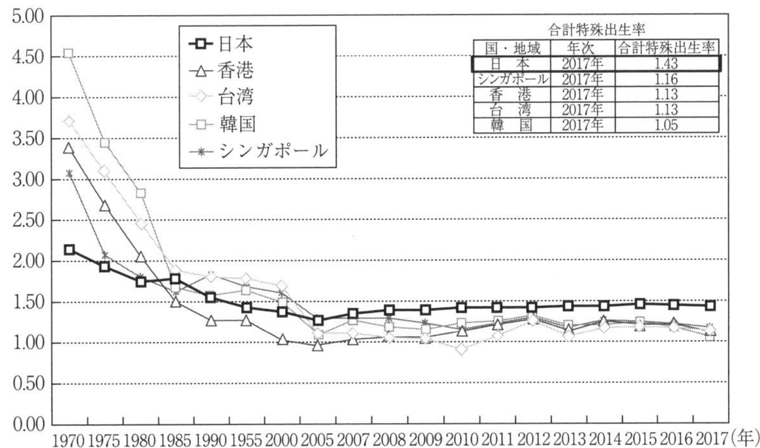

資料：各国・地域統計、日本は厚生労働省「人口動態統計」を基に作成。
注：台湾の1970年は1971年、1975年は1976年、1980年は1981年の数値。

図15-2　アジアにおける諸外国の合計特殊出生率の動き
出典：内閣府編『令和２年版　少子化社会対策白書』日経印刷株式会社、2020年、10頁
https://www8.cao.go.jp/shoushi/shoushika/whitepaper/measures/w-2020/r02webhon-pen/html/b1_s1-1-2.html（アクセス日：2021年４月29日）

回復している。しかし、フランスやスウェーデンでは、2010（平成22）年頃から、再度、合計特殊出生率が低下していき、2018（平成30）年ではそれぞれ1.88、1.75となっている。

また、シンガポール、香港、台湾、韓国などのアジアにおける国や地域での合計特殊出生率の推移をみてみると、1970（昭和45）年の時点では、いずれの国や地域においても、わが国の水準を上回っていた。しかし、合計特殊出生率は、次第に低下していき、現在においては人口置換水準を下回る状況となってしまっている。2018（平成30）年の合計特殊出生率については、シンガポールが1.14、香港が1.07、台湾が1.06、韓国が0.98となっており、わが国の1.42を下回る水準である。

第２節　諸外国の少子化対策

１．フランスの少子化対策

先述のとおり、フランスは、保育サービスや家族手当の充実というような、仕事と子育ての両立支援を目指した対策の充実を図ってきた。それにより、1993（平成５）年には合計特殊出生率が1.66であったが、2010（平成22）年には2.02にまで回復した。なお、2019（平成31・令和元）年は1.87となったが、この合計特殊出生率はEUのなかで、現在において最も高いものとなっている。

衛藤内閣府特命担当大臣（少子化対策）は、2020（令和２）年１月12日から16日の間にフランスを訪問した。それは、フランスにおける子ども・子育て支援施策について、関係者と意見交換を行うとともに保育関係の施設に出向いて視察を行い、わが国が学ぶべきことを把握するためであった[2)]。

A.グリア経済協力開発機構事務総長は、同大臣との意見交換の場所でフランスが少子化克服のためにするべきことは、保護者が子育てに対する安心感を持つようにすることであると述べている。そのために、政府は、経済的な不安軽減のため仕事と子育ての両立ができるようにしていくことや男性が育児休業を取得しやすいような職場環境をつくっていくことが必要ということである。

そして、K.デュボス連帯・保健大臣付担当長官は、フランスではすべての子育て家庭に対して支えていくという「連帯」の理念にもとづく政策を行っていると述べている。また、現在において特に力を入れている少子化対策は、子育て家庭のニーズに応じた保育の方法を確保する、３歳から義務教育を実施する、女性の仕事と子育ての両立を保障するために職場復帰できるための支援をすることであり、これらの実施が必要とされている。今後においては、求職中の保護者の子どもを保育園に受け入れる、早朝・深夜に子どもを預かるなど子育て家庭の要望に応える形での保育の充実を図っていくことが必要ということである。

また、V.マゾリック全国家族手当金庫（家族手当の給付や保育施設の整備・運営を所轄する全国組織）総長は、フランスにおける子育て支援の制度は収入に関係なく誰でもが受けとることができるという「普遍性」の原則、そして、「家庭と仕事の両立」の原則という2つの柱になっていると述べている。なお、「普遍性」の原則を大切にしているが、近年においては家族手当の給付や保育園の利用料に対して所得制限を設けるなどして「社会的公正」も重視し、また、「仕事と子育ての両立」については子育て家庭のニーズに応じた保育手段を提供するなどして、現物給付に対するニーズに応えるかたちで、女性の就業率を高めてきたと述べている。

パリ市家族政策担当者は、パリ市には220万人の人口があり、そのうち両親が共働きの世帯は70％以上の状況にあるため、重点を置くのは職場復帰支援などの社会的支援であり、仕事と子育ての両立をしやすくするための子育て支援をしていると述べている。同市は、24か所の家族計画センターを設け、妊娠前から家族計画の相談にのる、出産するか否かは家族の選択肢であることを示すとともに、将来の生活に向けての支援、ひとり親家庭への支援、再婚家庭への支援により、出生率に貢献しているとも述べている。

2．ドイツの少子化対策

ドイツ[3)]は、これまで合計特殊出生率が1.5を下回るヨーロッパにおける低出生国であった。近年の少子化対策により、ドイツの出生率は増加してきている。ドイツ連邦統計局の調査では、2016（平成28）年の出生数は79万2,131人であり、2015（平成27）年に比べて５万4,556人（７％）増である。その後、５年連続で増加してきた。このうち、母親が外国人である子どもの数は18万4,661人で2015（平成27）年に比べて25％増加している。また、シリア、イラク、アフガニスタンなどの出身の女性が、ドイツで子どもを多く出産している傾向にある。母親がドイツ人女性である子どもの数は、約60万7,500人で2015（平成27）年に比べ３％の増加となった。特に30歳から37歳の女性の出産が増えている。ドイツの2016（平成28）年の合計特殊出生率は1.59であり、1973（昭和48）年以来の最高値である。ドイツ人女性の合計特殊出生率は、2014（平成26）年で1.42、2015（平成27）年で1.43、2016（平成28）年で1.46である。外国人女性の合計特殊出生率は、2014（平成26）年で1.86、2015（平成27）年で1.95、2016

(平成28) 年で2.28である。このような出生率回復は、政府の2000年代後半における男女の無償・有償労働におけるギャップを縮める取り組みのような家族政策で生じてきたものである。

ドイツ、特に旧西ドイツでは、男性だけが働くという性別役割分業が定着していた。また、女性については、子どもの小さいうちは子育てに専念しなければならないという社会通念があった。しかし、女性のみが子どもの世話をするという負担は、母親のフルタイムの仕事への再就職を妨げることになり、また、雇用主が子育て世代の母親を雇う機会を減らすことにつながる。つまり、女性の就業率が低くなり、保育園の整備が遅れていくことになる。少子化対策として、ドイツ政府は、2000年代後半に仕事と子育てでの男女の責任分担において、対等であることを求めて保護者と子どもが一緒に過ごすことのできる時間の増加を目的とした家族政策を示した。保育施設の拡充、2007 (平成19) 年には手取り所得の約７割を保証して、かつ、最大で12か月の「両親手当」を支給、両親が共に育児参加する場合には「両親手当」を２か月追加で受給できるようにした。2007 (平成19) 年の改革をもとにして、2015 (平成27) 年には「両親手当プラス」を示した。両親共に週25時間から30時間勤務をする場合に、通常の受給期間とともに最低でも４か月の受給を可能とした。そうすることで、子どもが小さいうちは両親が時間短縮勤務をすることを奨励した。ドイツは、このような政策により、男女の家事育児負担の平等化、女性の職場復帰を促した。これが、出生率回復に結びついていたと考えられている。しかし、ドイツの合計特殊出生率は、OECDの平均 (2016 (平成28) 年現在で1.68) を下回っているため、保育園の不足等、仕事と家庭の両立の難しさが今なお残っているといえる。

３．フィンランドの少子化対策

高負担、高福祉の国家であるフィンランド[4)] は、2012 (平成24) 年の合計特殊出生率は1.80であり、日本の1.41を大きく上回っている。日本は1980年代以降の合計特殊出生率は減少傾向にある。しかし、フィンランドでは上昇傾向にある。フィンランドは、出産・子育てをしやすい環境であるといえる。フィンランドの社会保険庁事務所は、子どもを産むことで生じる利益についての手当や各種の休暇制度などを示している。

利用できる制度は、「雇用契約法に基づく家族休暇の取得」「子どもの育児に関する休暇」「入学１年目・２年目の親を対象とした手当」「妊娠交付金または育児パッケージの取得」「育児手当」「特別育児手当（子どもが３か月になるまで）」「父親手当」「子ども手当（子どもの誕生後、17歳になるまで）」「家庭での育児手当（３歳未満、保育サービスを受けていない世帯を対象）」などであった。ヘルスケアサービスについては、地方自治体の義務として、出産する親、子育てをする親をサポートする体制を確立しており、出産への前向きな感情をもたらしている。また、妊娠中からの切れ目のない家族支援を行っているのが自治体運営の「ネウボラ（アドバイスをする場所）」である。

フィンランドでは、妊娠が分かったら、地方自治体が提供するネウボラを利用することになる。ネウボラには、保健師・助産師がおり、妊娠中から子どもが６歳になるまでの間、必要な育児支援サービスを提供する。妊娠した親は、出産は病院で行うが、その他の育児に関する相談や健診はネウボラのサービスを利用する。そのサービスは無料である。このネウボラは、1920年代における新生児の高い死亡率を克服し、母子保健の充実をもたらすために、小児科医・看護師・助産師らによって無料ではじまった取り組みである。それは、1944（昭和19）年に制度化された。フィンランド国内で800か所以上ある。現在も、所得に関係なくサービスは無料である。

また、ネウボラを利用した親は、原則として一人のネウボラ保健師からの支援を受けることができる。利用者は、妊娠期間中の健診、保健師・助産師からのアドバイス、出産後の定期面談などを受けることになる。面談により、利用者との信頼関係を構築していくことになる。ネウボラと親とをつなぐのが「育児パッケージ（出産・子育てに向けての準備物）」であり、出産に際しフィンランドの社会保険庁事務所から支給される母親手当の１つである。母親は、妊娠が分かった時に「育児パッケージ」または現金を受け取ることができる。

このサービスについては、国内外で大きな関心を呼んでいる。なお、育児パッケージ・現金の受給の可否についての所得制限はないが、受けとるためには妊婦健診が必要である。よって、育児パッケージは、親とネウボラとをつなぐという重要な役割を担っているといえる。妊娠早期に、親とネウボラとをつなぐことで、妊娠によるリスクの早期発見・早期予防に貢献するとともに、妊産婦と乳幼児の死亡率も改善されることになる。フィンランドは、子育て支援を社会の義務と考え、育児情報が親に伝わるようにするために、親とネウボラをつなぐようにしているといえる。100年近く前に起源があるネウボラが社会に「安心」を与え、出産と子育てがしやすい環境をもたらしている。

4．経済協力開発機構（OECD）加盟国の状況

OECD加盟国についての報告書[5)]では、女性の家事負担が社会における女性の有償フルタイム労働に影響を及ぼし、女性の合計特殊出生率に影響を与えることを指摘している。OECD加盟国で、有償・無償労働それぞれの分野において男女平等ができている国はない。また、OECD加盟国では、女性が男性よりも無償家事労働を多く行っている（図15−３）。女性は男性と比較して、平均２倍の時間を家事・育児に費やしている。同報告書では、有償・無償労働の合計時間は、すべてのOECD加盟国において女性の方が男性より多いことも指摘している。夫婦の間で仕事と子育ての両立をもたらすための機会と責任を平等にしていくことは、家族の暮らしの安定をもたらすために求められることである。それは、父親が子どもたちとともに多くの時間を過ごすことを可能にする。父親も子どもの成長を支える担い手となる。母親の労働においては、キャリアの追求をもたらし、女性の就労を保障することになり、出産後も長期的な労働力として就労を定着させることにつながる。また、年金受給資格を付与することになり、女性の経済的自立と家族とのつながりの両方を強化することにもなる。

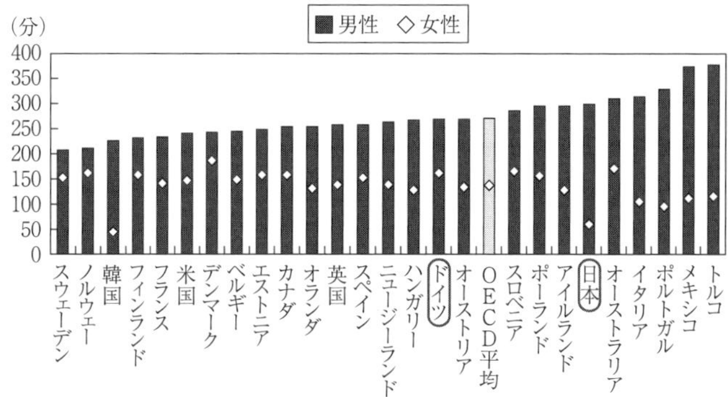

1. オーストラリア（15歳以上）、ハンガリー（15-74歳）及びスウェーデン（25-64歳）を除き、15-64歳の数値。
2. 数値は、オーストラリア：2006年；オーストリア：2008-09年；ベルギー：2005年；カナダ：2010年；デンマーク：2001年；エストニア：2009-10年；フィンランド：2009-10年；フランス：2009年；ドイツ：2001-02年；ハンガリー：1999-2000年；イタリア：2008-09年；アイルランド：2005年；日本：2011年；韓国：2009年；メキシコ：2009年；オランダ：2005-06年；ニュージーランド：2009-10年；ノルウェー：2010年；ポーランド：2003-04年；ポルトガル：1999年；スロベニア：2000-01年；スペイン：2009-10年；スウェーデン：2010年；トルコ：2006年；英国：2005年；米国：2014年。

資料：OECD Gender Data Portal 2016

図15-3「一日当たりに子育てその他無償の家事労働に費やす平均時間（15～64歳、男女別）」各国直近値

出典：内閣府編『令和元年版　少子化社会対策白書』日経印刷株式会社、2019年、10頁 https://www8.cao.go.jp/shoushi/shoushika/whitepaper/measures/w-2019/r01webhonpen/html/b1_s1-1-2.html（アクセス日：2021年4月29日）

第3節　わが国における取り組みの現状と今後の展望

1．わが国における取り組みの現状

2017（平成29）年10月19日に、大韓民国のソウルで「少子化及び人口問題に関する国際会議」[6)]が開催された。わが国は、少子化対策として待機児童の解消、幼児教育・保育の無償化、高等教育の無償化などに取り組んでいることについて報告した。

松山内閣府特命担当大臣（少子化対策）[7)]は、「地域の実情に応じて結婚支援や子育て支援などに取り組む地方公共団体を支援する日本の取組をアピール

し、また、急激に進む少子高齢化への対応は、日本固有の問題ではなく全世界的な課題であることから、あらゆる政策手段を尽くし、日本の取組を世界経済の未来に挑戦する新たなモデルとして、世界に発信していく」との決意を表明した。

韓国保健福祉部は、韓国の出生率が2000（平成12）年以降は1.1前後と低水準（OECD加盟国の中で最下位）で推移していること、2006（平成18）年に「第１次少子・高齢化に関する基本プラン」を採択した後に、５年ごとにその見直しを行い、第３次プラン（2016（平成28）年から2020（令和２）年まで）では、「雇用」「住居」「教育」分野に重点を置いているという報告をしている。また、長時間労働・男性の育児休業の取得率の低さが少子化の要因との指摘があるため、少子化克服に向けた日本と共通の課題をもっている。

日本と韓国は、同会議で少子高齢化という共通課題があり、人口減少について共同で課題解決を図ることの重要性に合意することで、日韓両国における人口問題克服のための共同研究、東アジアの人口問題を議論するプラットフォームの立ち上げに向け検討を進めている。

２．わが国が学ぶべきこと

フランスやスウェーデンにおいては、一時期、合計特殊出生率が1.5から1.6台まで低下したことがある。しかし、両国は、国民に対して税金での負担を求めて、経済的な支援を含めた子ども・子育て支援策の充実、つまり、仕事と子育ての両立に向けた支援策などを長期的に行うとともに、継続的そして総合的に取り組んできたことにより、2000年代後半には2.0前後まで回復したことは先述のとおりである。両国の合計特殊出生率は、現在においても比較的高い割合を維持している。このことから、わが国においても経済的な支援、保護者ニーズに沿った保育サービスの提供を行えるように体制を整えていく必要があるといえる。

ドイツは、日本と同様に長期にわたって合計特殊出生率が低迷していた。しかし、男性と女性の家事と育児の負担を平等にすること、そして、女性が出産後も職場復帰ができるようにすることを促した。それによって、合計特殊出生率が回復しはじめている。このことから、わが国においても、男女平等についての啓発活動を行ったり、出産後の女性の就労場所の保障ができるように企業側に働きかけていく必要があるといえる。

また、フィンランドでは、妊娠がわかった時には、親がネウボラと繋がるように働きかけ、出産に向けてネウボラによる支援と育児パッケージまたは現金の給付が行われる。わが国においても、子育て支援に関する相談場所における支援体制の充実を図る必要があるといえる。

一方、アメリカでは、1990年代から2000年代にかけては、2.0前後の合計特殊出生率の維持がなされていたが、近年においては減少してきている。

第４次「少子化社会対策大綱」においては、長期的に少子化対策をしていくために、諸外国の少子化対策を把握し、わが国における社会経済や国民負担について検討し、諸外国における施策がどのように効果的であり、また、優先される必要があるのかを考えて、とりいれていくことが重要であると示している。

３．わが国における今後の展望

わが国では、ドイツ、特に旧西ドイツと同じように、男性と女性の性別役割分業が明確になされ、男性は仕事、女性は子育てととらえられ、子どもを保育所等に預けて女性が働くというイメージがもたれていなかった。３歳児神話などのイメージもあり、保育・教育施設の環境が十分ではなかった。

2015（平成27）年には、2026（令和８）年３月末までの10年間の時限立法である「女性の職業生活における活躍の推進に関する法律」[8]が、「この法律は、近年、自らの意思によって職業生活を営み、又は営もうとする女性がその個性と能力を十分に発揮して職業生活において活躍することが一層重要となっていることに鑑み、男女共同参画社会基本法の基本理念にのっとり、女性の職業生活における活躍の推進について、その基本原則を定め、並びに国、地方公共団体及び事業主の責務を明らかにするとともに、基本方針及び事業主の行動計画の策定、女性の職業生活における活躍を推進するための支援措置等について定めることにより、女性の職業生活における活躍を迅速かつ重点的に推進し、もって男女の人権が尊重され、かつ、急速な少子高齢化の進展、国民の需要の多様化その他の社会経済情勢の変化に対応できる豊かで活力ある社会を実現することを目的とする」（第１条）として制定された。そこでは、「女性の活躍に関する状況把握、課題分析」「状況把握、課題分析を踏まえた行動計画の策定、社内周知、公表」「女性の活躍に関する状況の情報の公表」の義務が示されている。また、事業主に対して「働き方改革」として長時間労働の抑制、そして、同一労働同一賃金原則の徹底などを求め、有償労働の分野での男性と女性の間の格差について縮まってきている状況にある。しかし、諸外国と同様に、家庭での家事・育児というような無償労働については、依然として男性よりも女性の方が多い。

わが国は、OECD諸国の中で、特に家事・育児の時間における男性と女性の役割分担の割合が偏っている国の１つである。このことは、女性のフルタイム労働復帰の機会を失わせることになるとともに、働きながら出産し子育てをすることを希望する子どもの数があると考えられるが、そのプランを一部断念せざるを得ない状況になってしまう。男性の家事・育児の参加についても働きかけていき、女性が活躍できる状況をもたらしていく必要があるといえる。

【注】

1）少子化の動向と合計特殊出生率の詳細については、内閣府編『令和２年版　少子化社会対策白書』日経印刷株式会社、2020年、pp４～５を参照されたい。

2）フランスの少子化対策の詳細については、同上、pp７～９及び西一和「各国の子育て支援に関する取り組み　２－４　フランスの子育て環境一考」『自治体国際化フォーラム』2015年、pp11～12を参照されたい。

3）ドイツの合計特殊出生率と少子化対策の詳細については、内閣府編『令和元年版　少子化社会対策白書』日経印刷株式会社、2019年、pp９～11を参照されたい。

4）フィンランドの合計特殊出生率と少子化対策の詳細については、榎本聡「各国の子育て支援に関する取り組み　２－２　フィンランドの子育て支援『ネウボラ』」『自治体国際化フォーラム』2015年、pp７～８を参照されたい。

5）OECD加盟国における少子化対策の動向の詳細については、前掲注３）、pp10～11を参照されたい。

6）「少子化及び人口問題に関する国際会議」での話し合いの内容の詳細については、内閣府編『平成30年版　少子化社会対策白書』日経印刷株式会社、2018年、p10を参照されたい。

7）内閣府編『平成30年版　少子化社会対策白書』日経印刷株式会社、2018年、p10
8）「女性活躍推進法」https://elaws.e-gov.go.jp/document?lawid=427AC0000000064（アクセス日：2021年４月28日）

【参考文献】

池本美香「特集1 グローバル化する地域社会　子ども・子育て支援制度の課題～諸外国の動向をふまえて～」『国際文化研修』第94号、2017年、pp12～17　https://www.jiam.jp/journal/pdf/910138cfc0bfd5b9f2637768ae32bd019c5c0e3c.pdf（アクセス日：2021年４月28日）
榎本聡「各国の子育て支援に関する取り組み　２－２　フィンランドの子育て支援『ネウボラ』」『自治体国際化フォーラム』2015年、pp７～８　https://www.jri.co.jp/MediaLibrary/file/report/other/pdf/7896.pdf（アクセス日：2021年４月28日）
社会福祉士養成講座編集委員会編『15　児童や家庭に対する支援と児童・家庭福祉制度』中央法規、2019年
立花直樹・波田埜英治・家高将明編『社会福祉　原理と政策』ミネルヴァ書房、2021年
内閣府編『令和２年版　少子化社会対策白書』日経印刷株式会社、2020年 https://www8.cao.go.jp/shoushi/shoushika/whitepaper/measures/w-2020/r02webhonpen/index.html（アクセス日：2021年４月30日）
内閣府編『令和元年版　少子化社会対策白書』日経印刷株式会社、2019年 https://www8.cao.go.jp/shoushi/shoushika/whitepaper/measures/w-2019/r01webhonpen/index.html（アクセス日：2021年４月30日）
内閣府編『平成30年版　少子化社会対策白書』日経印刷株式会社、2018年 https://www8.cao.go.jp/shoushi/shoushika/whitepaper/measures/w-2018/30webhonpen/index.html（アクセス日：2021年４月30日）

第16章

介護福祉

第1節　変わりゆく「介護福祉」

わが国では、1987（昭和62）年から始まった介護福祉の歴史は35年を迎えている。少子高齢社会がもうしばらくは続くことが予想されているので、変わりゆく社会の変化に合わせて制度や実態も様々な工夫が必要な時代になる。

大きく変わったのは2000（平成12）年の「介護保険制度」の創設である。その制度の中核を担うのは介護福祉だが、20年以上経過して「財源不足」や「人材不足」といった課題が明らかになっている。本章では、介護福祉の概念や歴史、現状と課題、介護福祉を取り巻く環境の変化、今後の展望等についてもいくつかの提案をしている。紙面の都合もあり、概略にならざるを得なかったが、初心者にも分かりやすく説明している。

1．感染症の再来

多くの医療・看護・介護系のテキストの冒頭には、“感染症の時代は終わった”と書かれてきた。これは、わが国の少子高齢化が大きな社会問題になったことと、感染症はある程度押さえ込むことができていたからである。急性疾患より慢性疾患を患う高齢者が多いこともあった。

ところが、2019（令和元）年12月、中国武漢市に発生したCOVID-19と言われる新型コロナウイルスが、あっという間に世界中に拡がりパンデミックを起こしてしまった。ほとんどの国で、感染防御策（手洗い・アルコール消毒・マスク）の徹底やソーシャルディスタンス、リモートワークや遠隔教育が求められ、感染者の急増に対してロックダウンが当たり前に行われるようになった。わが国ではロックダウンはできず、自粛や緊急事態宣言によって国民の判断に期待した政策がとられた。2021（令和３）年10月の段階でもなお、国によってワクチン接種状況にバラツキがあり、変異株の出現も見られ終息には至っていない。

わが国は、国民１人当たりの病床数は世界でもトップクラスと言われているが、残念なことに保健所の機能不全や急性期病院における人員の不足や、準備不足が露呈し、医療崩壊という状況を経験した。第６波の襲来の中で、ワクチンや治療薬の開発が急がれている。

介護施設の感染症対策も大きく変化している。入所者や家族、また介護者への積極的なワクチン接種をし、クラスター予防対策をしている。入所施設では、基本的に対面での面会は制限され、高齢者と家族の年齢や状態を考えると、それほど時間的な余裕はない。施設の工夫によって、オンラインで話ができるようにタブレットを使用したり、ガラス越しの面会等工夫をしている。通所事業所でも健康チェックを厳重に行い、消毒や換気を徹底している。施設内で感染者が出るとクラスターが発生し、皆が入院することもできず、重度化する高齢者が増え、防護服を着て介護をする日常が当たり前になっている。障がい者の施設も同様に大変な日常になった。

さらに大変なのは訪問系の事業所である。以前より訪問介護員の不足が問題になっていたこともあり、ますます在宅での生活が困難な状況になっている。緊急事態宣言時には、通所事業所も制限がかかり、在宅の高齢者も家族も自粛生活をせざるを得なくなった。身体的にはフレイルという病弱な状態になり、精神的には認知症の悪化や、感染への不安がストレスとなりうつ状態になりやすくなる。２年目の2021（令和３）年になると、感染者数の増減によって対応を変えることができる事業所も増えてきた。訪問診療や訪問看護でも、在宅感染者への対応ができる事業所が徐々に増えてきた。ゼロコロナではなく、ウィズコロナという言葉も聞かれるようになってきた。このまま少しずつ弱毒化したウイルスに変異してほしいものである。

2．「介護福祉」の概念と歴史

介護福祉士という資格は、1987（昭和62）年に制定された「社会福祉士及び介護福祉士法」に定められ、この法律によって介護福祉士の名称を用いて、「専門的知識及び技術をもって、身体上又は精神上の障害があることにより日常生活を営むのに支障がある者につき入浴、排せつ、食事その他の介護を行い、並びにその者及びその介護者に対して介護に関する指導を行うことを業とする者をいう」と規定されていた。

13年後の2000（平成12）年より導入された介護保険制度や、2006（平成18）年に制定された「障害者自立支援法」等によって、介護の対象が障がい高齢者や認知症高齢者、障がい（児）者等多様な障がいがある人に拡がってきたため、従来の身体介護にとどまらない新たな介護サービスへの対応が求められるようになった。

そこで、2007（平成19）年12月に法の一部改正が行われ、介護福祉士に関しては、「介護」を「入浴、排せつ、食事その他の介護」から「心身の状況に応じた介護」に改めるなど、定義規定の見直しが行われ、他には個人の尊厳の保持、認知症等心身の状況に応じた介護、福祉・医療・保健サービス提供者との連携について新たに規定するなど、義務規定の見直しが行われた。

介護福祉士の役割については、それまで特別養護老人ホーム等で行われていた、食事や排せつ、入浴介助といった寮母の仕事を介護と位置づけた。また在宅での家族による世話も介護と呼ばれるようになっている。

「介護福祉」の歴史はまだ浅く、その意味するところについては、実践の科学としての研究や発展を待たなければならないが、ナイチンゲール生誕200年の歴史を持つ近代看護から学ぶことも多いと思う。「介護」という言葉を辞書『広辞苑』（第７版）で引くと、「高齢者・病人などを介抱し、日常生活を助けること」とある。英語では、「nursing, elderly care」という言葉になっている。わが国ではじめて用いられたのは1963（昭和38）年に制定された「老人福祉法」で特別養護老人ホームで働く寮母の業務上の行為を「介護」と規定したことによっている。本来は看護師の業務に近いものだったが、当時の慢性的な看護師不足の影響を受け、育児や家族の世話の経験のある婦人や保育士（当時は保母）がその任に当たったと言われている。

その後の高齢化といった社会情勢の変化に伴って「介護」の必要性や認識に国民の関心が寄せられるようになった。看護学をはじめとして社会福祉学・家政学・リハビリテーション医学といった専門領域を中心に、社会福祉の一端を担う「介護福祉士」を専門領域として成熟させ、他の専門職種との連携・協働といった取り組みが求められている。

3．介護福祉に携わる人々

現場で直接利用者に介護を提供している人を見てみると、大きくは介護施設職員と在宅で生活する人々を介護している職員に分けられる。

介護福祉士資格取得の状況をみると、介護現場で働きながら実務経験を積み研修を受けた後、国家試験に合格した人と介護福祉士を養成する専門学校や短大、大学を卒業した人の２つに大別される。養成校を卒業した人にも国家試験の受験が課せられているが、外国人の受験等、新たな課題も出てきているので後述する。

介護現場には、介護福祉士以外にも多くの職種が利用者を支えている。医療関係職種である医師、看護師、PT・OT・STといったリハビリ職、薬剤師、栄養士等、福祉職として社会福祉士・相談員・初任者研修終了者・認知症ケア専門士、数は少ないが看取り士といった新しい職種の人もいる。

また、介護保険制度では介護支援専門員（ケアマネジャー）がケアプランを作る代行をしてくれるが、「障害者総合支援法」に則ったサービスも利用することもできるようになっているので、障がい福祉関係者（相談支援員）との連携も必要になっている。在宅生活を送る利用者のためには、福祉住環境コーディネーターや福祉用具専門相談員という職種の方にもお世話になることがある。

4．認知症ケアについて

介護福祉の現場で大きな課題になるのは、認知症の人の増加である。介護保険制度で支えているが、介護が必要になる前にできることが多いことが明らかになった。2012（平成24）年９月に認知症施策推進５か年計画（以下、オレンジプラン）からはじまり、2015（平成27）年に認知症施策推進総合戦略「新オレンジプラン」を厚生労働省が発表した。新たなプランにした理由は、2025（令和７）年には認知症の人が700万人に増えるとの推計があることや、世界規模での増加への対応が検討された結果である。

新オレンジプランでは、「認知症高齢者等にやさしい地域づくり」を推進していくため、以下の７つの柱が示されている。

① 認知症への理解を深めるための普及・啓発の推進
② 認知症の容態に応じた適時・適切な医療・介護の提供
③ 若年性認知症施策の強化
④ 認知症の人の介護者への支援
⑤ 認知症の人を含む高齢者にやさしい地域づくりの推進
⑥ 認知症の予防法、診断法、治療法、リハビリテーションモデル、介護モデル等の研究開発及びその成果の普及の推進
⑦ 認知症の人やその家族の視点の重視

この中で、特に⑦の家族の視点を重視することは、このプランの特徴になっているが、全体の柱に共通した考え方にもなっている。具体的な取り組みとしては、「認知症サポーター」を養成する「キャラバンメイト」がある。皆さんも小学校や中学校で「養成講座」を受講したことがあるのではないだろうか。子どもの時から正しい知識や対応を学んでおくことは大切である。

「認知症初期集中支援チーム」という言葉はいかがだろうか。これは、認知症が進行して、本人はもちろん、家族や周りの人が大変になってから対応するのではなく、少しでも早く発見して治療やケアに繋ぐという考え方である。市町村や地域包括支援センターが窓口になっている。

「認知症カフェ」については、オランダの「アルツハイマーカフェ」を参考にしているが、当事者や家族が専門職に繋がりやすくなることや、同じ悩みを抱えた家族同士が情報交換をすることで、介護者の負担を軽くすることを狙いとしている。介護事業所や地域包括支援センター等で取り組んでいるが、最近の感染症の影響もあり、なかなか充実するまでには至っていないようである。

気楽にお茶を飲みながら話ができることは良いことである。また、大切な柱として「若年性認知症の人への支援」がある。現在４万人近くの人がいると言われているが、仕事や家事、子育てといった家庭全体への影響という大きな課題を抱えることになる。経済的な問題のほかに、子育てをしながら介護をするという「ダブルケア」や「ヤングケアラー」といった家族の負担が大きくなることも大きな問題である。

一方、当事者が語る機会も増えており、オーストラリアのブライデン（Bryden, C）さんや、日本の丹野智文さん、樋口直美さん、さとうきみさんたちが積極的に講演をし、自分の体験や希望を本に著している。当事者同士の支援も始まっており、「私たち抜きに私たちのことを決めないで」というスローガンを忘れてはならない。

認知症の理解で最近変わってきたことがある。認知症の人が現す多彩な症状についてであるが、以前は、中核症状として記憶障害・見当識障害等があり、それらによって周辺症状という不安・焦燥・幻覚・徘徊・易怒・暴言・暴力等がみられると比較的分かりやすく分類をしてきた。

認知症の医学的理解も変化し、例えばアルツハイマー型認知症の症状の全体像として、認知症の脳病変による神経ネットワークの損傷のために、中核症状、行動・心理症状（BPSD）、生活障がいが起こってくる。中核症状の中に終末期の運動麻痺や失外套、自律神経障害が入り、認知症のタイプによってはBPSDと言われていた症状も含まれることもある。これらの症状や障害は影響因子によって変わり、ICFの考え方が入った形になっている。認知症の分類としても、多い順にアルツハイマー型、脳血管型、レビー小体型、前頭側頭型、その他と、認知症の原因疾患別の表現になっている。

介護にとって大切なことは、病気の症状を分類することだけではなく、認知機能・運動機能・自律神経の状態、生活の状況、心理・行動の状態を多角的に捉え、特に生活障がいに焦点を当てて、人間として関わることではないだろうか。

5．高齢者虐待の問題について

残念なことに、ニュースになることの多い高齢者虐待に関しては、在宅でも施設においても社会問題になっている。2006(平成18)年４月から「高齢者虐待防止法」が施行されているが、なかなか減少する気配がみられない。この法律に定義されている虐待は以下の５種類である。

> ⅰ 身体的虐待：高齢者の身体に外傷が生じ、又は生じるおそれのある暴力を加えること。
> ⅱ 介護・世話の放棄・放任：高齢者を衰弱させるような著しい減食、長時間の放置、養護者以外の同居人による虐待行為の放置など、養護を著しく怠ること。
> ⅲ 心理的虐待：高齢者に対する著しい暴言又は著しく拒絶的な対応その他の高齢者に著しい心理的外傷を与える行動を行うこと。
> ⅳ 性的虐待：高齢者にわいせつな行為をすること又は高齢者をしてわいせつな行為をさせること。
> ⅴ 経済的虐待：養護者又は高齢者の親族が当該高齢者の財産を不当に処分することその他当該高齢者から不当に財産上の利益を得ること。
>
> 「高齢者虐待防止の基本」より

家庭内養護者の虐待の調査結果である「2003(平成15)年度家庭内における高齢者虐待に関する調査」（複数回答）で最も多いのは心理的虐待で、２番目に介護・世話の放棄・放任（ネグレクト）、３番目は身体的虐待、４番目は経済的虐待、５番目に性的虐待となっている。

虐待の発生要因としては、①虐待者や高齢者の性格や人格、人間関係　②介護負担　③家族・親族との関係　④経済的要因となっている。

虐待者・被虐待者の特徴としては、虐待を受けていた高齢者の性別は、男性23.6%、女性76.2%であった。また年齢は75歳以上の後期高齢者が80%を占めている。虐待を受けていた高齢者のほとんどが要介護認定を受けており、要介護３以上の方が51.4%、認知症の症状がみられる高齢者が60%を占めている。

主な虐待者の状況としては、高齢者との続柄は、多い順に「息子」「息子の配偶者（嫁）」「配偶者（夫）・（妻）」「娘」となっている。性別は男女半々であり、年齢は「40代〜おおむね64歳程度」が多くなっている。

高齢者本人との関わりについては、同居が88.6%と多数を占めており、「日中も含めて常時」接触している虐待者が半数を占めていた。

虐待者の介護の取り組みについては、「主たる介護者として介護を行っていた」が60.6%を占めており、うち、39.0%は「介護に協力してくれる者がいた」と回答しているが、一方で「相談相手はいるが実際の介護に協力する者はいなかった」は38.6%、「介護に協力する者も相談する相手もいなかった」が17.7%を占めていた。虐待についての自覚については、高齢者本人は虐待されている「自覚がある」のは45.2%であったが、「自覚はない」高齢者も29.8%いた。

一方虐待者では、自分が虐待している「自覚がある」のは24.7%にとどまっており、半数以上は自覚無しに虐待行為を行っていた。また、高齢者本人からの虐待を受けていることに対する意思表示の有無については、「話す、または何らかのサインがある」のは半数を占めており、一方で「隠そうとする」(12.1%）や「何の反応もない」(30.2%）高齢者も少なくなかった。

これらの調査結果が示しているのは、高齢者虐待はいつでもどこでも起こり得る問題であり、国や地方公共団体の責務はもちろんのこと、国民一人ひとりに責務があることを自覚しなければならない。特に今回の感染症の影響で、今まで以上に家族に負担がかかっていること、経済状況の悪化によるストレス、自粛やリモートワークの影響、訪問系のサービスの不足で密室での介護が心配されている。家庭内の養護者だけでなく、介護施設におけるエッセンシャルワーカーと言われる職員にもストレスからくるメンタル面の不調も増えているので、経済的な保障を含めて公的な支援が求められる。

6．医療的ケア

高齢社会の到来から久しくなる。介護保険制度の創設や医療改革に取り組んできたが、慢性の医師や看護師の不足は続いている。在宅での患者や障がいを抱えて生きている人は多く、医療施設や介護施設も増えてきている。後述するが、認知症高齢者や難病患者も増えている中で、どのような医療をいつまで提供するべきか悩む場面も増えてきたのは確かである。

その中で、制度の変更を求める声が出てきた。特に2005（平成17）年の変更では、医師でなければしてはいけない医療行為の範囲が明確になってきた。しかし、喀痰の吸引や胃ろうや経鼻経管栄養等の栄養補給については、特別な研修を受ければ医師や看護師以外でもできるように法整備が進められた。「介護職員等によるたんの吸引等の実施のための制度の在り方に関する検討会」（2010（平成22）年７月～2011（平成23）年７月）によって検討が行われた。試行事業で作成したテキストや技術の資料を修正改変を繰り返した上で、医療的ケアの研修制度が始まった。

50時間の座学研修を終え、最終試験に合格した人は、養成施設内でモデル人形に対しての演習を繰り返す。この演習に合格した人は、実際の利用者に対して手順通り行えるかどうかの試験を行う。この場合、介護保険施設で実施し、指導の研修を受けた看護師によって評価される。

2012（平成24）年度から本格的に研修が動き出した。障がい児の通う学校や入所・通所施設、介護保険施設（訪問・通所・入所）の職員が中心に受講している。

医療行為として認められているのは、現行ではこの研修で認定された項目のみであることをしっかり理解しておかなければならない。参考までに研修のカリキュラムの概略を添付しておく（図16−１）。

７．終末期の介護

わが国では、2040（令和22）年には166万人の死亡数が推計されている。日本全体では人口減に入っているが、もうしばらくは高齢社会が続くことを考えると、以前のようにほとんどの高齢者が、医療を受けながら病院で亡くなることは考えにくくなっている。特に、認知症の高齢者が増えていく中で、尊厳を守りながら医療行為をいつまで、どこまで実施していくかについて、自分で意思表示ができるうちに、医療者に伝えることが大切になる。

もう随分前から、尊厳死・緩和医療・ホスピス等の議論があった。当時は、

表16-1　基本研修（講義50時間）

1　人間と社会	5　健康状態の把握
1．介護職員と医療的ケア 2．介護福祉士等が行うことに係る制度	1．身体・精神の健康 2．健康状態を知る項目 （バイタルサインなど） 3．急変状態について
2　保健医療制度とチーム医療	6　高齢者および障害児者の喀痰吸引概論
1．保健医療に関する制度 2．医療的行為に関係する法律 3．チーム医療と介護職員との連携 3　安全な療養生活 1．喀痰吸引や経管栄養の安全な実施 2．救急蘇生法	1．呼吸のしくみとはたらき 2．いつもと違う呼吸状態 3．喀痰吸引とは 4．人工呼吸器と吸引 5．子どもの吸引について 6．吸引を受ける利用者や家族の気持ちと対応、説明と同意 7．呼吸器系の感染と予防（吸引と関連して） 8．喀痰吸引により生じる危険、事後の安全確認 9．急変・事故発生時の対応と事前対策
4　清潔保持と感染予防	7　高齢者及び障害児・者の喀痰吸引実施手順解説
1．感染予防 2．職員の感染予防 3．療養環境の清潔、消毒法 4．滅菌と消毒	1．喀痰吸引で用いる器具・器材とそのしくみ、清潔の保持 2．吸引の技術と留意点 3．喀痰吸引にともなうケア 4．報告および記録

表16-1　基本研修（講義50時間）

8　高齢者および障害児・者の経管栄養概論	9　高齢者および障害児・者の経管栄養実施手順解説
1．消化器系のしくみとはたらき 2．消化・吸収とよくある消化器の症状 3．経管栄養とは 4．注入する内容に関する知識 5．経管栄養実施上の留意点 6．子どもの経管栄養について 7．経管栄養に関係する感染と予防 8．経管栄養を受ける利用者や家族の気持ちと対応、説明と同意 9．経管栄養により生じる危険、注入後の安全確認 10．急変・事故発生時の対応と事前対策	1．経管栄養で用いる器具・器材とそのしくみ、清潔の保持 2．経管栄養の技術と留意点 3．経管栄養に必要なケア 4．報告および記録

基本研修（演習） 実施ケア等の種類		実地研修（第１号・第２号研修）	
喀痰吸引	口腔内吸引（５回以上） 鼻腔内吸引（５回以上） 気管カニューレ内部（５回以上）	喀痰吸引	口腔内吸引（10回以上） 鼻腔内吸引（20回以上） 気管カニューレ内部（20回以上）
経管栄養	胃ろうまたは腸ろう（５回以上） 経鼻　（５回以上）	経管栄養	胃ろうまたは腸ろう（20回以上） 経鼻　（20回以上）
救急蘇生法	（１回以上）		

出典：「医療的ケア」：（改訂）介護職員等による喀痰吸引・経管栄養研修テキスト指導者用　中央法規出版　2019

脳死の患者やがん患者が増えてきていたし、本人へのがん告知が行われていなかったので、当然家族に責任を負わせることも多かったのである。

今は、告知が当たり前になったので、限られた時間であるが、準備することができるようになってきた。高齢者の「断捨離」「生前贈与」という言葉も出てきた。いずれ死を迎えることを受け入れやすくなってきたと言える。

さて、認知症や高齢者の病気によっては、意思表示が困難な場面も出てくるので、国はACP（アドバンス・ケア・プランニング）を「人生会議」という、人生の最終段階における医療・ケアの決定プロセスに関するガイドラインとして出した。これは1987（昭和62）年以来、検討会を重ね、「終末期医療の決定プロセスのあり方に関する検討会」において議論された内容をとりまとめたものを2007（平成19）年に出したのである。その後、2015（平成27）年には「終末期

コラム　科学的介護「LIFE」について

LIFEというのは、2021（令和3）年2月19日厚労省発出の「科学的介護情報システム（LIFE）の活用等について」によると、2016（平成28）年度より通所・訪問リハビリテーションデータ収集システム（VISIT）、2020（令和2）年5月より高齢者の状態やケアの内容等データ収集システム（CHASE）を運用していた。2021（令和3）年4月1日より、これらの一体的な運用を開始するとともに、科学的介護の理解と浸透を図る観点から、名称を「科学的介護情報システム」（Long-term care Information system For Evidence：LIFE ライフ）としたものである。

基本的には、医療は「標準パス」というシステムで診療報酬を調節しているが、介護領域に移動した患者や利用者については、医療情報が不明確になることもあると連結を求める意見があったようである。

まずは情報収集が必要になり、さらに科学的介護という医療との組み合わせを意図したものであろう。そしてAIを使ってケアプランの作成をし、現場のケアプランを評価してフィードバックするシステムを運用しようとしている。もちろん、情報提供料としての介護報酬と抱き合わせてのことだが。

現在のところ、実際に運用しているのは半分くらいと言われているが、精度の良いソフトやそれを使いこなすケアマネジャーを含めた人材の教育、科学的な介護に漏れ出るケアの抽出とケアプランへの導入も課題になるであろう。高齢者がさらに増える2040（令和22）年を目途に、医療保険制度も保健制度も介護福祉制度も変革を迫られていることは事実だ。しかし、特にICTを取り入れることだけが科学的介護ではないことを自覚し、介護過程を用いた介護の実際も科学的介護そのものであるので、介護福祉士はもちろんのこと、チームを組むメンバー全体に考え方の訓練が必要である。その足がかりとしてのLIFEを大切に育てていかなければならないと感じている。

医療」から「人生の最終段階における医療」に名称変更された。

その10年後の2018（平成30）年３月には、高齢多死社会の現実や、地域包括ケアシステムの構築の進行や諸外国で普及しつつあるACPの概念を盛り込んだ。基本的な考え方は、医療従事者だけではなく、介護支援専門員やソーシャルワーカー等介護従事者もチームケアとして家族を支える体制を作ることが重要であることとされている。

緩和ケアを基本として、医療・ケアの開始や不開始、医療・ケアの内容の変更、医療・ケア行為の中止等については、最も重要な本人の意思を確認する必要がある。確認にあたっては、適切な情報に基づく本人による意思決定（インフォームド・コンセント）が大切である。

最後に、このプロセスにおいて、話し合った内容は、その都度文書にまとめておくことが必要であると書いてある。昔のように、医師が患者の人生のすべてを決めてはいけないということである。

第２節　介護保険制度下における介護福祉士の現状

「高齢者の尊厳を支えるケア」のために介護福祉士の果たす役割はますます大きくなってきている。2000（平成12）年度の介護福祉士養成カリキュラム改正に続いて、2009（平成21）年４月からは新カリキュラムによる教育が始まった。保健・医療との連携、高齢者の虐待防止等、認知症ケアの充実が図られるように、高度な倫理観や専門知識・技術を持った介護福祉士の養成が意図されている。また介護福祉士の資格を取得したうえで、さらに体系的に研修を重ねていくという生涯教育についても検討されているところである。「利用者主体」「自立支援」のための介護福祉を実践するためには、専門職としての社会的な評価が今以上に得られなければならない。

2000（平成12）年４月より導入された介護保険制度においては、高齢者や障がい者が住み慣れた家や地域で生活できるように支援することになっている。

３年ごとに介護報酬の見直しが行われているが、社会の状況や高齢者の増加、経済状況によって制度の変更がある。地域包括支援センターという拠点の創設は、主任介護支援専門員や保健師、社会福祉士を中心に、住民の多様なニーズに応えることができるようになった。一方、財源の厳しさも如実になり、利用者へのサービスの変更や料金の値上げ等家族との交渉事も増えてきている。収入や財産によって負担額も増えてくるので、公的な制度の限界が来るのは時間の問題かもしれない。国民をあげての議論が必要になるだろう。

1．介護福祉士の資格取得方法と養成教育カリキュラム

（1）介護福祉士の資格取得方法

介護福祉士の資格の取得方法としては、大きくは、高校から専門学校、短大から大学という養成校によるものと、基礎教育とは関係のない実務経験のある人が国家試験を受けて資格を取得する２種類に分けられる。2007（平成19）年12月の法の一部改正では、資質の向上を図るため、すべての者は一定の教育プロセスを経た後に国家試験を受験するという形で、介護福祉士の資格取得方法を一元化することになった。

（2）介護福祉士養成カリキュラム

介護ニーズの多様化に伴って、2009（平成21）年度の入学生から実施される新カリキュラムでは、「介護」「人間と社会」「こころとからだのしくみ」という３領域に分かれた科目で編成された。

昨今の経済状況の悪化は、国民の福祉水準にも大きく影響を与えている。ますます高まることが予測される介護ニーズに応えるためには、専門職を育てる条件整備は欠かせない。それと同時に介護福祉士自身の自己教育力を高めることが必要である。保健・医療・福祉のそれぞれの領域の専門職と肩を並べて介護福祉の実践ができることは前途多難な道のりかもしれない。社会的な評価を得るためには、自治体や民間と一緒に国に声を届けることが重要だと思う。

2．介護福祉活動の場

介護の場を語る上で、ノーマライゼーションはその中核となる視点である。ことに介護保険の導入により在宅介護は注目され、社会問題として大きく取り

上げられるようになった。従来は、在宅介護＝家族介護という図式が当たり前だったが、それでは質の高い介護は到底望めず、「老老介護」「社会的入院」、はては「虐待」をも生んできた。

介護の場が在宅であろうと施設であろうと、大切なことは利用者が生活の場を選択でき、自分自身の望むライフスタイルを維持できることにある。どんなに立派な介護福祉士がいても、利用者の意向を無視しては意味がない。ケアプランが作成されても、それが家族の希望だけを取り入れているのでは、これも意味がないことなのである。

（1）在宅介護：自分の家等で（最期まで）暮らすこと

家庭は、人間生活の基盤として多くの機能を持っているし、家族の役割も重要である。近年この「家庭」「家族」の概念は大きく変化し、多様化しつつある。高齢者や障がい者においては、住み慣れた自分の家を離れ、入院や施設入所をすることによって、危機的な状況を招くということがしばしば起きる。逆に自分の家に戻ることで、思いもかけない回復力を発揮できる場合もある。住み慣れた家で安心して暮らせること、家族の支えがあることが、自分らしい暮らしを取り戻す力となる。

しかし、在宅介護にはデメリットもいくつかあげられる。まず、家庭では介護力が不足しがちで、高齢者が介護の責任を一人で背負うこともしばしば見受けられる。家族だけの介護では、介護の知識に乏しく、専門職からの助言も得にくくなる。ともすれば寝たきりや褥瘡等の問題も起こってくる可能性があり、住宅設備を十分に整えることもなかなか難しい状況にある。

介護保険制度がスタートしたとはいえ、まだまだ公的サービスを受けることに抵抗感があり、在宅介護は社会的に孤立しやすいともいえる。

在宅で暮らす利用者と在宅サービスの提供者は、信頼関係で結ばれていなくてはならない。そのためには、利用者の生活様式を尊重することが大切で、プライバシーを侵害することなく責任ある行動をとることが強く求められる。在宅サービスは、常に医療、福祉、介護等の専門職がチームとしてアプローチしていく必要がある。そして、チームは同一の目標を共有しなければならない。

また、セルフケア、インフォーマルケア、フォーマルケアを組み合わせ、コーディネートしていくことが重要になってくる。

これからの在宅介護についてであるが、21世紀半ばには、３人に１人が65歳以上という超高齢社会が到来する。介護保険制度はスタートしたが、果たして今後どのようにこの制度は動いていくのであろうか。この超高齢社会に立ち向かうには、まず私たち一人ひとりがこの制度を自分たちの望むシステムに育てていくという意識を持たなければならない。介護保険制度だけに期待するのではなく、介護福祉の専門職が、利用者とともに制度を変革していく努力をしなくてはならないのである。また、その視点は一方的でなく、多元的なものであることが重要である。高齢者、障がい者という枠にとらわれず、幅広く力強いヒューマンネットワークの形成を目指していかなくてはならないであろう。

（2）施設介護

施設介護については、介護保険制度の見直しによってユニット化が進み、サービス内容にも大きな変化が見られている。ここでは介護老人福祉施設（特別養護老人ホーム）、介護老人保健施設（老人保健施設）、医療機能と生活機能が提供できる施設（介護医療院）について見てみることにする。

１）介護老人福祉施設（特別養護老人ホーム）

1963（昭和38）年の「老人福祉法」制定により、養老院と呼ばれていた施設から介護福祉施設として発展した。当時は欧米のナーシングホームを見習い、介護ニーズも多く、高齢者の終の住み家としての機能を果たしてきた。需要の割合が高く、増設が追いつかないといった課題を抱えているのである。介護保険制度が導入されたことにより措置制度がはずれたことや、「収容の場」から「生活の場」への意識の改革が求められたこともあり、施設の経営は大きな転換を迫られている。それまでの処遇内容の見直しが必要になり、また利用者への介護の質を保障するために、1993（平成５）年より「サービス評価基準」が設けられた。閉鎖的なイメージを取り除き、情報開示や「オンブズマン制度」を導入するなど利用者に選ばれる施設としての取り組みをしてきた。

職員は、施設長をはじめ医師、看護師、介護支援専門員、理学療法士（PT）、作業療法士（OT）、社会福祉士、介護福祉士、栄養士、調理員、事務職、洗濯の担当者等すべての職員が地域（コミュニティ）に根ざし、様々なボランティアの協力を得て、利用者の生活を支えている。

施設介護のサービス内容としては、年間事業計画・月間計画・週間計画に基づいて日々の日課が組まれている。集団生活ではあるが、個別性に配慮してケアプランに沿った介護サービスが行われている。主だったものは次のようなものである。

・入浴……利用者のADL状況や介護の必要度によって、一般介助浴・リフト浴・特別機械浴・シャワー浴・家庭風呂等を選択している。

・食事……利用者の嗜好や身体状況、障がいに合わせて、普通食・刻み食・ミキサー食・流動食・特別食等の食事内容を工夫している。

・排泄……手すり付きの洋式トイレ・ポータブルトイレ・便尿器・オムツ（布・紙）・パット等利用者の状況によって使い分けている。

・移動……障がいによって移動の手段が違い、ストレッチャー・車椅子・歩行器・杖（各種）等を用いて移動する。

〈参考：長期的な介護施設〉

養護老人ホーム・軽費老人ホーム・ケアハウス・高齢者生活福祉センター・認知症対応型グループホーム・有料老人ホーム

2）介護老人保健施設（老人保健施設）

長期的な生活の場である特別養護老人ホームに対して、中期的な介護の施設として老人保健施設（医療施設）がある。この施設は老人病院への社会的入院の改善策として在宅への復帰を目指すための中間施設として発足した。医療の必要性が少なくなり、症状が安定した利用者に対して、機能訓練や生活リハビリテーションを通して、身体的・精神的自立を図り、在宅へ帰ることを目的とする施設である。脳血管障がいの後遺症や認知症等のある利用者にとっては、在宅の基盤整備が遅れていることや、家庭の機能の変化、介護力不足があり、それらが長期利用者が増えている原因になっている。医療施設であることにより、そこで働く介護福祉士にも医療的ケアを求められ、観察能力・科学的な問題解決方法の習得は重要であり、医師・看護師をはじめとする医療職との連携・協働が必要な場となっている。介護保険制度では、その設立目的の達成を目指して努力が求められている。

3）介護医療院（旧介護療養型医療施設）

介護医療院とは、2018（平成30）年４月の第７期介護保険事業計画によって新たに設けられた施設である。2017（平成29）年度末で廃止が決定した介護療養型医療施設に代わる介護療養病床として位置づけられており、長期の療養が必要な要介護者を対象に、身体介護や生活援助、日常的な医学管理や看取り、ターミナルケアを提供している。入所条件は65歳以上で要介護１～５の認定を受けている人の他、40歳以上64歳未満で特定疾病によって要介護認定を受けている人も対象となる。

主な特徴は、３類型が設けられており、医師や看護師の人員体制が充実していることや、対応できる医療ケアが幅広いこと、長期にわたって入所できること、終末期ケアまで対応できる等というメリットがある。一方で、多床室でパーテンションや家具で仕切られている施設の場合はプライバシーが守られにくいことや、長期の入所で入所費が高額になることはデメリットとしてあげられる。国家資格であり、社会福祉の人材である介護福祉士にどこまで医療的な判断が求められるのか、この制度の根幹に直結した重要な課題となるであろう。

３．介護福祉の内容と方法 ―介護技術の基本―

（1）介護の援助関係

介護技術は、利用者の介護上の課題を解決するために、介護者によって生活の場で実践されるものである。様々な介護の場面で、利用者の生活や障がいに応じて、よりよい援助方法を選択するためには、利用者と介護者がその都度話し合い、協力し合うことが必要になる。決して介護者の独断で展開されるものではなく、一方通行であってはどれほどすばらしい技能を持って介護を行ったとしても問題解決への道は閉ざされてしまうであろう。

利用者（援助を求める主体）と介護者（ニーズに応じる主体）とは、介護の目標を共有し、達成することを目指し協力する関係にある。すなわち、このことが「介護の援助関係」というのである。

介護の大切な要素である「自立を支援」し、「その人らしい生活」を尊重するためには、信頼し合える人間関係を築くことが重要になってくる。さらに付け加えるなら、援助関係は、援助を求める主体とそれに応じる主体の相互作用として成り立ち、共に成長発展を遂げる関係であるといえる。

（2）知識と技術

介護福祉の活動範囲は利用者の生活全般にわたり、身の回りの介助や家事のみならず、健康の管理、社会参加への援助等をも含めたものである。

このことから、利用者を正しく理解するためには、広い視野で総合的に把握することが必要である。障がいの程度や生活習慣、性格や家族関係、さらに価値観、社会生活等を踏まえて、その人に適した介護内容を選択しなければならないのである。またその基本として、介護者はコミュニケーションに関する幅広い知識と技術を持つことが求められる。利用者の理解というと、単なる好意や温かい関心を示すことだけであるように誤解されがちだが、そうではなく、確かな知識がなければ理解は困難であり、その人にふさわしい技術も提供できない。介護は明確な目的（理念）と一般的かつ個別的な知識、そして優れた訓練により磨かれた技術に裏づけされたものでなければならない。具体的な内容については後述する。

（3）介護福祉士に求められる姿勢

上記のように、介護技術は単なる利用者の身の回りの手助けをするための技能（skill）だけではなく、利用者のニーズを充足するための心のこもった技術（art）であることが求められる。そのために介護者に求められる姿勢は、次のようなものである。

①　利用者の主体性を尊重できる

どのような場面であっても、利用者の尊厳を守り、個々の生活習慣や思い・価値観を尊重し、利用者自身が選択できるように援助する。

② 困難な事柄に対しても忍耐力が求められる

「してあげている」という態度では、忍耐はできにくい。

「忍耐とは、何かが起きるのを座視することではなく、私たちや全面的に身をゆだねる相手への関与の一つのあり方なのである。」M・メイヤロフ

つまり、忍耐強い人は相手の生活の範囲を広げ、忍耐力のない人はそれを狭めてしまうことになるのである。

③ 十分な知識と技術を持ち創意工夫を行うことができる

介護上の課題は、時として長期にわたることがあり、疾病や社会的状況により解決が困難な場合が往々にして見られる。しかし、このような状況を「仕方のないこと」と放置しておいてよいのだろうか。介護者は、どのような場面でも最善を尽くさなければならないし、諦めてはならないのである。

④ 責任ある行動を心がけ、利用者の生命と生活の安全を保障することができる

⑤ 利用者のプライバシーや秘密を守ることができる

※「社会福祉士及び介護福祉士法」の条文に明記されている。

⑥他職種との連携を図ることができる

介護職は、利用者の身近にいるので、最も状況の変化を知ることのできる立場にある。特に、医療関係者との連携は重要である。

⑦ 利用者に対する共感的理解を心がける

常日頃より、実践の中から学ぶことが大切であり、自己満足に終わらず反省し修正していく態度や自己研鑽をし続けることが必要である。

4．介護過程の展開

介護過程とは、介護実践のための「問題解決過程」という思考方法の応用であり、利用者のニーズに合った援助方法を考えるための道筋である。これは、特殊なものではなく、日常的に私たちがたどる「思考」でもあり、介護保険制度における「ケアマネジメント過程」、医療の分野における「診断治療過程」「看護過程」、さらにはあらゆる専門技術分野に応用されている方法である。

では、介護過程はなぜ必要とされるのだろうか。介護は、決して経験や勘のみに頼ったり、根拠や予測性のない援助では行えない。いわゆる普通の人が誰でもできる日常の世話なので、気持ちと多少の知恵さえあればよいと考えてしまいがちであるが、それは誤りであろう。

専門職である介護福祉士の介護には、科学的根拠に基づいた計画が必要である。利用者の人権を守り、自立支援や自己決定を目指すことは、行き当たりばったりの介助では不可能である。コラムにLIFEについて書いているので参考にしてほしい。

もう１点は、介護は介護職のみならず、医療、保健、福祉等のあらゆる職種が、チームとして連携していくことが重要となる。そのためには、援助の目標を明確化し共有することが必要になってくる。

介護過程に沿った介護を目指すことは、利用者のQOLの向上に大きく貢献するのみならず、介護者自身の成長の一助となるであろう。介護福祉士は、介護過程を十分に活用できる能力を持たなければならない。

介護過程に沿った介護技術について学んでみよう。まず大切な視点は観察の技術である。

（１）観察とは

看護もそうだが、利用者の側にいる介護の実践は、「観察」に始まり「観察」に終わるといわれている。確かな知識と目的意識に支えられた観察が行われるか否かは、それに続く介護内容の質を左右することになる。

例えば、オムツを交換するという介護の場面から、介護者はどのような情報をとらえられるだろうか。排泄物の量や性状は、誰しも観察するであろう。陰部や臀部の皮膚の状態はどうだろうか。食事や飲水に関連する情報も得られるかもしれない。さらに、排泄の自立に向けたアセスメントに重要な鍵となる情報が得られることもあるはずである。

（２）健康の観察

①　バイタルサイン（ズ）の測定

バイタルサイン（ズ）とは、人間が生きている状態を客観的に示す徴候で、主に体温（T)、脈拍（P)、呼吸（R)、血圧（BP）の４つの徴候を指す。意識レベルを含めた全身状態と関連させて、健康状態を客観的に判断することができる。

② 全身の観察

視覚、触覚、聴覚、嗅覚、味覚といった五感を活用し、頭から足まで系統的に観察を行う。高齢者は、病気にかかっても典型的な症状が出ない場合がある。そのため介護者は、常日頃より健康状態を把握しておき、いつもと違うという状態に、いち早く気づくことが大切になってくる。

③ 生活像の観察

生活のスタイル、役割、１日の過ごし方、習慣、運動、趣味などを把握する。

④ 日常生活動作の自立に関する観察

私たちの生活は、様々な生活行為から成り立っている。例えば、食事をとる、服を着替える、洗面をする、トイレに行き排泄する、風呂に入る等々。これらは、文化や習慣が異なっても生活の基本となるもので、日常生活活動（Activities of Daily Living：ADL）と呼ばれている。

介護は、このADLの自立が拡大することを１つの重要な目標として、援助を行っていく。そこで必要となるのがADLの評価であり、それぞれの動作の自立度を確認していく。この評価の段階で大切なことは、「活動の自立」をどうとらえるかという視点である。ADLの自立とは、必ずしも利用者が自分ですべて行えることではない。立ち上がりの困難な人が、畳をいざって移動することも、自立と考えられる。ADLは、実際に生活する場で評価されなければ意味がない。つまり、単なる「動作」にとらわれたものでなく、実生活の中での「活動」に目を向けることが重要なのである。

（3）生活環境の整備

① 安全な環境であること

高齢者や障がい者は、住環境を整えることによって、事故を未然に防ぐことができる。特に、床、段差、照明、冷暖房器具、トイレ、風呂等には、適切な整備が欠かせない。

② 快適な環境であること

心身共に、快適な生活を送れるようにする。高齢者は、ちょっとした環境の変化が健康に大きく影響する。できる限り住み慣れた生活を継続できるように援助するとともに、障がいがあってもできる限り自立へ向かうことができるよう、工夫することも必要である。

③ 介護しやすい環境であること

在宅における高齢者の介護は、家族によって行われ、主たる介護者が高齢者であるケースも少なくない。また、介護は長期間に渡って行われることが多いので、介護者の健康を守る上からもボディメカニクス等の力学原理を応用し、介護負担の軽減に努めることが大切である。ベッドをはじめとした適切な介護用品の導入や介護の方法、物品の工夫をする。

以上のことを踏まえて、居住環境の整備について考えてみる。高齢者にとって、日常生活に支障をきたしやすいのは、「トイレ」と「浴室」である。この２つは、起居動作と移動動作の連続する行為であり、事故の頻発する場所でもある。リスクマネジメントの視点からも病気や障がいのない高齢者にとっても、トイレ、手すり、段差の解消、照明、暖房設備、緊急通報設備等は考えておく必要があるだろう。加齢による身体機能の変化にもあらかじめ着目して、次なるライフステージに対応できることも大切である。

（4）日常生活場面に必要な技術

① 食事

食事は、人体に必要な栄養素を補給し生命の源であるとともに、生活の中での楽しみとしても重要な要素である。ことに高齢者は「おいしく」「楽しく」食べられることが、生きるための意欲につながっているのである。

(介護上のポイント)

ア 窒息や誤嚥性肺炎を起こさないように、十分に注意する。食事の姿勢は、できるだけ起座位が望ましく、食べやすい工夫 (とろみをつけたり刻む等)

をする。

イ　ゆったりした落ち着いた雰囲気の環境を作る。「寝食分離」を心がけ、生活にリズムをつける。介助が必要なときには、利用者のペースで気がねすることなく食事できるように気を配る。

ウ　家族や仲間と共に、楽しみながら食べることができるようにする。

エ　自分で食べられるように食器、スプーン等工夫をし、障がいがあっても、調理に参加したり献立を選んだりできるよう援助する。

②　排泄

生命の維持に重要な機能であるとともに、環境の変化や精神的なストレスに影響されやすい生理機能である。他人の手に「排泄」の行為をゆだねる立場になってしまったとき、人格までも傷つけかねない事態に陥ることさえある。排泄の介護は「介護者の態度そのもの」であるといっても過言でなく、プライバシーを重んじ尊厳を失わせることのないように格段の配慮が必要である。

（介護上のポイント）

ア　排泄の状況、動作、習慣を把握する。

イ　自分の力で排泄できるように、環境や用具を工夫する。

オムツを使用している人の大半が尿意を感じているともいわれており、介護者の力量が問われるところでもある。

③　清潔

身体を清潔にすることは、皮膚の汚れを取り除き新陳代謝を活発にする働きがある。また、気分が爽やかになることで、食欲や意欲、人との交流にもよい影響を与える。

ア　入浴

日本人は、風呂好きの国民であり、入浴を大変楽しみにしている高齢者も多い。入浴は血液循環や新陳代謝の促進、リハビリテーション効果等、多くの意義がある。しかし、入浴中の転倒事故や脳卒中、ヒートショックや心臓発作などの急変も多く発生している。身体の状況、湯温、入浴時間には十分な配慮が必要となる。

イ　清拭

体調不良等で入浴できない場合には、全身清拭、部分清拭、手浴、足浴を行う。

ウ　その他

洗髪、洗面、口腔ケア等も重要である。

④　睡眠と休養

高齢になると寝つきが悪く睡眠は浅くなる傾向があり、不眠を訴える利用者も多くなる。原因としては、昼間居眠りすること、運動不足、夜間頻尿、不安、かゆみ等があり、認知症や鬱病、家族への思いなどから不眠となることもある。介護者は、安易に睡眠剤に頼るのではなく、話をよく聴き、照明や寝具などの環境を整えたり、日中の活動を活発にする機会を作ることで心地よい睡眠への援助をすることが大切である。入眠前の入浴や足浴、音楽や温かい飲み物を勧めるといったことも効果がある。

⑤　衣服の着脱

衣服を選択することは、体温調節や身体の保護の他に、その人の好みや習慣、自己表現の手段としても意義がある。高齢者は、外出したり人と会う機会が少なくなり、着替えや装うという気持ちも薄らいでしまいがちである。昼夜のリズムをつけ、１日のけじめをつける上からも、寝巻きと日常着の区別をつけることが大切である。また、重度の障がいがある場合は、衣服の工夫を行い着脱が楽にできるようにし、できるだけ自分で行えるように援助する。

⑥　運動と移動

「寝たきり老人」といわれる人たちの多くは、病気や障がいが原因となって寝たきりになるのではなく、適切な介護が行われないために筋力が低下し、全身の関節が拘縮して、いわゆる「寝かせたきり」に至ってしまうことが多い。利用者が安全で安楽に運動でき、移動できることは、人間としての当然の要求であると考えなければならない。

(介護上のポイント)

ア　利用者にふさわしいベッド、車いす等の用具の工夫と環境を整える。

イ　生活の中に、目標や楽しみを見つける。

ウ　生活の中で自らが進んで動けるように、残存機能を活かした介護を心がける。

第3節　介護者の健康管理

在宅介護の実情をみると、介護者の疲労や介護疲れ、人間関係が誘因となった虐待をはじめ、介護者の精神的・身体的な病気が原因で在宅介護の中断による要介護者の施設入所のケースが増えている。実際介護を体験してみると、腰痛をはじめとして時間の拘束、経済的な問題や先行きの不安からくる精神的不安定、睡眠不足といった悪条件が重なり、対人関係の不和など深刻な状況に陥ってしまう。これは社会的なサービス提供者である介護福祉士にも当然起こってくる問題であることが予想される。専門職としての成熟を考えるとき、長期に職務を続けることができるという要素は重要である。若さと体力のみに依存するのではなく、ボディメカニクスを用いるなど、科学的な知識に裏付けられた実践が積み重ねられるように、個人の努力と職場環境の整備が急務である。

介護従事者の健康管理として心がける点について身体面から見てみる。①「適切な栄養」、②「十分な睡眠」、③「適度な運動」。これらは一般的な健康法であるが、利用者の生活を24時間支えるために、特に施設において不規則な勤務をする場合には、介護を保障するためにも特に重要である。④「基本的な生活習慣の維持」については、介護者自身も健康的に加齢を迎えるための努力をすることは、介護にあたっている家族への指導にもつながる。また、訪問介護（ホームヘルプ）の実施においても、利用者のアセスメントの指針とも関係する。⑤「疲労の蓄積を避ける」、⑥「基礎体力の維持・増進」としては、実際に入浴・移乗（トランスファー）といった体力を消耗することが多いのだが、介護行為に使われるのは限られた筋肉であることが多い。全身の筋肉を適度に使う運動や、ストレッチ、散歩等でリフレッシュすることは大変効果がある。⑦「定期的な健康診断を受け、疾病を予防する」については、今回の感染症について見てみても、ワクチン接種が良い例になる。

介護の対象者は、病気が潜在していることや回復過程にあることが多いといえる。また高齢者は一般的に免疫の機能が低下しており、風邪などの感染症にもかかりやすくなっている。お互いに病気にならないように細心の注意が必要であることはいうまでもない。

次に精神面で気をつけることについて見てみる。

① 職場の人間関係や利用者との関係を良好に保つ

② 自己のメンタル状態に気を配り、セルフケアをする

③ 業務の点検を行い、問題を建設的に解決する

④ 趣味やストレス解消の方法を見つける

⑤ 自分を支えてくれる人を見つけ、相談にのってもらう

⑥ 介護者の精神状態は利用者へ直接影響することを自覚する

これらの点に十分留意し、気になることがある場合には、早めに医療機関等を受診して早期発見・早期治療することが重要である。

第４節　揺れ動く国家試験の義務化

第２節でも述べたが、介護福祉士資格ができた当時は、２つの資格取得のコースがあった。現場で無資格のまま働いている人と、養成校を卒業した人の２種類である。当初は、まず３年間介護現場で実務経験を積み、年１度の国家試験を受験する。ペーパー試験に合格した人は、その後に技術試験を受験し、両方合格した後に、登録手続きを終えると介護福祉士の国家資格が得られることになっていた。その後、技術試験の代わりとして、実技の研修が始まった。これは、介護過程に基づいた介護実践の必要性から始まり、この研修の修了者は、国家試験の実技試験が免除されることになった。介護人材の不足は継続していたが、質と量の調整に苦しみながら、国は様々な研修の体系を構築していくことになる。研修時間や養成機関の開設状況を見ながら、徐々に実務者と養成校の教育内容を統一化していく取り組みが始まることになる。医師・薬剤師・看護師・リハビリ専門職・栄養士等の医療職や、社会福祉士等の福祉専門職と同様に、養成機関を卒業した後、国家試験を受験して資格を取るというレ

ベルに到達しつつあったのである。

しかし、現場で働く人の中にも外国人労働者が増えたこと、全国の養成校の中にも外国人留学生が増えたこともあり、日本語、特に専門用語や文化の違いといった壁が目立つようになってきた。現場でも積極的に教育にかける時間を増やし、養成校の教員も頑張っていることも事実である。ただ、国家試験に合

コラム　介護職員として外国人を受け入れる制度について

介護福祉士資格は、外国人にとっても魅力的な国家資格である。在留資格の更新ができることで、長く働き続けることができるし、収入がアップされる。また、母国での指導者になれるチャンスもあるようである。

外国人が日本の介護福祉士になるためのルートは、今のところ大きく分けて以下の４つである。

1．EPAルート：EPA介護福祉士候補者として入国し、介護施設で3年間の実務経験の後、国家試験を受験する方法である。EPA（経済連携協定）に基づいた国（インドネシア・フィリピン・ベトナム）の人が対象になる。

2．技能実習生の雇用：この制度そのものが帰国することが前提となっているので、介護福祉士の資格は持っていないが、実務要件など一定の条件を満たすことで、最長5年間の在留中に介護福祉士の資格を取り、在留資格「介護」に変更することで、長く就労することができる。

3．特定技能1号介護：在留資格「介護」へのルート変更とは、日本の介護業界の人手不足を解消するために2017（平成29）年9月よりスタートした比較的新しい在留資格である。2020（令和2）年4月1日に法令が変わり、介護福祉士の資格を取得したルートにかかわらず在留資格が認められることになり、外国人にとっては介護の業界で働きやすくなっている。

4．養成施設ルート：介護福祉士養成施設で2年以上学習した後、卒業後に介護福祉士資格を取得する。その後介護施設へ内定した後、在留資格を取得し実務に就く。外国人留学生は年々その数を増やしており、ベトナム・スリランカ・ネパール・中国・韓国・フィリピン・インドネシア・ミャンマー・ブータン・モンゴル・バングラデシュ・カンボジアその他26カ国という多くの国から来ている。留学生の数は、2016（平成28）年から2020（令和2）年度までに6,422人となっている。

※以上のコースになっているが、今回の感染状況がわが国と母国の往来に制限が加えられ、いろいろな所に弊害が出ている。

格しなければ帰国せざるを得ないという厳しい条件があるために、泣く泣く見送るという状況もある。そこで、養成校の代表や業界団体から、国家試験の義務化を延長して欲しいと政府に求めている。

これに対して日本介護福祉士会は、「慢性的な人手不足の問題が急務の課題であり、外国人の参入など社会情勢の変化については当会も十分理解しています。そのような状況だからこそ、国家資格の質の担保や価値の創出が何より重要なはずです。これからさらに介護ニーズが増大する我が国において、その中核的担い手であり、国家資格である介護福祉士の資格価値を高めることが、介護の質を担保するためにも不可欠と考えます」（原文ママ）と2020（令和２）年１月に公式に表明している。介護福祉士の量と質の課題はしばらく続くことが考えられる。

第５節　今後の課題

今後の課題としては、しばらくは感染症への対応に追われることも予想され、引き続き感染予防対策の徹底が必要になる。

また、介護の現場の変化に伴って、利用者の安全を更に守っていかなければならない。介護事故と言われる「転倒」「誤嚥・窒息」「感染」「行方不明」といった事故はますます増えており、残念なことに裁判になることもある。

介護現場の管理者の経営努力はもちろんであるが、職員や利用者家族への教育力も必要になってくると思う。団塊の世代が利用者の主流になってくる。年金や貯蓄等、経済的に余裕のある方とない方の差も大きくなってくる。格差社会の影響が生活に現れ、介護施設の差も大きくなってきている。どこで働くかによって介護職の待遇や能力にも差ができるかもしれない。社会の変化に応じて変わってよいこともあるが、「福祉の心」は失われないように願っている。

【引用・参考文献】

１）厚生労働省「科学的裏付けに基づく介護に係る検討会　とりまとめ」

２）厚生労働省老健局老人保健課　令和３年２月19日発出「科学的介護情報システム（LIFE）の活用等について

3）「ケアの質の向上に向けた科学的介護情報システム（LIFE）利活用の手引き」株式会社三菱総合研究所発行、2021年３月
4）ミルトン・メイヤロフ『ケアの本質生きることの意味』ゆみる出版、1987年
5）石野育子『介護過程』最新介護福祉全書、メヂカルフレンド社、2000年
6）『医療的ケア』：（改訂）介護職員等による喀痰吸引・経管栄養研修テキスト指導者用、中央法規出版、2019年
7）「シルバー産業新聞」（株）シルバー産業新聞社、2021年11月10日
8）介護福祉士養成講座編集委員会編集『認知症の理解』介護福祉士養成講座13、中央法規出版、2019年

■編著者紹介
松井　圭三（まつい・けいぞう）第７章執筆
中国短期大学総合生活学科・生活福祉コース教授
中国学園大学・中国短期大学図書館長（中国学園）
岡山大学医学部非常勤講師

今井　慶宗（いまいよしむね）第４章執筆
関西女子短期大学保育学科准教授

■執筆者紹介（執筆順）
田中　幸作（たなか　こうさく）第１章執筆
群馬医療福祉大学短期大学部医療福祉学科教授

小出　享一（こいで　きょういち）第２章執筆
居住支援法人株式会社居場所

小倉　　毅（おぐら　たけし）第３章執筆
兵庫大学生涯福祉学部社会福祉学科教授

今井　慶宗（いまい　よしむね）第４章執筆
関西女子短期大学保育学科准教授

伊藤　秀樹（いとう　ひでき）第５章執筆
兵庫大学生涯福祉学部社会福祉学科教授

名定　慎也（なさだ　しんや）第６章執筆
中国短期大学総合生活学科准教授

松井　圭三（まつい　けいぞう）第７章執筆
中国短期大学総合生活学科教授

藤田　　了（ふじた　りょう）第８章執筆
大阪国際大学人間科学部人間健康科学科准教授

村田　篤美（むらた　あつよし）第９章執筆
元山口福祉専門学校専任講師

重松　義成（しげまつ　よしなり）第10章執筆
社会福祉法人大阪府社会福祉事業団OSJとよなかケアスクール専任教員
甲子園短期大学非常勤講師

布元　義人（ぬのもと　よしと）第11章執筆
社会福祉法人浅口市社会福祉協議会 権利擁護事業専門員

神原　彰元（かんばら　しょうげん）第12章執筆
慈愛幼稚園副園長
水嶋寺副住職

竹内　公昭（たけうち　きみあき）第13章執筆
特定非営利活動法人びぃあらいぶ理事長

小宅　理沙（こやけ　りさ）第14章執筆
四天王寺大学非常勤講師

中　　典子（なか　のりこ）第15章執筆
中国学園大学子ども学部子ども学科教授

川上　道子（かわかみ　みちこ）第16章執筆
ケア・ネットKAWAKAMI代表

■編著者

松井　圭三（まつい　けいぞう）

中国短期大学総合生活学科・生活福祉コース教授
中国学園大学・中国短期大学図書館長（中国学園）
岡山大学医学部非常勤講師

主著
松井圭三著『21世紀の社会福祉政策論文集』ふくろう出版　2009
松井圭三編著『家庭支援論』大学教育出版　2012
松井圭三他編著『社会保障論』大学図書出版　2014
松井圭三他編著『NIE社会的養護Ⅰ・Ⅱ演習』大学教育出版　2021
松井圭三他編著『子ども家庭福祉』大学教育出版　2022

今井　慶宗（いまい　よしむね）

関西女子短期大学保育学科准教授

主著
『保育実践と児童家庭福祉論』（共編著）勁草書房　2017年
『社会福祉の形成と展開』（共編著）勁草書房　2019年
『現代の保育と社会的養護Ⅰ』（共編著）勁草書房　2020年
『保育と子ども家庭支援論』（共編著）勁草書房　2020年

新編社会福祉概論

2022年4月25日　初版第1刷発行

■編 著 者―― 松井圭三・今井慶宗
■発 行 者―― 佐藤　守
■発 行 所―― 株式会社 大学教育出版
〒700-0953　岡山市南区西市855-4
電話（086）244-1268（代）　FAX（086）246-0294
■D T P―― 難波田見子
■印刷製本―― モリモト印刷（株）

ISBN978－4－86692－190－7